selection and transformation of big unit

by Li Xiaoning

平层大户型

复式大户型

空中花园

空中别墅

李小宁　著

大户型的选择与改造

中国建筑工业出版社

图书在版编目（CIP）数据

大户型的选择与改造/李小宁著. —北京：中国建筑工业出版社，2011.10
ISBN 978-7-112-13622-3

Ⅰ.①大… Ⅱ.①李… Ⅲ.①住宅-选购-基本知识-中国②住宅-室内装修-建筑设计 Ⅳ.①F299.233.5②TU767

中国版本图书馆CIP数据核字（2011）第195891号

本书作者为我国著名楼市分析专家、户型设计专家。本书内容为大户型的选择与改造，包括平层大户型、复式大户型、空中花园和空中别墅等住宅类型的选择与改造实例。书稿中还论述了大户型的地段价值、大户型的环境价值、大户型的建筑价值等相关问题。

本书图文并茂，直观实用，可供开发商、建筑设计公司、房地产策划营销、建筑装饰公司及广大居民等参考使用。

责任编辑：许顺法 陆新之
责任设计：陈 旭
责任校对：肖 剑 关 健

大户型的选择与改造
李小宁 著
*
中国建筑工业出版社出版、发行（北京西郊百万庄）
各地新华书店、建筑书店经销
北京嘉泰利德公司制版
北京方嘉彩色有限责任公司印刷厂印刷
*
开本：880×1230毫米 1/16 印张：$12^{1}/_{2}$ 字数：387千字
2012年3月第一版 2012年3月第一次印刷
定价：68.00元
ISBN 978-7-112-13622-3
（21355）

户型的健康与误区
（代前言）

健康性因素是否被合理运用，也是辨别户型优劣的重要标准。这些因素包括：朝向合理，日照充分，光线充足，通风良好，温度适宜，安静舒适。

大户型随着进深、面宽加大，功能空间增多，采光、通风指数也相应降低。因此，实现居住健康，既要保证最大限度地选择能满足健康要求的户型，也要学会对其正确地使用，生理健康、心理健康和物理健康，三位一体，不可或缺，这样才能达到居住的最佳效果。

生理健康

人生大概会有一半时间在住宅内度过，日照、通风、采光，甚至景观都会对人的健康产生至关重要的影响。

比如在上海，主要居室的朝向应该在南偏东45°至南偏西45°之间，才符合规定，否则就不是好户型。

比如在北方，应该满足冬至日不小于1小时的满窗连续日照，才合乎要求，否则就会降低舒适度。

再比如窗户面积，开窗的大小不能小于地板面积的1/7，以保证采光的充分。

另外，厨房、卫生间的宽度和面积也相应有规定，如果不够，使用起来不仅感到别扭，还会影响通风、排污，甚至危及健康。这一点，对于面积宽松的大户型来说，相对要好些。

心理健康

户型对人的心理会产生不同的影响，像户型的方位、户型的格局等，或多或少对人的生活产生影响，由此，居住者会产生愉悦、兴奋、平静，或者抑郁、低沉、焦躁。事实证明，大户型的购买者对于心理方面，比起小户型的购买者要在意得多。

一些住宅风水方面的议论，有些是有科学道理，有些纯粹就是主观臆测：

像“住宅深度长于宽度，则福泽得以延绵”。实际上，若反过来宽度长于深度，对采光、通风变得有利，反而利于健康。

而“将主卧设在本宅的北方位，风水术语称‘伏位辅弼方’，对身体健康、思考能力有增强的作用”的说法，对于塔楼南向户型、板楼南北向户型，不将主卧放在最好的朝阳面，似乎未见得能增强身体健康。

当然，“房子的四边都设门，住宅中的人灾难不断。”无论是对于户型，还是对于居室，确实都不太好用，这主要是功能分区和交通动线都易于混乱，并且也不好放置物品。

至于“灾难”是否不断，那就是“见仁见智”的事了。

另外，像调整家具方向、摆设养殖若干条鱼的水族箱等，用以逢凶化吉的做法，更是值得商榷的，前提是应遵从户型合理的摆放规矩，否则不仅影响心理健康，还会影响生理健康。

物理健康

虽然大户型拥有了充足的空间尺度，但设计不好，造成动线过多交叉，区域相互干扰，反而会降低舒适度。像一些设计不到位的户型，虽然不会直接危害身体健康，但却对日常生活产生影响，不仅磕磕绊绊，还会浪费宝贵的面积：

如客厅大而不当，置身其间空荡荡，总感觉没着落，有种冷落感。

如对着客厅的门多，出入其他居室都要穿行而过，使坐在其间的人感到不自在。

再如，跃层户型室内楼梯位置不当，不但占用宝贵的面积，使用起来也会非常蹩脚，直接干扰了日常生活。

还有，各功能空间面积比例不当，使用起来一定程度上降低了舒适度；等等，久而久之也会间接波及健康。

另外，户型的千变万化也带来了选择上的眼花缭乱：

保守的户型虽无亮点，中规中矩却显得实用。

新颖的户型追求奇异，五彩缤纷却可能留下隐患。

所以，户型设计有句行话：没有禁区，却有误区。

户型：越大越舒适

日本曾做过一个调查，当流行套型面积增加到130平方米时就不再增长，而是理性地回归到75～110平方米。结合中国的经济发展水平及人群生活特性，城市中普遍认可套型面积在80～120平方米之间。南北方由于保温层、管道间等建筑基础的处理方式不同，以及人们对阳台、卧室等空间尺度的认知存在差异等，形成南小北大，套型面积也有10～20平方米的浮动。

但大户型的购买者，通常将面积锁定到三居室180～210平方米，四居室200～230平方米。虽然“大”带来了舒适度的提高，但不少大户型在性价比上没有得到有效的保证。一些大户型大都“大”在了厅、主卧室、阳台，以及拐拐角角的交通空间上，而厨卫的面积和一些空间的功能没有得到实质的改善，徒有空荡荡的空间，不仅不实用，与家庭生活温馨的气氛也不和谐。

错层：越错越时尚

错层由别墅类、低层花园洋房，发展到高层公寓，不仅是进深方向的前后错，也出现了开间方向的左右错，或者在一个大空间中利用空间的高低变化来划分出两个或多个不同使用功能的空间。这种不分场合的滥用，会给老人和孩子的生活带来不便，浪费了高度或面积，同时也降低了抗震的性能。

错层的连接要通过楼梯来完成，除了满足上下的实用功能外，还应当作艺术品来看待，但过多的踏步和扶栏，处理不好会使室内显得很凌乱。

阳台：大而有之，多多益善

阳台从基本功能上分为生活阳台和服务阳台，从建筑形式上分为凸阳台、凹阳台、转角阳台、组合阳台及屋顶阳台或露台等，而从封闭程度上又分为开放阳台、封闭阳台和阳光室。

阳台是居住者进行室外活动、晾晒衣物、养殖花草、健身休闲等的生活空间。由于占用套型的面积，选择上应恰如其分。

一般生活阳台6～8平方米，服务阳台3～5平方米，再大就有些累赘。多种情况下，一套户型拥有一个生活阳台和一个服务阳台就足够了，如果居室多可以增加一个生活阳台，再多就有蛇足之嫌。并且，卧室外侧设置阳台会对采光产生遮挡，阳台上物件的悬挂和摆放对室内的视觉也会有影响。

落地窗、飘窗：大到多少，飘向何方

窗户是连接户外的采光、通风口，拥有什么样的样式和尺度，直接关系到居住者的健康。但过大的玻璃窗出现的“白天阳光灿灿，晚上冷气飕飕。暖气热气腾腾，屋里冰凉刺骨”的现象，其主要原因就是保温性能降低，热量散失过快。

落地窗来自于写字楼的玻璃幕墙，并且面积

有越来越大的趋势。目前住宅采用的落地窗多是铝合金框加双层中空玻璃，除了安全性能降低外，保温性能也随之降低。

飘窗可以增大采光、观景的视角，外立面也会产生丰富的变化，但北方地区的北侧、西北侧居室，飘窗增加了迎风面，使该居室与其他侧的居室温差变大，同时邻居间互视的几率也相应增加。

小跃层："小"必然"巧"

小跃层设计最大的难点是交通，往往会比平层多占用宝贵的居住空间，这也是"巧"的最大障碍。小跃层一般分为重叠式和交错式：前者因为上下层开间、进深一样，功能区域划分截然不同，交通动线会由于各功能空间比例失谐，产生交叉干扰；后者上下层各为板楼和塔楼结构，虽然一定程度上满足了居室的正常比例，但板楼层比例过于狭长，同样会使交通面积增大。

所以，"小"到"巧"是一个精心选择的过程。

当然，对于大户型跃层来说，交通和开间、进深的处理也同样重要，不然弱点会比小跃层更突出。

总而言之，减少选择和改造上的误区，是事半功倍地运用健康性因素的关键。

目　录

另类户型篇

住宅价值篇

空间的价值

篇前语

价格不等同于价值，前者主观因素较重，有时开发商、营销机构就可以单方面决定价格，但价值却是多方面因素角力的结果。起居室、卧室、厨房、卫生间，以及阳台和储藏间，都是人们居住的基本空间，这些看似平常的立方体的结合，却形成了价值差异很大的空间。人们从一个空间转向另一个空间，不单单是家庭生活情节的转换，同时还融入了社会生活的种种感受。

建筑界有个说法：标准户型不一定是好户型。但是在规划受到限制，面积受到限制，成本受到限制的状况下，按照人们习惯的样式设计，也许会事半功倍。但是，生活在更新，容纳生活的空间也应该更新，只有这样，空间的价值才会随着生活的提高而提高。

物理的价值

开间、进深、层高，采光、通风、观景，这些用不同尺度构造的不同空间，在符合建筑规范的前提下，融入了设计师的追求、开发商的理念、购房者的趣味。虽然建筑规范在相当长的时间一成不变，但空间的构成却随着时代的发展，市场的成熟，不断地演进，物理的价值也随着人们的认识，不断地提升。

生理的价值

住宅的设计遵循人的生理活动：年轻人喜欢错落、曲折、多变；中年人爱好宽大、平直、气势；老年人则偏重稳定、明了、规矩。不管如何，依照人体工程学设计的家具、洁具、橱具，放进依照生活动线设计的卧室、起居室、厨房、卫生间等空间，会产生千差万别的生活样式和生理价值，进而影响健康，可以延年，也可以折寿。

心理的价值

不同的人需要不同的空间，不同的时代选择不同的配置，不同的民族拥有不同的习惯，这些都需要在一个相对一致的价值体系下进行评判。不管如何，大优于小，高优于矮，明亮优于暗淡，通透优于闭塞，整齐优于凌乱，都是不争的事实。因此，社会的共同认知加上自我的个别肯定，形成了空间的心理价值。当然，面对纷纭复杂的户型空间时，选择时尊重社会共同认知，使用时陶醉自我个别肯定，也许是获得幸福的良方。

大户型的地段价值

您买房也许会很在意位置，尤其是大户型，因为居住是"牵一发而动全身"的事儿，不仅工作、学习会受到影响，就连心理也会因区域的氛围而受到干扰。当然，房产的价值更不用说了，增值、贬值都会随着区域的各种变化而上下起伏，这关系到投资的成败与否，虽然您所居住的住宅不一定投放到市场，变成现金，但其价值的沉浮会时不时地干扰着您的心境。

楼市有句行话："地段，地段，地段"。这实际上强调了选房的诸多要素中，地段是第一要素，这中间包含着两个内涵：

一是以个人及家庭成员的工作、学习，以及居住习惯、居住里程为半径所选择的居住地段，也就是通常所说的"地缘性"。人比较恋旧，并且比较务实，在一个地方衣食住行惯了，换个地段可能会不太舒服。

二是地段本身所具有的各种价值，包括经济价值、文化价值、政治价值、历史价值等。

如果您是自住型购房者，多半会受到前一个内涵的影响；如果您是投资型购房者，后一个内涵中的经济价值，也就是商务氛围可能会成为重要的参考点。当然，也有一些人讲究地段，是因为住在什么样的地段，是一种身份的象征，这一点，在大户型中体现得比较充分。

关注也能提升价值

从楼市角度讲，一个地段之所以被关注，基于这样两个原因：即地段的成长性和地段的竞争性。

地段的成长性

指该地段的市政投入和改造力度。比如，早年北京的方庄、亚运村，后来的望京、上地，以及现在的广渠路、朝阳北路，曾在一段时间具有成长性，得到了市场的关注，但近年由于交通、商业、教育、医疗的相对滞后，加上地段楼盘的相对饱和，成长的势头得到了遏制。而万柳及板井地区，三元桥及太阳宫地区，大兴北部新城，由于得天独厚的整体规划，轨道交通的不断渗透，以及各种配套的逐渐完善，成长性会得到进一步的提升。

地段的竞争度

指该地段同类、同质楼盘的比拼程度。像北京CBD核心区的高档公寓、亦庄的中密度住宅、百子湾及双井地区的中档公寓，竞争颇为激烈，其结果，既可以吸引大量的购房者，提升楼盘价格，也可以在竞争阶段平抑价格，优胜劣汰。

所以，地段对于房价有着举足轻重的影响。

实例1：北京长安8号

位于北京市东长安街，三室二厅三卫一工人房的G户型，建筑面积268平方米。

该项目地处朝阳区西大望路和长安街的交会处，毗邻地铁，由于CBD东扩，加上北侧的华贸中心已经聚集商气，具有很好的成长性。户型多是200平方米以上的豪宅，采用高档装修，目的是吸引高端富有人士入住。

因楼体为扇形分布，框架结构，户型呈异型格局，不规则部分主要集中在客厅和餐厅，其余空间非常规矩。两个卧室配有卫生间和衣帽间，舒适度较高，并且客厅的开间达到了6米，非常大气。同时，明餐厅和大厨房，也使得就餐区域获得了奢华的感觉。

存在问题是：客厅因书房门的干扰，电视墙很短，缺乏稳定感，并且没有门厅，使客厅直接暴露在大门口，这些都在一定程度上减弱了宽大造就的气势。中西分厨虽然满足了不同烹饪的需要，但工人房设在中厨旁边，没有通风窗户，显得过于局促。

可以调整的是：顺着客厅结构柱内侧设置一道电视墙，规矩客厅、加大书房的同时，使书房门改开侧向大门，保持客厅不被出入书房的动线所干扰。

地段是生活氛围的综合体

如果说，住宅本身是“硬件”，那么地段则是“软件”。具体而言，地段就是生活氛围，包括交通、商业、休闲娱乐、医疗、体育、金融等设施。这个“软件”之所以重要，是因为您或者其他人并不是整天呆在家里，而是要上班、要学习、要购物、要交往，要享受生活的方方面面。因此，地段的价值是诸多因素的综合体现。那么，以北京为例，大致有什么样的地段呢？

按照城市职能可以分出社会中心和政策中心：

社会中心

包括商务中心、外事中心、教育中心、工业中心、生活中心。其中商务中心如建国门地区、朝阳门地区、燕莎地区、丽都地区；外事中心如第一、第二使馆区，以及正在发展的第三使馆区；教育中心如魏公村地区、中关村大街、学院路的一些大学聚居区；工业中心如石景山地区、燕化地区、上地地区；生活中心如万柳及板井地区、望京地区、广安门地区、广渠门地区等。

政策中心

包括亚运村、奥运村、CBD中央商务区、BDA北京经济技术开发区、金融街、中关村等。

这些"中心"由于各种生活配套在现实和未来已经成熟和逐渐成熟，聚集了"人气"，成为了适宜居住和投资的地段。当然，随着市政建设的不断深入，还会有一些地段产生较大的变化，如城铁开通带动的大兴、房山等区域，在前期涨幅有限的情况下，会在项目集中开发的地段形成新的中心，而百子湾、太阳宫、青年路等地段，随着配套的逐渐完善，地段的价值会进一步凸现。

实例2：北京太阳公元

位于北京市朝阳区太阳宫地区，四室二厅三卫一工人房的A1户型，建筑面积292平方米。

项目毗邻158公顷城市绿地，随着市政建设的不断深入，项目的不断云集，此区域已经聚集了大量的人气，生活氛围逐渐浓郁。

该户型为板楼的边单元，虽然进深较大，但三面采光，主要居室都采光良好。主人空间非常奢侈：双开间设置，分离出了动静区域；双洁具、双淋浴和双洗手盆的明卫提高了使用档次；宽大的衣帽间满足了主妇储衣的需要。而工人房的配置也非常人性：明卧、明卫，以及小衣柜的设置，满足了生活需求；就是门外的过渡空间，也使其具有足够的私密性。缺憾是，交通通道占用面积偏多，并且卧室部分缺少直接空气对流通道。

可以调整的是：主卫的门朝右开在洗手台

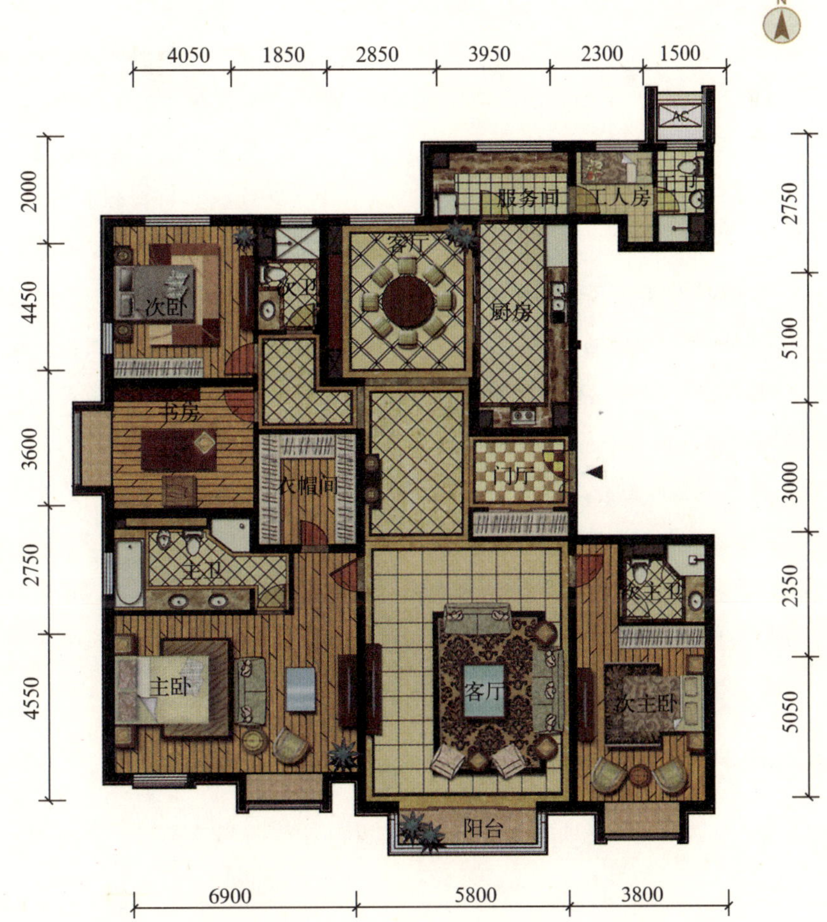

和淋浴间之间，减少主卫的过渡空间；同时封上通往客厅的主卧门，减少动静干扰，改开门在衣帽间上端，斜对着次卫，保持通风通路，衣帽间则设置在通道的右侧。

住宅郊区化与新都市主义

久居都市的您可能会厌倦拥挤的楼群、嘈杂的汽车噪声，甚至越来越多的水泥地。您做梦可能都会向往蓝天、白云、芳草地的郊区，但又为整日奔波在城郊之间而困惑。

当城市大规模建设时，房地产开发是以市中心为核心，逐层向外扩展，因为住在市中心生活起来相对方便、舒适，而住在郊区的人大都把能够进城作为人生奋斗的一大目标，这是一种传统的都市主义。随着城市建设的不断发展，人口膨胀、交通拥挤、住房紧张、空气污染、环境嘈杂等"城市病"日益严重。西方发达国家从20世纪40年代到80年代掀起了"住宅郊区化"的浪潮，极大地改良了原有的城市病态，创建了更为舒适的人居环境。

住宅郊区化

北京的"住宅郊区化"始于20世纪90年代，除了早期东部和北部的一些别墅项目定位于收入颇丰但凤毛麟角的"'高'产阶级"外，真正开始将媚眼抛向层面更宽的平头百姓和"中产阶级"，还是近些年的事。随着几条高速公路陆续通车，形成了具有地价优势的一些边缘集团，住宅以多层、低层板楼为主。特别是一些价格较独栋别墅低不少的联排别墅先后登场，才真正推动了"住宅郊区化"的浪潮。

新都市主义

因为远离市区，各项配套设施的不完善，导致生活成本增加，使得一些向往郊区生活而没过多资本的人望而却步，像广州地区的人们早已习惯了都市夜生活，当要面对空空的四野时，显得有些不知所措。在这种情况下，吸纳城郊优势的"新都市主义"应运而生，并迅速扩散开来。它以全新的理念打破大都市化体系中的简单化功能分区，回归传统的生活方式，包括一方面降低密度、增加设施，使生活配套更为完善，一方面在小区建立植物生态圈，形成"水、陆、空"立体格局，包括借助江景、河景和打造水景，使自然景观和人文景观浑然一体，合理配置乔木、灌木、竹木、藤木，做到远近高低层次丰富，甚至选用吸引不同鸟类的植物，力求达到鸟语花香，把社区建成都市里的村庄。

实例3：北京维多利亚花园

位于北京市朝阳区朝阳公园西门，三室三厅三卫的F9户型，建筑面积286.28平方米。

项目为单体环形酒店式公寓，因社区绿化有限，为满足部分大户型的景观需要，在顶层设置了空中花园豪宅。

户型为东西方向板楼格局，进深不大，采光充分。主人空间采用双开间分出动静区，配合宽大的卫生间保证了足够的舒适度。厨房采用别墅的"岛"式橱柜，操作起来非常便捷。尤其是电梯入户和屋顶花园，使其具有了"空中别墅"所拥有的特质。不足是，弧线的交通设计缺乏整体的空间呼应，显得过于随意。

可以调整的是：室内格局为矩形，弧形走廊和卫生间比较突兀，建议改成直线；同时，将厨房门改开朝向餐厅，方便使用。

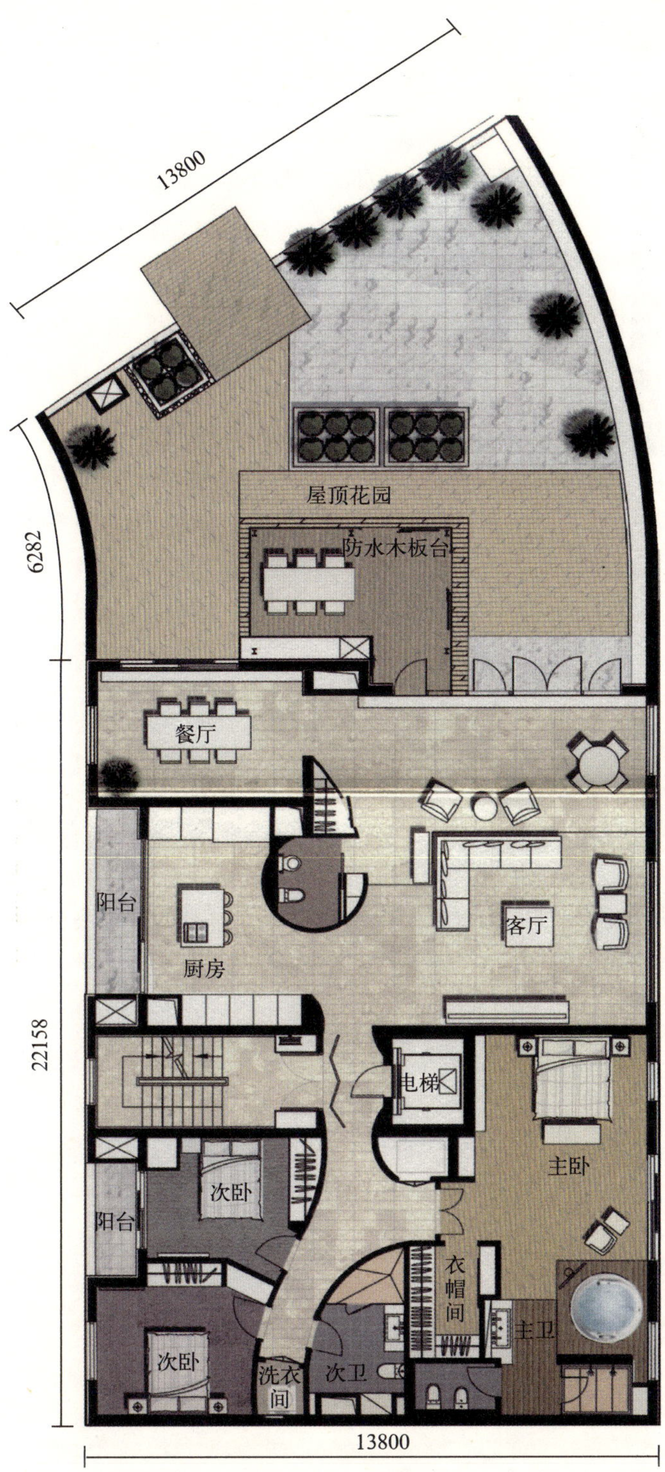

“中央公园”及“富人区”

现在有一种“中央公园”及“富人区”的说法，就是将北京的朝阳公园比作美国纽约的中央公园，并把周边以及东北侧地区划作富人区。

中央公园

北京是个多公园的城市，市区内有各类大型公园30余个。而纽约的公园多是小的街心公园，面积和景观极为有限，其中最负盛名的是占地840英亩（约34公顷）的中央公园。园中有湖泊、林地、山岩、草原，保持着当年荷兰殖民时期的地形原貌，同时增建的楼、台、亭、榭、古堡、谯楼穿插其间，使天然风景和人工装饰巧妙结合。公园内建有动物园、儿童动物园、游艺场、博物馆、剧场、体育馆和游艇等活动场地。北京有众多的世界级皇家园林，朝阳公园虽说要建成亚洲最大的城市公园，但也仅仅是在占地面积上，无论从自然和人文景观上，还是从地理位置的重要性上，既无法与纽约中央公园匹敌，更不能和北京其他大公园比肩，因此称作“中央公园”实在有些牵强。

富人区

至于“富人区”的称谓，主要来自于发达国家，现在被一些媒体和开发商用以称谓东部一些高档楼盘聚居的区域。“富人区”是一个区域概念，不同于以项目为单位的高档社区，更不同于以单体建筑为单位的“豪宅”。实际上，国外一个“富人区”的形成，要经历相当长的时间，不能单靠在一些区域简单地堆积若干高档住宅。这中间，包含着区域的土地价值、建筑的建造水准、物业的社区文化、业主的社会身份，以及各界的共同认知。像目前北京一些区域商住混杂、大小户型共存、新旧建筑交错等，是难以形成真正的“富人区”的。

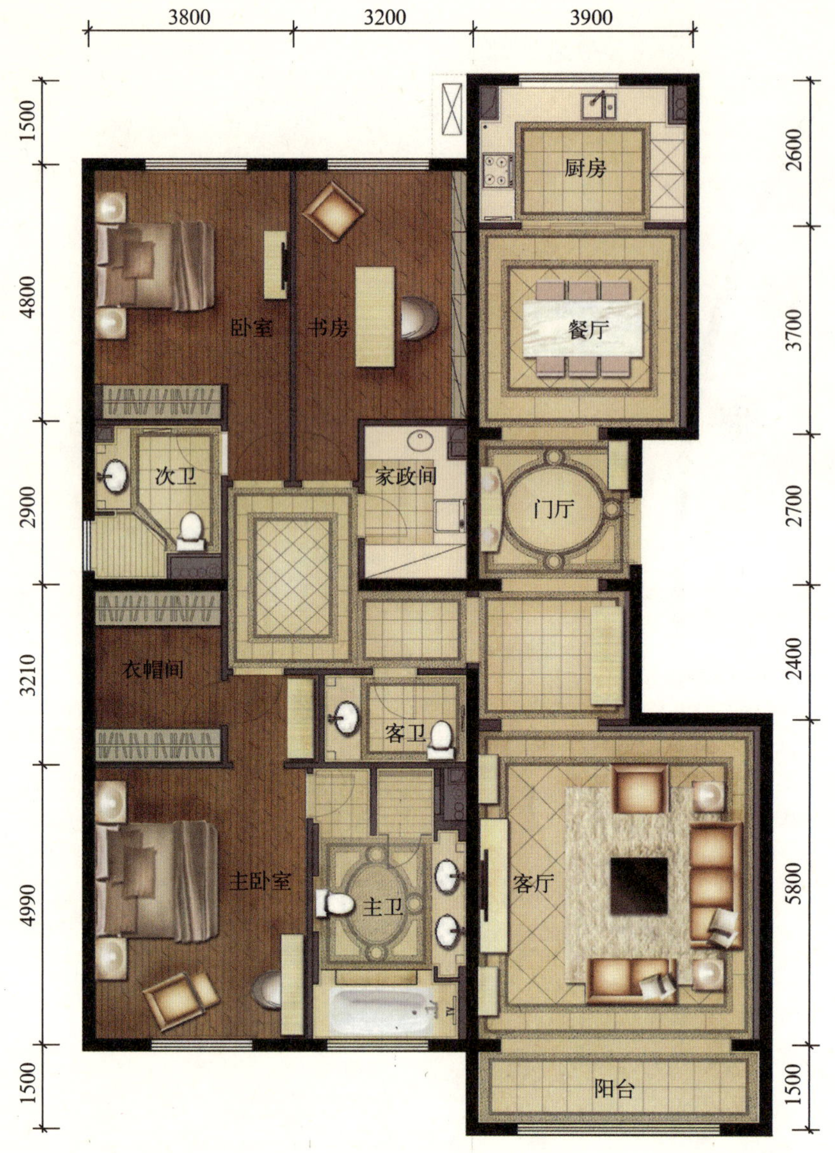

实例 4：北京万科公园 5 号

位于北京市朝阳公园西南，三室二厅三卫的 DOMUS 公馆，建筑面积 217 平方米。

项目北邻朝阳公园，南接 CBD 东扩区，交通便捷，商务氛围浓郁。

户型为两梯两户纯板楼，三面采光，进深较大，室内空气对流不错，但灰色空间偏多。各居室尺度方正，配比和谐，像开间 4 米的主卧配上阳光主卫和衣帽间，开间 5.2 米的客厅配上宽大的门厅和餐厅，都使得这款户型彰显了豪宅的气势。

存在问题是：几个过渡交通空间，如门厅下端、客卫上侧和卧室之间，曲折过多，有些浪费；若书房用作次卧时，客卫没有淋浴间，不够方便；家政间若是当作工人房，过于潮湿，单独使用，又有些偏大。

可以调整的是：家政间改成淋浴间，供书房专用；主卫洗手台与坐便器对调，增加洁身器，避免侧对着主卫门；另外，衣帽间或者主卧床和衣帽间之间应该开一窄窗，充分采光的同时，增加户内通风回路。

大户型的价格价值

您在买房的诸多因素中，恐怕首先考虑的还是价格，因为价格是价值的直接体现，在整个购买过程中往往起着主导作用。尤其在大户型中，单价的高低对总价的影响比起小户型来要大很多。

由于近些年投资趋热，一线城市住宅价格快速上涨，价格与价值的关系变化莫测：

有些区域属于配套完善，供应量极为有限，求大于供；

有些区域属于炒作概念，跟风上涨，透支了未来有限的空间。

在中央的遏制房价过快上涨的调控下，价格的增幅有了不同程度的趋缓甚至回调，但各个城市、各个区域差异巨大，在边缘区下滑的同时，核心区跌幅有限，有些甚至反而上扬。

对于价格，其设定常常依据价值，但很多时候是人为的设置，不一定是价值的真实反映。

对于价值，价格阶段地反映并不代表永久，表面地反映并不代表本质。

因此，要想价格真实地反映价值，必须去粗取精，去伪存真，由此及彼，由表及里地结合未来发展去判断，真正达到所选的住宅能够物有所值，物超所值。

性价比是秤杆的星

如果说，性能是秤盘，价格是秤砣，那么，性价比就是秤杆上的星。

一般来说，您在购房时除了考虑单价、总价，以及物业等后期运行费用外，最重要的是要考虑性价比，也就是说，将房子的性能按地段、周边环境及配套、小区规划及设施、建筑设计及质量、户型、物业管理等罗列开来，与周边同类楼盘进行比较，并综合评分，其与价格的比值即为性价比。对于投资型买家来说，性价比更是未来租赁市场回报高低的重要杠杆。

除了房屋本身的标称价格外，其他一些因素也会使投资成本增加，换言之，价格变相上涨，性价比降低。

使用率的高低

您在关注单价的同时，最应该关注的是套内建筑面积使用率，因为这直接关系到有效面积的实际单价，同时未来的运行成本如物业管理、冷暖、水电，以及税费、公共维修基金等都要以建筑面积结算。因此，使用率的高低也是您需要斟酌的因素之一。

像北京财富中心，由于采用酒店式或增设空中花园等布局，使用率仅为74%；

北京SOHO现代城也因公共设施的加大，不足75%；

而北京上河村、凤凰城二期等属于纯居住的C、D座，控制公摊面积，使用率为82%以上，两者其中的价差想必您会算得明白。

需要说明的是，因建筑结构、楼高、容积率、管线安装等不同，南方比北方地区使用率要高5%左右。

实例5：北京国风上观

位于北京市朝阳区望京地区，四室二厅三卫一工人房的国润C7C8户型，建筑面积209平方米。

该户型为板塔楼的板楼部分，虽然使用率为80.86%，不算很高，但由于两梯三户，并且电梯厅与步行梯都采用明窗设计，保证了较高的舒适度，因此牺牲点使用率还是物有所值。

户型两南四北格局，中间夹着客厅，进深较大，但因三面采光，整体非常通透，几乎无灰色空间。双主卧、明工人房的配置，进一步提高了整体的舒适度。

可以改进的是：客厅的开间仅有4.5米，不适合这样的面积配比，设计时，应该将北墙推移，增大开间；餐厅的面积偏大，过于空荡，建议增加西厨，并将门厅独立。

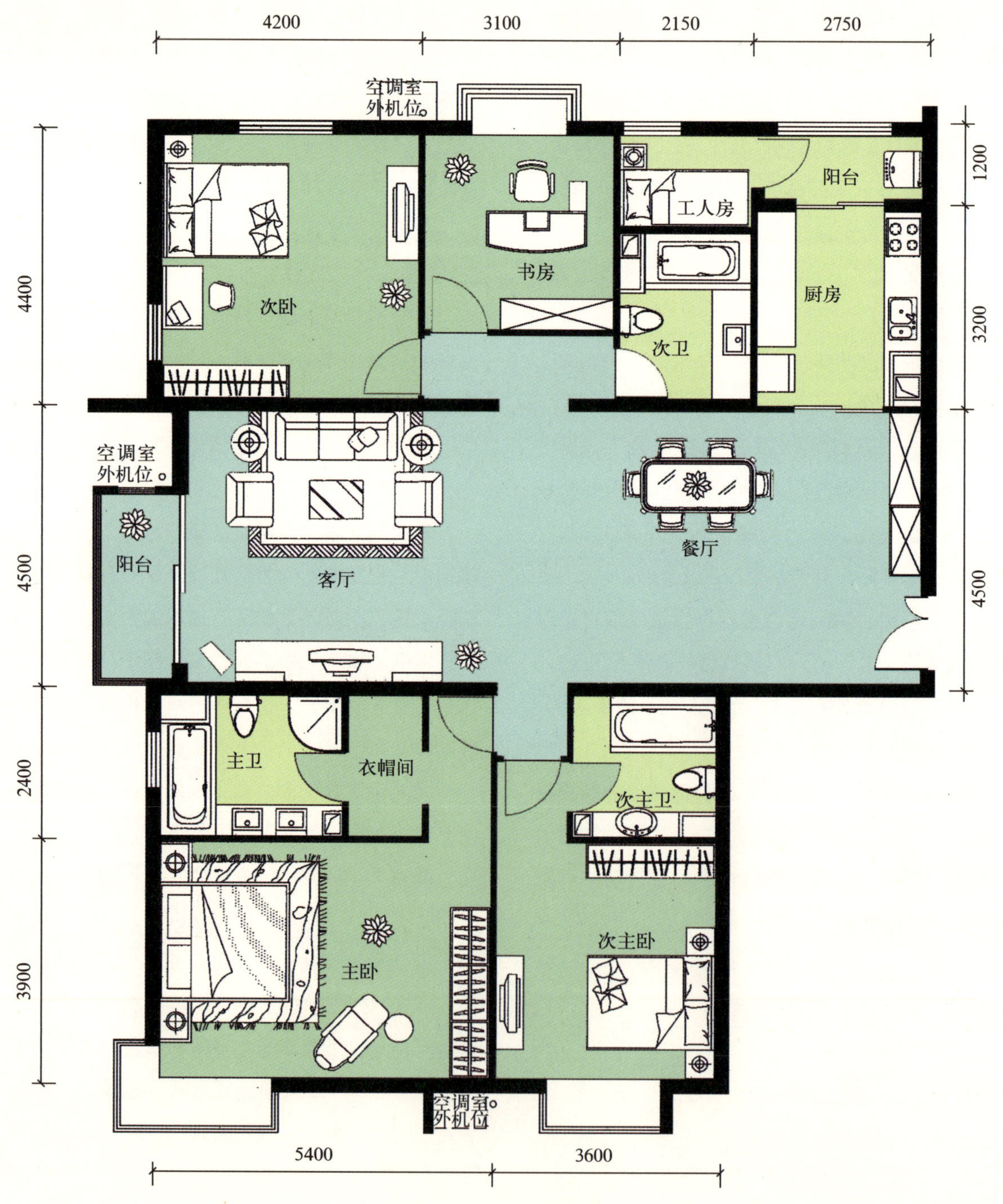

施工期限的长短

有的项目为了保证同期入住时形成一定的社区规模，几栋甚至十几栋楼同时开工，这样做的好处是您在接房时可以免除工地的纷扰，获得良好的居住环境，但同时也导致建筑工期相对较长。当然，这中间不排除一些项目因资金短缺、规划变更而造成的工期拖延。

像北京一些项目，是将主体结构做到地面上一多半才开始正式开盘，将供房期基本控制在一年左右。而目前市场上大多数精装修项目的供房期大都在一年半左右，个别项目甚至达到两年甚至两年半。这样一来，无形中加大了投资成本和投资风险，延长了回款期，实际上也变相降低了性价比。

装饰配置的优劣

目前大部分项目提供的都是毛坯房，只有少量中高档项目提供的是精装修，因此，装修的标准成了房屋的重要附加值。

公共部分，您要多看看外立面、大堂、楼梯厅的材质，以及电梯的配备，像北京中海紫金苑的外立面，底层采用天然石材，上层将面砖和铝板混合使用，既提高了档次，又充满着时尚。

私用部分，您也别忽视了门窗和暖气的品质。当然，若是精装修的房子，更要仔细审核一下装修的标准。一般来说，纯天然的装饰材料和知名品牌的厨卫用具，保值期会长一些，像劳芬、高仪等欧洲品牌的洁具，由于其精湛的工艺和良好的声誉，被世界许多高档项目所采用。相反，科技含量较高、化学成分较多的材料，如复合地板、塑钢窗等，会随着科技的发展、环保要求的提高，而逐渐贬值并淡出市场。

当然，并不是好材料就能制造出好产品，这里面还有一定的时尚潮流、文化内涵和审美情趣。

“层次费”与“朝向费”

从建筑的成本上说，层与层之间，同层各个套型的朝向之间，相差很小。但由于北京对日照的需求较大，同时又受到景观视野、空气清洁程度的影响，楼房中特别是高层住宅中价格被分成了三六九等。

一般来说，从底层至上，层层加码，越高越贵，中低档住宅每层每平方米约加 50 ～ 200 元，高档住宅尤其是景观住宅，每层每平方米会加到 100 ～ 500 元。底层和顶层原本是最不好的位置，商家采用底层赠送花园、顶层设计成跃层或赠送露台的营销策略，反而可以加价卖出。

另外，受日照的影响，朝向也会产生价格差异，也就是“朝向费”。按朝向优劣依次递减为南、东南、西南、东、西、东北、西北、北。一般东西差价每平方米 500～1000 元，南北差价每平方米 1000 ～ 2000 元。当然，景观的优劣，也会产生价格差异。

那么，选择什么样的位置性价比相对高一些呢？

可以试着用这样几个方法

靠近马路边等尘土容易飞扬的区域，选高不选低；

4、13、14 和 24 层因数字被认为不吉祥，可能会便宜，如果不介意不妨考虑一下；

如果高层景观不理想，可以低一点，这样离花园还能近一些；

商住楼、带底商的楼要选得高一些，不然公司办事的人员进进出出，或者楼下饭馆什么的飘出些味道，多少会对生活产生干扰；

年轻人早出晚归，不在乎阳光，朝北无碍大局，而老年人则尽可能选择朝南；

西侧如果平行有楼可以西向，因为夏季西晒的骄阳会被遮挡；

投资型购房者尽量选择便宜一些的套型，因

为租客也许不会太在意楼层、景观、朝向等户型外的因素。

实例 6：北京新里・西斯莱公馆

位于北京市大兴区黄村，四室二厅三卫的5号大公馆A2户型，建筑面积204.26平方米。

项目由公寓、联排别墅和商业综合体组成，5号大公馆定位于精装大户型，配置相对奢侈。

该户型为板楼三南三北格局，中间增加了门厅、次卫和衣帽间，形成了纵向四层居室，进深较大。存在问题是：南北只有客厅和餐厅形成了通风回路，并且厨房还有遮挡；门厅旁的小会客室用途有限，改做客房偏小，改做工人房又有些宽大；另外，次卫门直对着餐厅也有些不雅。

最主要的是，该户型处于"L"形板楼的折角处，西北方向有遮挡和互视，选择时要特别注意。

大户型的环境价值

除了住宅本身之外，环境对于您的生活同样是息息相关。

近些年，随着入住的不断增加，人们从关注户型，关注品质，逐渐扩大到关注环境。

就拿北京来说，从 2001 年的"水景住宅"热、2002 年的香山别墅热、2003 年非典过后的低密度住宅热，到现在的低碳住宅和绿色住宅热，使人们将视角从户内逐渐扩大到窗外。

有山、有水、有绿色的住宅，成为都市人的梦想。因此，舒适而安静的居所，优美而清洁的环境，成为现代住宅，尤其是大户型不可或缺的两个重要方面。

自然环境在博

随着城市化进程的不断加快，原有的空地被各式各样的水泥建筑所填满，住宅像摊大饼一样一圈圈地向外扩张，但真正能拥有优美自然景观的住宅却越来越少。因此，一些借景的楼盘显得格外珍贵，像北京借助河水景观的缘溪堂、颐源居、美林花园，借助湖水景观的人济山庄、中海紫金苑、棕榈泉国际公寓等，都因为宽阔、优美的视野，得到了购房者的青睐。

但与此同时，一些专家学者也对建在公园旁的楼盘提出了质疑，认为破坏了自然景观，是满足了少数人的需求而牺牲了公众的利益，应严格加以控制。可以想象，未来这类楼盘的价值也会因为其稀缺性而得到一定的提升。

前些年，北京海淀区政府调动 60 亿元人民币，打造"秀美山水园林海淀"。其中，最具特色的 5 大水景是：

北起颐和园新建宫门、南到车道沟桥，全长 5.1 公里的昆玉河现代水景走廊；

颐和园至圆明园的连接水道；

具有江南特色的田园式翠湖湿地生态园；

南旱河与永定河交汇处的绿谷青清文化园；

居民休闲纳凉的好去处——小月河水景公园。

这些水景周边都有一些已建和在建楼盘，住在其中的业主，将是自然环境的受益者。

实例 7：北京中海紫金苑

位于北京市海淀区紫竹院公园北侧，三室二厅二卫一工人房的 A/B 户型，建筑面积 226.68 平方米。

项目由 3 栋 16 层板楼组成，临河、湖而立，虽西距西三环仅 200 米，但周边枝繁叶茂，形成了天然屏障，因而空气新鲜，闹中取静，社区和不远处的古刹万寿寺相呼应，颇有"世外桃源"之感。13 个石材装饰的挑空大堂镶嵌着不同的文化影壁，金色的大门配置着石雕的基座，社区护栏和楼层电梯间装饰着文化雕饰。

该户型正南正北朝向，双开间纵向布局，由于采用全落地弧形玻璃幕墙，采光观景极为充分。特别是 26.46 平方米的主卧配备 15.64 平方米的超大主卫，或者放上三角浴缸、淋浴间及各种洁具，形成独立卫生间，或者隔出 1/3 用做步入式衣帽间，尽显出尊贵品质。站在明亮通透的窗前，百亩水景尽收眼底；扶在开放式阳台的玻璃护栏上，尽情地释放着拥挤的都市所带来的压抑。而从宽大的入户门进入门厅，迎面的影壁墙无论是摆上条案，还是挂上壁画，都充满着大户气派。美中不足的是，由于进深过长，在门厅和餐厅部分形成了灰色空间，同时用于家政的2平方米的后阳台有些偏小，无论是晾晒还是摆放都显得有些局促。

南邻长河和占地800亩的紫竹院公园，社区内设计出“小八景”，其中“流水琴台”、“石景荷花池”、“琴棋书画廊”的人工水景与一墙之隔的250亩天然水面相映生辉。3栋板楼“一”字排开，朝向水面，达到户户有水景。尤其是“紫玉阁”，整栋楼相拥“紫御湾”，红墙琉璃瓦、白桥灰堤和着翠竹绿水，颇有御苑风范。

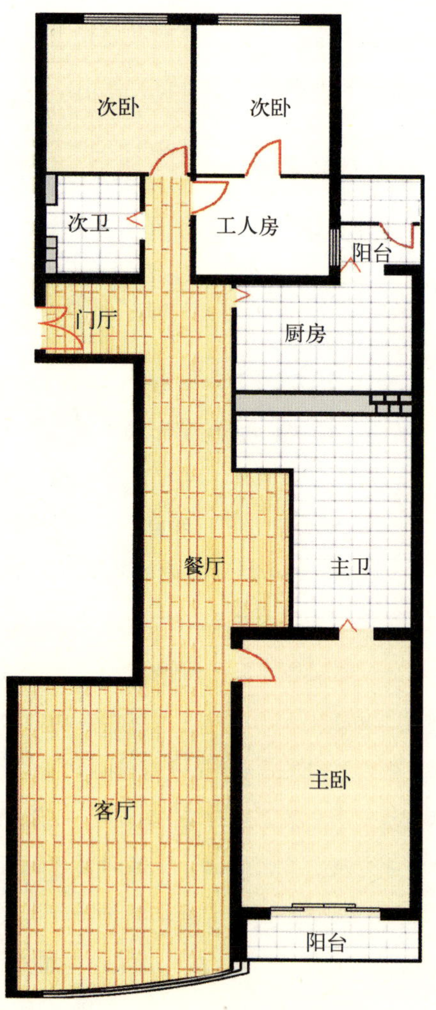

人文环境在浓

“孟母三迁，择邻而居”是中国的一条千年传说。

您在购买住宅时，一定希望邻居是高素质的居民。但房屋的买卖是非常社会化的，购房者来自方方面面，商家也是有利必图，这就使得业主的成分变得非常繁杂。早期的商品房建筑采用混合套型，即每个楼层设计出一、二、三、四居室，或者小区中不同的居室分布在各个楼中，造成整个社区出入着不同层次的人群。这边是一个白发苍苍的老局长，对门可能就是一个涉世未深的毛头小伙。

从发达国家住宅的发展看，社区人群同质化比较有效的办法，就是套型面积的同质化。像北京的阳光上东、万泉新新家园、上河村，基本上匡定在三、四居以上的大面积户型，这就将业主定位在一定经济收入的人群。而北京的保利茉莉公馆、万科长阳半岛、炫特区和青年汇，采用精致或前卫的户型，以及相对低廉的价位，锁定了年轻的白领阶层。

现在，“邻”也扩大到了学校，独生子女的教育是生活中的重要内容，如果能与重点学校为邻，可以减少诸多不便。当然，“邻”的范围还可以扩大到地段的居民整体素质，一个满大街光着脊梁、席地打牌下棋的街区，价值多少是要打折扣的。

实例8：北京光大水墨风景

位于北京市海淀区的万柳地区，四室三厅四卫一工人房的C1户型，建筑面积287.46平方米。

该项目整体为中大户型，业主定位明确，尤其是毗邻昆玉河东岸并临近大学区，自然景观、人文氛围浓郁。

此户型处于板塔楼西侧，三面采光。双开间客厅、双景餐厅、主佣分离入户通道、双主卧等，都彰显了大户风范。西侧因朝向西山和昆玉河，因而采用大面积的角落地窗和阳台，采光、观景充分。

不足的是：餐厅位于客厅里侧，位置倒置；主卧床背向朝阳面设置并留出了座榻，既影响日照又不方便使用。

可以调整的是：主卧床目前的摆放无法获得南向阳光，应偏转 90°，床头朝西，适当增加床头遮挡板，而入室门向北移动，保证能在左上角开启衣帽间门，以延长电视墙。

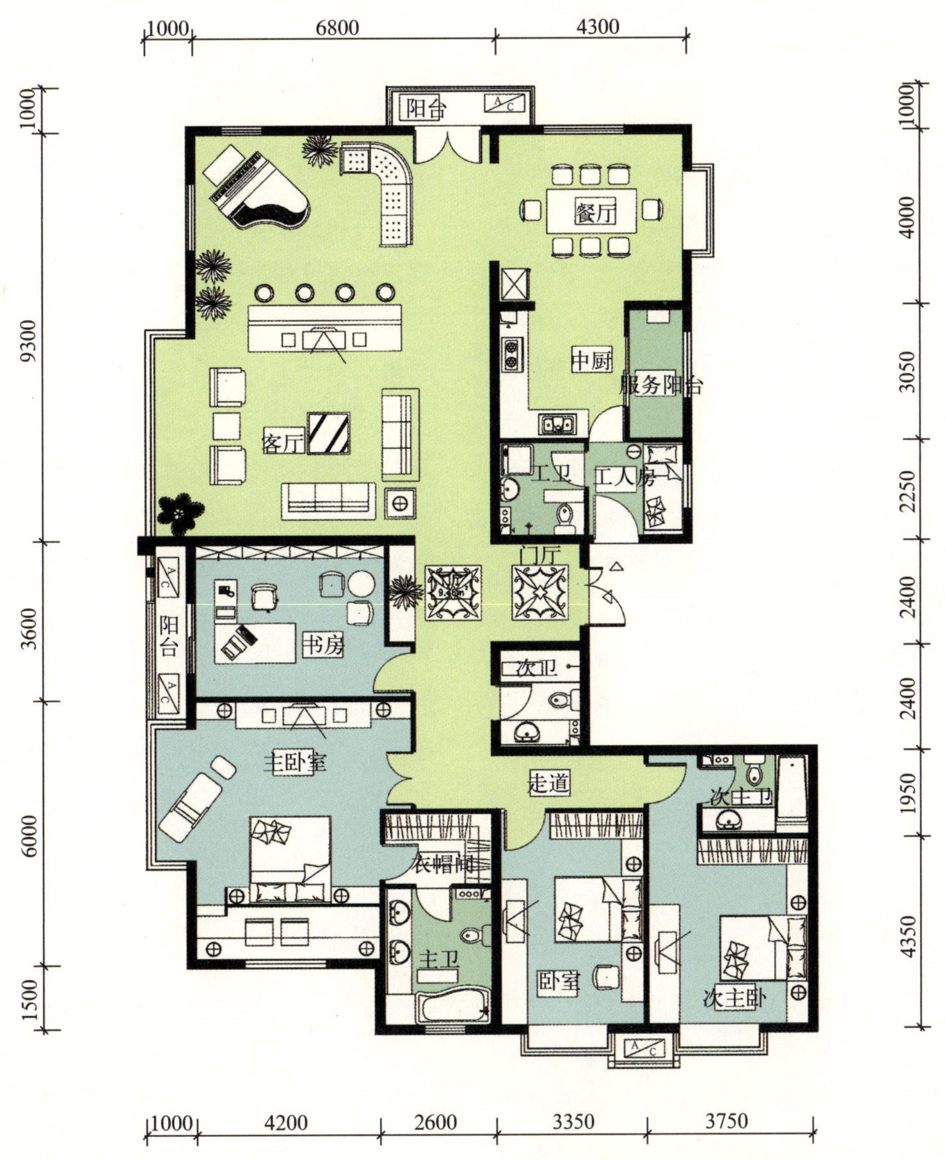

社区环境在精

北京人在购买住宅时常谈的一个指标就是绿化率，是居住区用地范围内各类绿地的总和（不包括阳台绿化和屋顶绿化）与居住区用地的百分比。北京气候干燥，尤其是近几年“沙尘暴”频频袭扰，使得社区的绿化显得格外重要。良好的绿化能起到遮阳、隔声、防尘等作用，实测表明：当绿化率达到 40% 时，气温可下降 10%，空气中总悬浮颗粒物下降 60%，二氧化硫含量下降 90%。目前，北京大多数项目绿化率为 35% ~ 40% 左右，个别可达 50% 以上，应该说，基本上达到和超过了建设部颁发的《城市居住区规划设计规范》所规定的不低于 30% 的标准。但从目前一些入住项目看，表现为过多种植草皮植物，而乔木、灌木、花卉不足；过多设置中心花坛和柱廊等大组团，而亭榭、花架和喷泉等小组团缺乏。

社区绿化不在多，而在精，因为一个小区除去建筑、道路，以及各种配套所占用的地面外，真正落实到景观和绿化上并没有多少。随着南方地产商不断涌入，带来了南派户型、建筑立面精致的同时，也带来了社区布局的丰富。那种小组团、曲径通幽式的中式园林布局理念，直接冲击着大广场、大草皮式的西式园林布局。像地处北京三元桥的凤凰城，在园林景观设计上，尽可能地保留了上百棵原生的白杨树，使面积有限的社区内获得了市区中不可多得的高大植物，有效地扩大了绿化的面积。

同为中海地产的北京中海雅园和广州中海锦苑，在社区园林的规划上，受南北两地气候和习惯的影响，或多或少地形成了某些差异。

中海雅园地处北京西三环外的北洼路，距昆玉河 500 米，由 13 栋塔楼、2 栋连体板楼组成。社区道路设计横平竖直，绿地布局对称工整，就是花坛和水池，形状也是规规矩矩，配以散落其间的汉白玉亭榭、雕塑和水池，给人的整体感觉是庄重、气派。

中海锦苑位于广州大桥和海印大桥之间的珠江南岸，正对二沙岛，属于“一线江景”，由 1 栋独体塔楼和 1 栋连体塔楼组成。社区花园包括亭子、柱廊、花坛、花架、水池、喷泉、泳池等景观的设计，在入口处设置中心喷泉广场，5 个组团散布周围，以蜿蜒曲径相连。别致的园林式泳池，和着喷泉广场后的瀑布和涌泉，并以小溪穿绕丛中，使水景、江景相互映衬。

西方的造园艺术讲究一览无余，以几何形状布置园林，表现美的和谐；中国园林正好相反，讲究“曲径通幽”，在有限的空间里蕴含无限的意趣。从这点看，中海雅园接近前者，中海锦苑酷似后者。

社区环境的三个理念

整体规划理念

强调小区绿化与小区建筑单体、建筑立面、建筑风格等融为一体，以达到一种平衡、和谐、自然的效果。很多时候，社区的建筑设计和园林景观设计是由不同的公司完成，这中间常常各自为政，缺乏相互沟通，相互融合。有时，建筑为现代简约风格，园林却呈现古典繁复氛围，结合得好，如锦上添花，结合得不好，似画蛇添足。

园林设计理念

社区常常强调绿化率，但绿化不简单地等同于园林，等同于植树、铺草、堆石、灌水，园林是设计师设计的有文化内涵的绿化。小区园林不仅要有观赏性，更要有适用性。

功能分区理念

绿化与户型一样，也应有动静分离、功能分区，既有公共“动”的区域，也应有私密“静”的区域。如北京凤凰城二期，在楼群中架起了“S”形的行人平台，底下设有会所、商店等设施，与两侧的花园形成了动静对比，丰富了小区园林的内涵。

大户型的建筑价值

当您生活在一个能时常产生愉悦感的建筑群中，那种心情是不言而喻的。

居住建筑最具时代性和地域性，它不仅反映不同时期人们物质与精神的需要，同时也反映不同地域环境及文化背景下，人们居住生活方式与生活态度的差异。居住建筑同时也最能反映出各种建筑思想与建筑倾向。在建筑发展的潮流中，任何一种新的建筑思想及设计理念大多是最先在居住建筑类型中突出地展现出来。

一向以创新自居的北京房地产业，不断地引进一些洋设计，并附上概念大力加以炒作。这些运用在居住建筑的“洋设计”，带来了全新的建筑理念，将建筑师的创造个性和前瞻思想在居住建筑作品中表露无遗，传达了一些不同的居住理念，但有时也在某种程度上造成了面积和材料的浪费，加大了成本。同时也出现了过分追求外在形式而忽视人本身居住需求的倾向，用牺牲居住舒适度和加大成本的代价，换取了建筑形态的标新立异，使“以人为本”变成了“以水泥为本”。

建筑质量是住宅的根本，如果它出现问题，其他如价格、位置、环境等都变成了无源之水，无本之木，楼盘的价值也会大打折扣。

建筑设计是住宅的关键，如果优美，如果实用，会使内在、外在品质大大提高。

楼体立面是“三分长相，七分打扮”

北京是个文化中心，汇集了各行、各地的高级人才，交融了不同的文化。

有时，楼盘没有文化的附加值、没有特殊的概念，可能会难以得到您和一些追求品位及感觉的购房者青睐的。

同时，北京又像是个实验场，经常不断地有各种各样的“洋大师”端出其“实验理想”的设计。这样做的结果，一方面促使了楼盘不断地花样翻新，推进了住宅领域的世界化进程，另一方面，也使一些项目过分追求外在形式的渲染，显得华而不实。

个性的墙材

现代居住建筑的核心是在保证居住舒适度的前提下，将创造个性和前瞻思想体现在建筑的样式、材料的配给、装修的风格，以及科技的运用等方方面面。

像中海紫金苑，外立面除了采用石材和面砖外，还加入了写字楼才用的铝板以及玻璃阳台护栏，使沉稳的住宅有了时尚的元素。

而北京 UHN 国际村则是一个具有前瞻性的楼盘，它将板楼楼体设计成“之”字形走向，并大量采用金属和玻璃材料，突出横向线条装饰，使楼体立面充满动势。

这些特殊材料及造型的运用，在住宅市场上

占据了一席之地。但需要注意的是，有时时尚是以牺牲舒适度为代价的，比如很多项目喜欢采用通透的落地玻璃窗，但所用的材质却很一般，保温性能差，造成冬冷夏热，不光加大了日常采暖、制冷的运行费用，居住起来也不一定舒服。

跳动的色彩

北京因特有的文化氛围，楼体的色调更多地表现出清新淡雅的风格。但近年受到外来文化的影响及特殊环境的需要，相继出现了一些色彩跳动的立面，像华瀚国际的橙红、朗琴园的大黄、蓝堡国际公寓的暗红，使得这些项目在杂乱和灰暗的环境中，变得比较醒目。

点睛的窗户

您在挑选房子时，除了位置、楼层、户型之外，不知是否注意到了挑窗户。其实，窗户的选择既包括了实用性，也包括了观赏性。

从外面看，窗户是楼体外立面很重要的一部分，对建筑风格的形成起了至关重要的作用。

从里面看，窗户是室内采光、观景的关键通道，对居住生活的品质有着直接的影响。

因此，您在选房时，千万别忘了看窗户。

俗话说："眼是心灵的窗户"，那么，也可以这么说：窗户是房子的"眼"。一个建筑的外观生动与否，窗户起着"点睛"的作用。

窗户的样式、窗框和玻璃的色泽，就像一件漂亮的外衣，丰富了建筑的结构、线条和色彩。现代住宅为了采光和观景的需要，一般都将窗户加大，并改变传统的尺寸比例，以至于出现了落地窗、弧形窗、飘窗、角窗等多种样式。这些窗户的出现，使居室更为明亮，层次更为立体，而生活其中的感受也会更为丰富。

内部装饰是"画龙点睛"

由于土地资源日益匮乏，在市区做低密度住宅，一方面加大了开发成本，另一方面使宝贵的土地资源不能有效地满足不断膨胀的城市人口的需要。因此，市区住宅更多地体现为高密度住宅。

从目前北京的规划看，四环以内的新住宅以高密度为主，容积率控制在2.5～5之间，建筑形式以高层和中高层塔楼、板楼和板塔楼为主，部分地区交错进中密度的花园洋房。

高密度虽然有生存环境问题，但可以有效地节约土地资源，扩大交通配置，提高各种设施的利用率，空出的土地可以增大绿化面积，改善城市景观和空气指标，所以，仍然是世界各大城市主要的居住形态。

因此，在外部环境不断受到挤压的同时，更多的开发商注重建筑内部空间的营造，力求在有限的空间中，通过空间的合理分割甚至细致装饰，缓解外部环境带来的压抑。像公共部分的大堂、电梯间甚至楼梯，这些都会给居住者一种"档次"的感觉，而户内的装饰设计，特别是一些精装修的项目，在装修标准和设计风格上，对冰冷的水泥建筑起着不容忽视的调节作用。

早在2004年9月下旬，40名国际著名的设计师在北京凤凰城二期的住宅进行室内设计活动，其中11位设计师的作品被做成11个独立的样板间，对公众开放。在同一栋住宅中展示来自国内外设计师创作的室内建筑环境，成为首届中国国际建筑艺术双年展的一道独特的风景。这些风格迥异的装饰设计，给人们提供了一个全新的感受，拓宽了对住宅价值的认识。

实例 9：北京天鹅湾

位于北京市朝阳区朝阳北路和青年路交会处，四室三厅四卫的 6 号楼 D 户型，建筑面积 254.41 平方米。

该项目装修较为细致，墙面为进口可擦洗墙纸，局部为大理石和布艺软包造型墙，像户式中央吸尘、按摩浴缸等一般不易配送的设施，也成了基本配置。

此户型采用错层和跃层结合的“三叠式”，如客厅位于两层的中部，下沉的 60 厘米到了餐厅及次主卧的下层，上跃的一层则到了主卧和次卧的上层，空间变化比较丰富。同时，局部进深只有 12.2 米，通风、采光较好。

需要调整的是：主卧的门和主卫的门、厨房阳台的门和储藏间的门相碰，建议前者的主卫改成推拉门，后者的储藏间改成内开门。另外，餐桌处于交通通道，有些拥堵，建议开放式西厨封闭，留下侧开门，使餐厅形成稳定的夹角，而将餐桌移至窗户前。

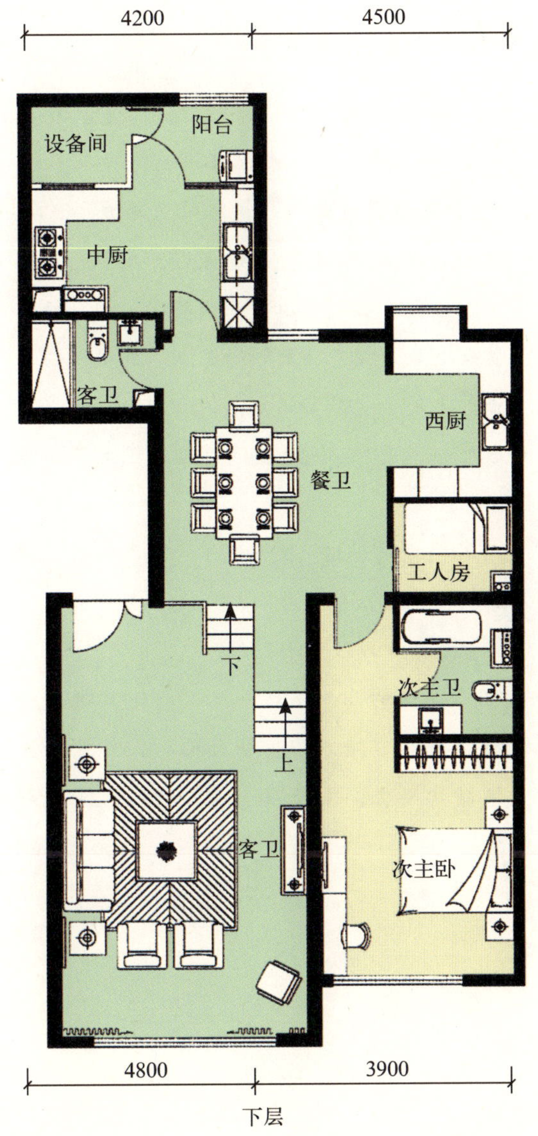

下层

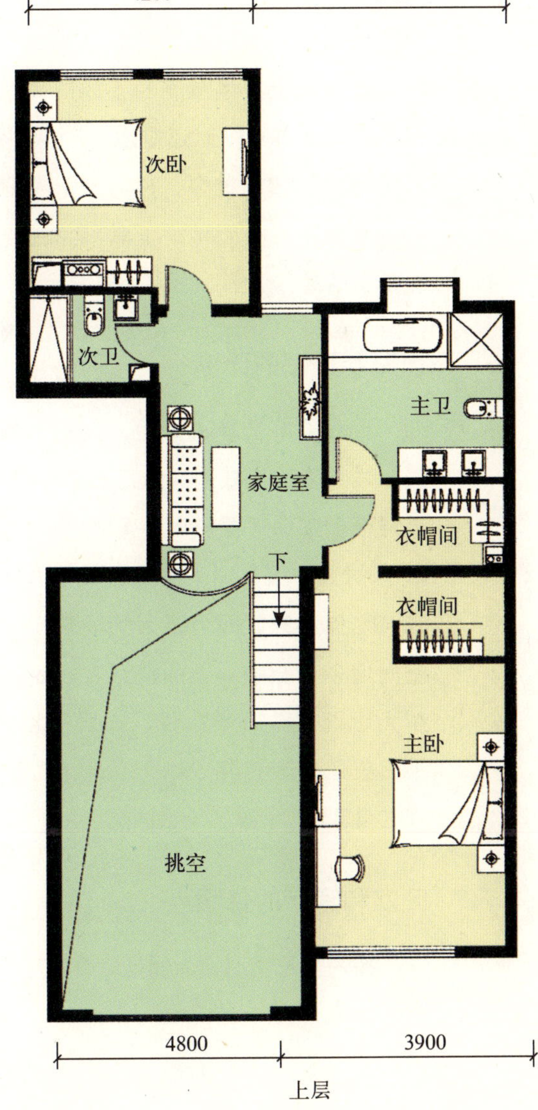

上层

板楼的房型具有优势

板楼使用率高，但规划容易产生兵营式、行列式的单调布局。板楼最大的优势是户型规矩，互视小，通风、日照良好，因此尽量选择直板楼，对于U形和Z形板楼要根据日照和互视状况慎重考虑。但同时，板楼户型种类少也是其劣势。

通常板楼的电梯与楼道位于背阳面或后立面，而将朝阳面或前立面让位于居室。

比较典型的是一梯两户式设计：南北朝向时，位于前面的客厅、主卧等有充足的朝阳面；东西朝向时，前后居室各有半天的朝阳面。在房型的组织上，尽量有利于风的直线流动，常保持空气新鲜。同时还应注意户与户的独立性，避免因楼体凹凸过多、户与户之间窗户过近而导致互视，尽可能地保证其私密性。选择上您应特别留意：

面宽和进深的比例

尽可能地选择进深短、面宽宽的户型。一般来说，低层板楼进深最好在12～14米左右，高层板楼进深则要控制在18米以内，有些超过20米的大户型，如果不是靠板楼边端的三面采光，尽量慎选，因为过大的进深会使户内灰色空间增多，影响居住的舒适度。面宽则根据户型大小而定，一般来说，二居室面宽在6～8米，三居室面宽在10～13米，四居室面宽在12～15米。

卧室和客厅的日照

在户型布局上，外侧是厅或门厅，内侧是主卧室和次卧室，餐厅和厨房相邻并置于背阳面，起居室和主卧室置于朝阳面。

在朝向上，正南正北的户型布局一般是：二居室，主卧室和起居室朝南，次卧朝北，或两个卧室朝南，起居室朝北；三居室，主卧室、一个次卧室或书房和起居室朝南，次卧朝北，或主卧室和起居室朝南，另两个次卧室朝北，或三个卧室朝南，起居室朝北；四居室，两个卧室和起居室朝南，两个次卧朝北，或三个卧室朝南，起居室朝北。作为东西朝向的板楼，则东侧为主要朝向，其他布局规律与南北朝向相同。

实例10：北京东湖湾

位于北京市朝阳区望京地区，四室二厅三卫的01户型，建筑面积216.85平方米。

该户型处于两梯两户板楼的边单元，三面采光，南北对流，通风、采光良好，几乎无灰色空间。双主卧、弧形落地窗、明餐厅、明卫的配置，使得这款户型充满着时尚亮点。储藏间的设置，虽然占用了起居室的空间，但却使门厅、餐厅和客厅分离更为明确，并且也增加了储藏功能空间。

存在问题是：北侧次卫洗手台设置偏里，使用不够方便，应该移至外间，变成干湿分离，而淋浴间位置还可以放置小浴缸。

可以调整的是：上移书房门，使其对着走廊，将储藏间右墙右移，加大面积，并且门开在左侧结构墙上，主卧门上移，使储藏间变成衣帽间。

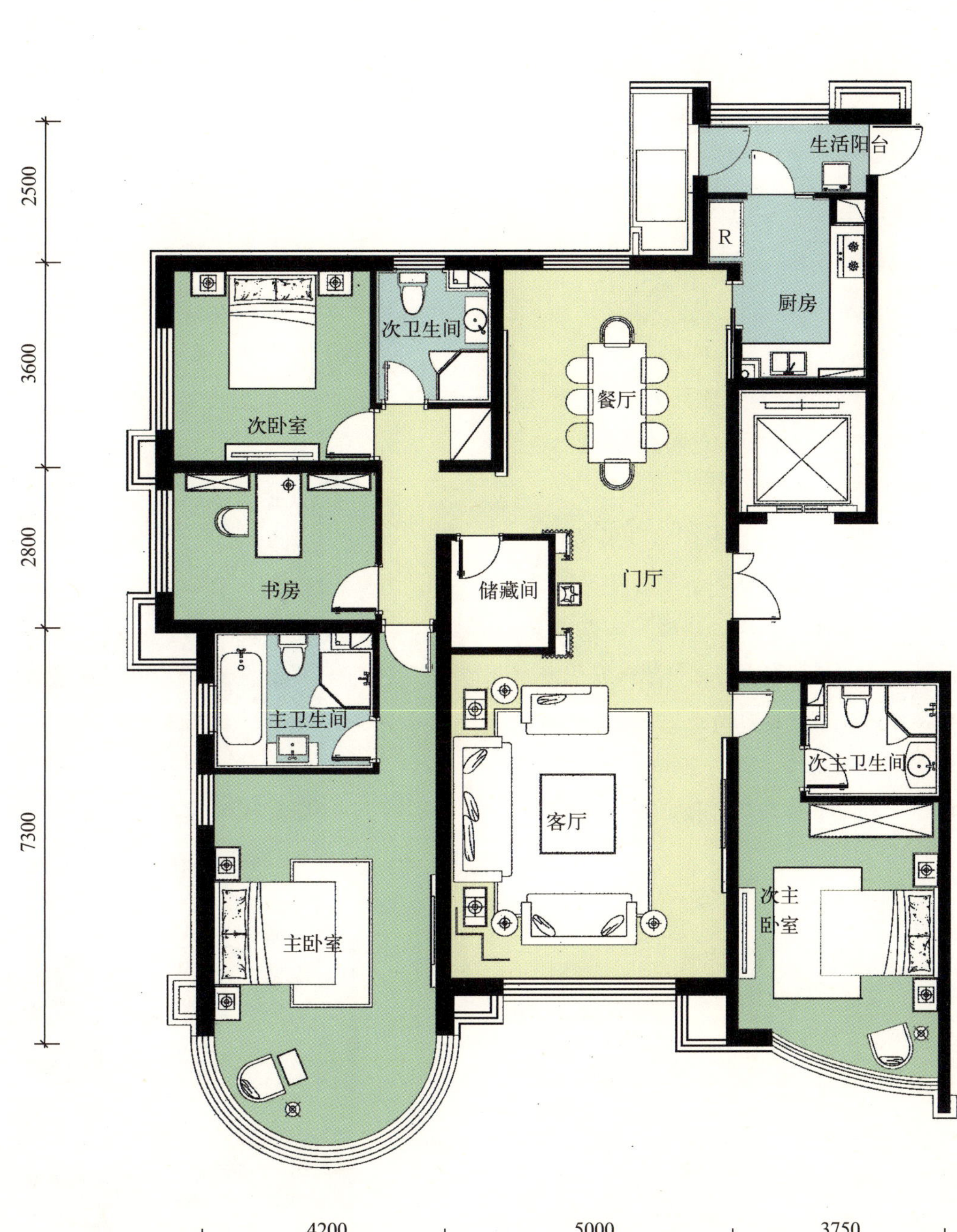

塔楼的选择范围宽广

塔楼户型各异、朝向不同、价位多样，而使选择范围变宽，与板楼相比，优点表现为：

外立面变化丰富，更适合角窗、弧形窗等宽视角窗户的运用；

房型及价格呈现多样化，用户挑选余地较大；

大堂、电梯厅等公共部分由于基座进深较大，容易设计得气派；

塔楼的点式布局在小区的园林、景观方面，较之线式布局的板楼要活泼许多。

但同时，公摊偏大造成使用率降低、通风和

采光易受楼体遮挡、相邻套型互视几率偏大、每层电梯多户共用难以保证私密性等。

早期的塔楼方方正正、体态臃肿，为了解决各户型的通风、采光，楼体往往要开很深的槽，不仅出现了采光极为有限的"灰屋子"，还带来了相邻套型的互视。因此，塔楼经历了方塔楼、T形楼后，朝着井字形、风车形和蝶形等形式演变。因此，您选择上也要适当注意：

通风和采光

在楼体的公共空间上，居住单元与电梯交通体系通过走廊联系，注意选择能直接引入自然通风和采光的电梯厅，避免黑房间。

在套型的私用空间上，早期的方塔楼和T形楼，进深较大，各套型通风、采光不易处理好。像中期的井字形、风车形塔楼，注重引进板楼的设计手法，将卫生间甚至餐厅做成明窗，实现了自然通风、采光，同时加上外挑弧形窗、转角窗，尽可能将每个单元的空调都隐藏在天井里，保证了外立面的美观，使之更具有现代气息。

格局和尺度

塔楼的户型比板楼的种类会丰富一些，多样化的套型使挑选余地变大，但受到楼体结构的限制，有些套型的开间和进深变得不太合理，容易出现格局不规整，分区不细致的现象。

挑选时还需注意两点：

一是有些户型单独看，可能很不错，但组合到楼体中就会毛病百出，这是由于塔楼户型纵横式布局决定的，要特别注意与相邻套型的关系；

二是蝶形楼的一些户型朝向偏斜，既不能满足全天日照，又不符合喜好正面朝向的传统居住习惯。

实例11：北京华远 · 九都汇

位于北京市朝阳区麦子店，三室二厅二卫一工人房的D3户型，建筑面积203.78平方米。

该塔楼由两个两梯四户单元组成，户型南北通透，虽有板楼特点，但进深达19.62米，通风、采光比较受限，中部灰色空间偏多。另外，空间不够均好也是其弱点，像客厅和主卧的开间一样、厨房与餐厅相比面积偏小、交通面积偏大等。

可以调整的是：将主卧开间缩小30厘米，变成3.9米，而客厅增大为4.5米。

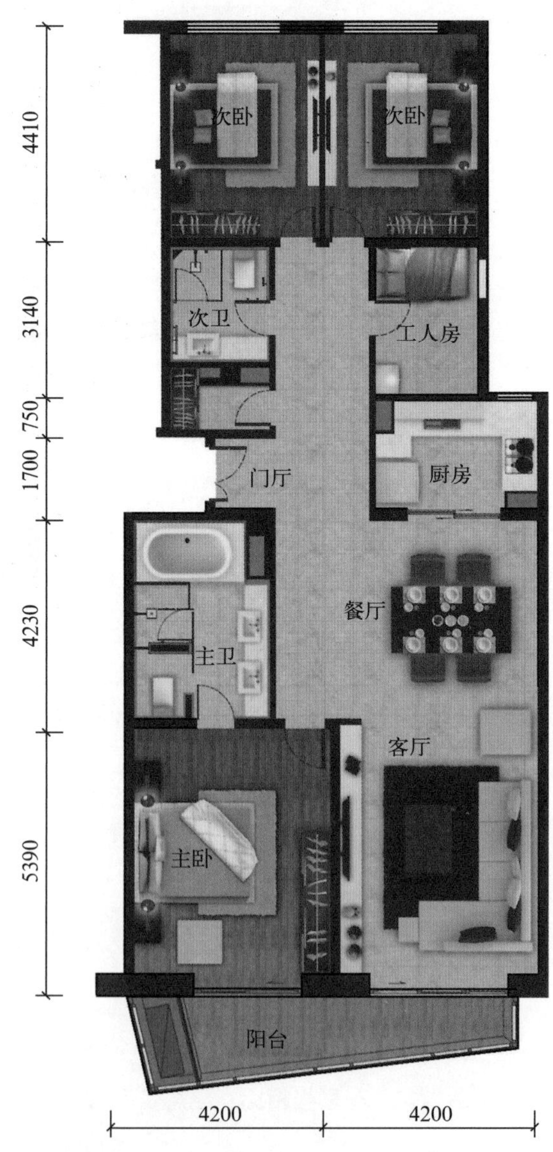

大户型的户型价值

您在购买住宅时,首先会涉及的就是"居室",而现在"一居室"、"两居室"等的称谓,基本上延续了20世纪80年代以前有室无厅,或仅有一过厅的单元结构形式,其核心仍然是唯卧室独尊。所不同的是,按照现代人的生活习惯,将起居室从传统的卧室中独立出来形成了"厅",同时,其他功能空间也细分了许多,这些在大户型中表现得更为充分,如卫生间从一个变成了两三个,阳台也从传统的服务功能扩展到休闲、娱乐功能。

因此,当选择住宅时,户型的结构样式和功能配置,就成为选择住宅最直接的参考点。

大户型应具备的品位

住宅户型大到了一定程度,就不单单是满足面积和功能的需要,因为购买大户型的人更多地是把住宅作为精神需求的物质载体,以显现人生的追求和业绩。

使用面积

大户型的空间加大,其间的物品摆设相对宽松、随意,一定程度上可以增加居室的舒适度,同时也可以细分出不同的空间以满足不同的需要。

大户型的购买者,一般是具备一定的经济实力,或在某个领域获得了一定成功的人士,对居住的地域、环境、档次会比较挑剔,比一般的购买者更强调居住的氛围,舒适的程度,这样才能在相对宽裕的空间里,获得某种感觉。

大户型除了基本户型所具有的功能外,还应有一些特殊功能,具备某种特色,这一点,是很多设计师和发展商潜心追求的目标,因为宽大的空间和较高的单价,给他们提供了精心打造的条件。

居住氛围

追求公寓中的豪宅、都市里的村庄,也是很多成功人士的必然选择。平层里的大户型,往往会被放在社区景观较好的区域,安置在楼体的各端,这样可以使整个户型拥有两至三个采光面,尽可能地将各个居室的观景、采光、通风设计得完美,以提高整体品位。

户型特色

从住宅设计角度讲,大户型设计比起小户型来,回旋余地要大一些,比较容易兼顾通风、采光、使用功能和面积均好性等方面。但是,大户型不应一味地大,而应"大而有当",在满足了面积尺度和功能需求之后,更多地是强调环境氛围、强调居住感觉,使每一个空间的存在都有其合理性,否则,就容易导致面积的浪费,这一点对立体大户型尤为重要。

立体大户型往往被放在楼层的顶部或底部,这样可以借助地面花园或楼顶露台,使户型在居室之外增添一些色彩。

因此,大户型很重要的一点就是通过环境氛围的烘托,户型结构的设计,装饰材料的运用,使居住者在某种程度上获得尊贵的感觉,寻求住宅的高品位。

实例 12：北京星河湾

位于北京市朝阳区朝阳北路和四季星河路交会处，三室二厅三卫一工人房 D3 户型，建筑面积 228 平方米。

该项目定位于高档大户型社区，全部采用高档精装修，人群划分非常明确。户型采用四南四北格局，三面采光，总开间为 14 米，使各居室尺度宽裕，加上卫生间为全明设计，通风、采光良好。

户型的品位体现在：起居室门厅、餐厅和客厅分立，并采用错层活跃空间；工人房和工卫均采用明室；双主卧加阳光主卫配置。

可以调整的是，北侧次主卫的上墙上移，与右面墙面取齐，扩大浴缸长度。

大户型的面积尺度

一般来说，卧室 10 ~ 12 平方米，能满足"卧"的基本需要，14 平方米，可以摆放电视，而大户型基本在 20 平方米以上，可以进行动静分区；儿童房 10~15 平方米已经够用，书房 15~20 平方米比较舒适；次卫生间 5~7 平方米、主卫生间 6~8 平方米、厨房 8~10 平方米与大户型的面积配比相适宜，再大一些无非是进行"洁污分区"、"中西分厨"，或者放进洗衣机、冰箱什么的。通常卫生间设置淋浴器、洗手盆和坐便器，最小 5 平方米，若改成小浴缸，6 平方米都不富裕。而厨房面积不应小于 6 平方米，低于这个数值，与餐厅的配比就会失衡，同时单排操作净宽

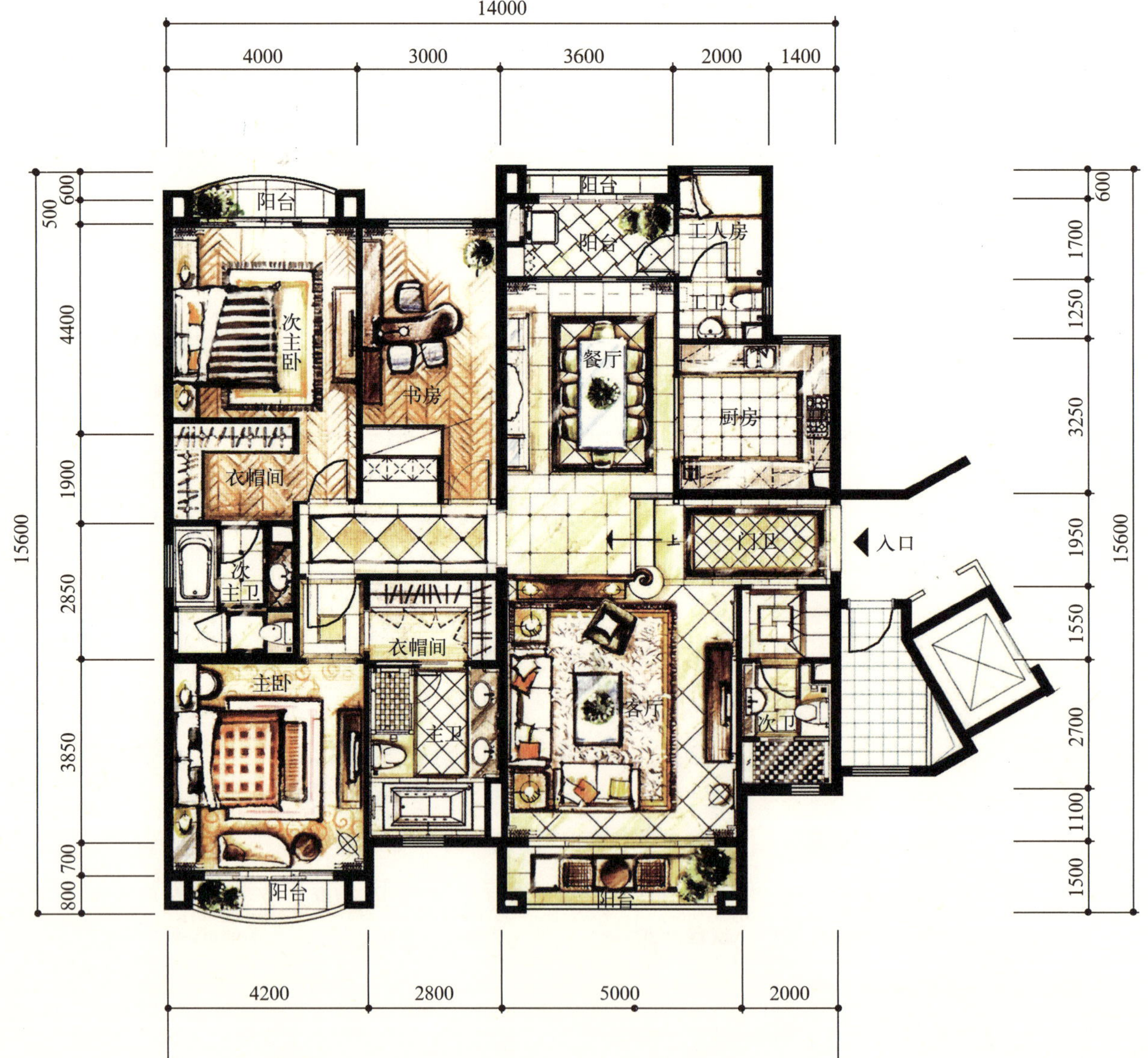

不小于1.5米，双排操作不小于1.9米，并且操作面长不小于2.1米。至于阳台、储藏间、门厅等功能空间，在保证主要居室面积的前提下增设，会使户型的品质有所提高。

扩大单居室面积与增加套型功能常常是一对矛盾，20世纪80年代以前的户型，因功能相对单一，居室可以做得小巧些。而现在随着“动静分区”、“洁污分离”、“干湿分开”、“主客分卫”、“中西分厨”等标志生活品质和现代习惯的样式，以及储藏间、衣帽间、休闲阳台、家政阳台、门厅等空间的设置，逐渐地渗透到各种户型中，舒适度较之从前大为提高，但面积同时也相应地加大。

因此，大户型中各类分区的样式及功能空间的设置应首先服从于居室面积的需要，也就是说，在起居室、卧室以及厨卫面积达标的基础上，再适时加以考虑。

为了更好地在有限的空间中容纳人们无限的需求，兼容方方面面，像功能复合化、空间模糊化都是住宅未来发展的重要趋势。

实例13：北京京达国际公寓

位于北京市国贸商圈和燕莎商圈之间的朝阳公园西侧，六室二厅三卫的C+D户型，建筑面积365.49平方米。

项目由4栋塔楼组成，毗邻公园和高尔夫球场，满目绿色，景色清新，同时东临朝阳公园路，南接农展馆南路，出行极为方便。社区内按五星级标准建造了6000余平方米的会所，以完善的配置，烘托出商务氛围。

户型由于是由180.54平方米和184.95平方米的两套三居室相加而成，四面采光、多采光窗口，后期改动余地较大。中部为动区，南部和北部为静区，对于分别安置老人或客人比较适宜。

户型占据了景观最好的高层，东面湖水波光粼粼，北面公园翠树荫荫，西面球场绿草青青，视野非常开阔。该户型的优势一是采光窗口较多，其中3个居室两面采光，空间分割自如。二是南北分区，便于设计出不同功能的居住空间。建议将厨房南侧的过道打通，使餐厅更为明亮；两个客卫保留餐厅旁的一个，另一个与南端的卧室打通，形成次主卧。

东侧毗邻占地5300亩的朝阳公园，其中140万平方米的湖面，配合山石、树木，形成了宽阔的水景。社区内围合着6000平方米的中心花园，并设有爱琴湖和喷泉广场等精巧的花园水景，与社区外朝阳公园南湖的博大，形成了对比。

有所欠缺的是，社区和公园之间隔着朝阳公园西路，横亘的马路、房屋和汽车的噪声，会对视觉和听觉产生一些干扰。

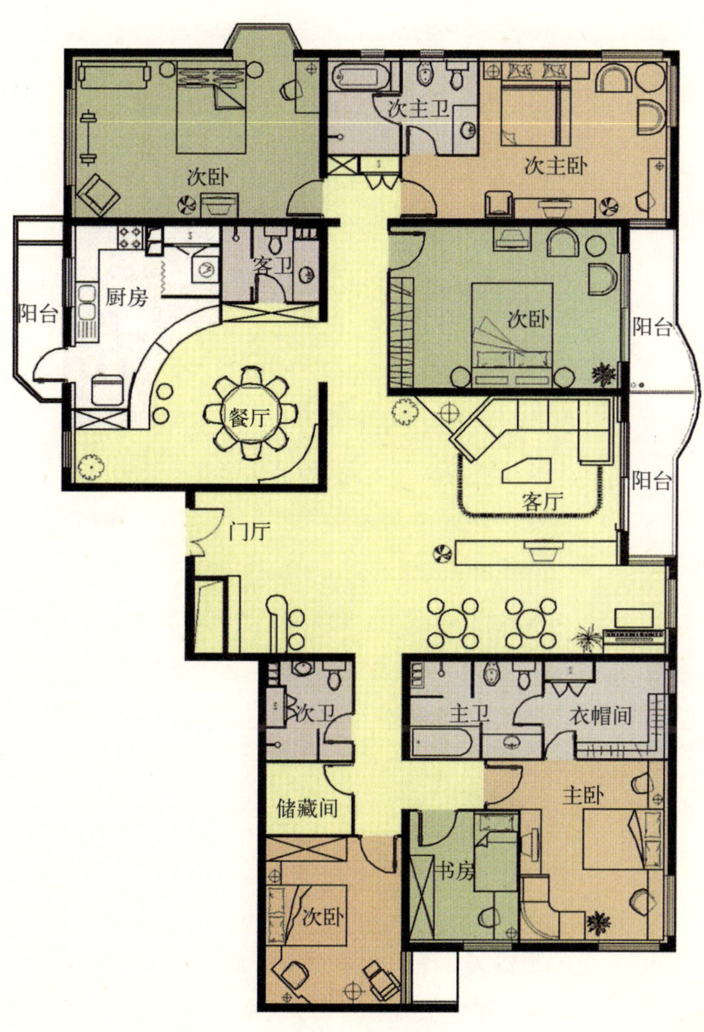

功能细分是大户型的发展趋势

从目前市场上的一些项目来看，有的户型虽然“大”，但并未完全达到功能细分和居住舒适的要求，其中有些户型面积的增加，仅仅是空间简单的放大，甚至拐拐角角和交通过道浪费偏多，变成了“大而无当”。

一居室

一居室一直是小户型的代表，也是市场追捧的热点，但大户型也有一居室，这类住宅通常位于商务核心区，定位于高级白领和外籍人员，其特性在于：单居室仍要满足多功能，除去基本的就餐、洗浴、就寝和会客外，在相对宽裕的面积中，适时增加读书、休闲等功能，达到“麻雀虽小，五脏俱全”。

二居室

二居室是一种承上启下、灵活多变的户型：自住时单身、三口可住，两代也能凑合；投资时比一居租户群宽，比三居易于转让。

二居室在卫生间的配置上，有双有单，因此面积和品质也会产生差异。对于自住型客户：单身或者两口，单卫已能满足需要；而三口之家或两代老少，最好还是选择双卫。至于投资型客户，则要看所购楼盘未来的租户定位于哪个层面：如若租给一般白领，选单卫户型可以降低投资成本；如若吸引高层人士甚至外国人，选双卫则是提高品质的重要指标。

三居室

从生活的实用性上讲，三居室应该是未来发展的主力户型：三口可以拥有书房，两代可以互不相扰，当然，考虑到孩子长大后的独立趋势、老人和年轻人的不同生活习惯等，两个卫生间及家政阳台必不可少，同时至少应有一间向阳的卧室。

跃层、错层和复式

这是新式住宅的一个亮点，它使室内空间更富于情趣和变化，同时使室内的动静分区泾渭分明。尤其是挑空的处理，加大了层高，再配以硕大的落地玻璃窗，将室外景观尽收眼底，充分满足了求新求异的追求。所谓跃层，就是一个住宅套型占有两个以上的自然层面，采用户内楼梯进行连接。所谓错层，并非占有两个自然层，而只是把一个层面的住宅进行错位，而取得空间的变化。所谓复式，俗称“阁楼”，是在一个比普通层高一些的空间中，局部挑出夹层，用楼梯联系上下，以提高住宅空间的利用率。

需要说明的是，这类住宅由于交通和转换空间占用较多，居室面积通常要小一些。

实例 14：北京融华世家

位于北京市朝阳区亚奥核心区域，四室二厅三卫的 14/15 户型，建筑面积 230 平方米。

该户型虽然进深较大，但处于三面窗户的板楼西侧，采光不错。同时动静分区明确，双主卧的设置符合现代高档住宅的需要，尤其是贯通书房，交通动线灵活，使主人的出入不必因为客厅中的来客，而产生交叉干扰。另外，私家电梯的设置，使户型增色不少。

存在问题是：户内通风回路较为曲折，空气流通不畅。虽然设置了工人房，但为全封闭，实际只相当于储藏间。

可以调整的是：由于衣帽间的占用，损失了部分客厅面积，对于喜欢大空间的业主来说，可以考虑拆掉重新布局，比如，将衣帽间拆掉，封闭通往主卧的室门，衣柜与书房柜连在一起，顺墙摆放；如若保持现状，也可以将主卧门改开在侧面，与次主卧相对，加大衣帽间。

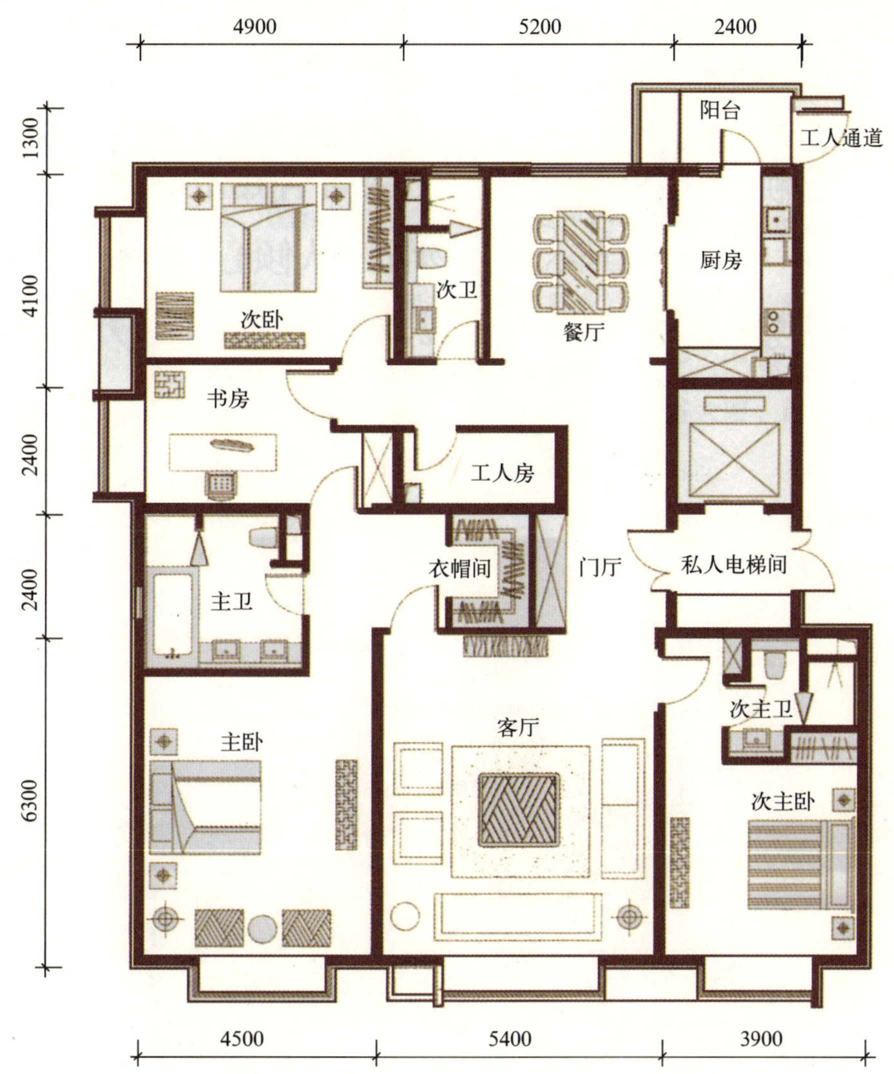

次起居是大户型的新亮点

中国人口密度高、土地资源相对匮乏，住宅主要以集合式为主体，几十户甚至上百户集中在一个楼里。这种集合式住宅共性化的形式对个性化的消费形成了很大的限制，而住宅设计的难度，就在于在有限和相对统一的空间里，囊括人类生活的方方面面。

在现代家庭中，人们的生活既相对独立，又相互关联。当一家人正在其乐融融地围坐在一起看电视时，突然来了客人，是看电视，还是聊天？主客遇到此类境况，总难免有些尴尬。就是一家人的生活，常常也难免彼此相扰：先生是个音乐发烧友，太太痴迷电视连续剧，而女儿可能每天要陶醉在钢琴的演奏中。

所以，除了通常一个标准户型中所拥有的主卧、次卧、厨卫、起居室和餐厅之外，近年来出于功能细分的需要，又出现了服务空间，如衣帽间、洗衣间、储藏间、服务阳台以及工人房等。但真正能满足个性化消费的是除去原有包括起居室和餐厅的主起居空间外，而衍生出的次起居空间，包括：由会客厅、书房、计算机房等组成的工作空间，由健身房、阳光室、咖啡茶座等组成的休闲空间，以及由视听室、琴房、棋牌桌等组成的娱乐空间。

从这点上看，住宅已不是人们传统意义上遮风挡雨的处所，而是精神需求的物质载体，是自我价值观的一种体现。因此，在安排好基本的食宿之后，如何在有限的空间中容纳人们无限的需求，就成了未来住宅发展的必然趋势，这就是：打造好次起居空间。

建筑界有个说法：没有户型的户型就是最好的户型，可以创造出随心所欲的百变空间。因此，如何打破墙的限制，使空间能够在共性流动中产生灵性，在个性流动中充分舒展，就成了未来住宅人性化的重要标志，而次起居空间的打造，为其注入了丰富的内涵。

实例 15：北京国奥村

位于北京市国家体育场——鸟巢西北，四室二厅二卫的 4（6）户型，建筑面积 240.84 平方米。

该户型至少有两处可以调整为次起居空间：洗衣间，或者保留用做电脑间和棋牌室，或者打开变成会客厅；将主卧通往客厅处封上墙或门，书房可以改成主卧的套间。

进一步探讨的是，拆掉洗衣间改成会客室，形成别墅中才有的双厅布局，能提高档次；而次卫旁的第二通道，充满着趣味性，将书房、次卧，以及会客室联系得更为紧密。

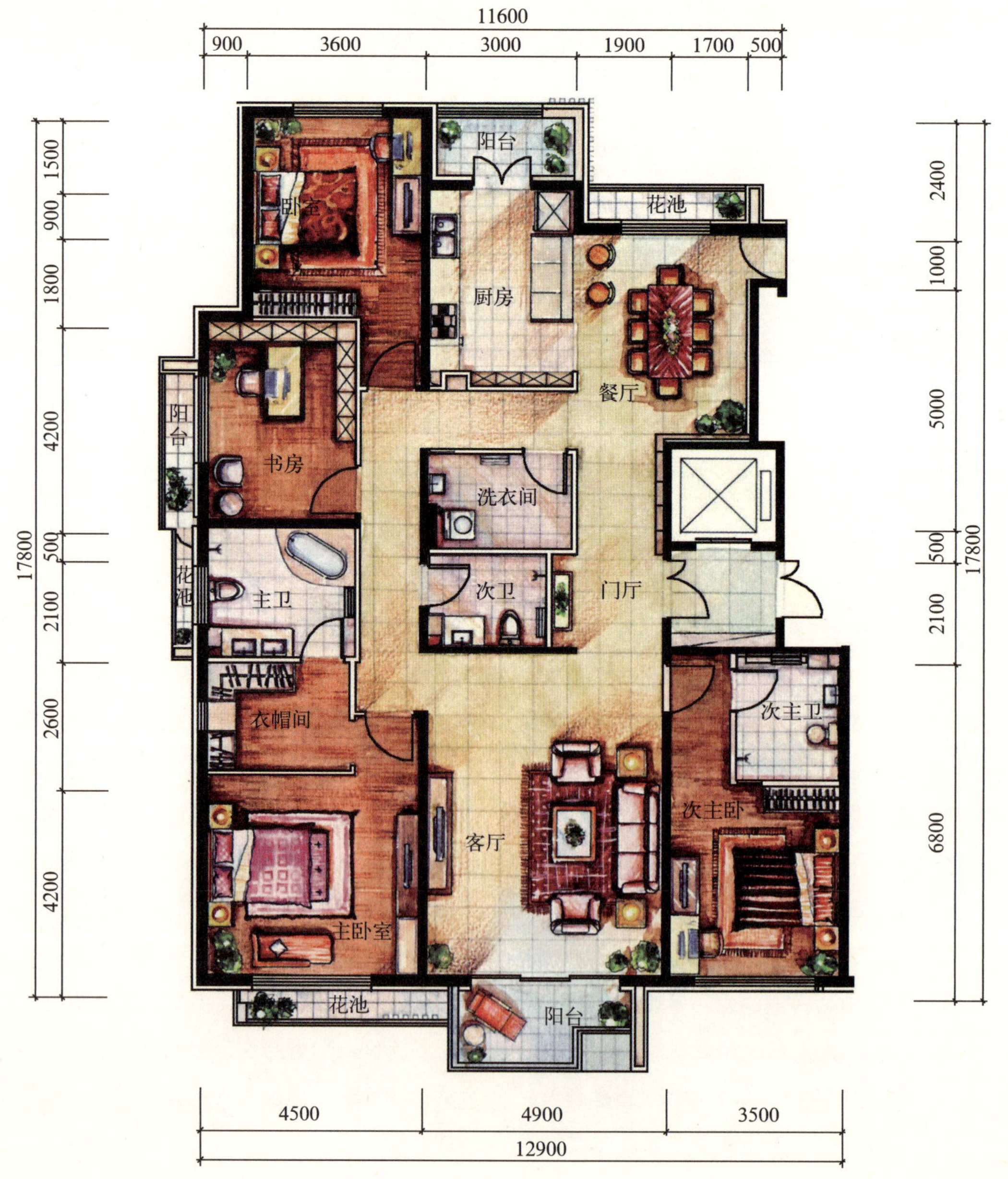

大户型的配套价值

社区配套的成熟度是衡量住宅价值的又一个重要指标，它直接影响着您日后生活的舒适度及便利性，同时也影响着住宅的档次及品位。

一般来说，配套包括交通配套、社区配套、商业配套、教育配套、医疗配套等。

交通配套至关重要

您买房子除了考虑价格因素外，另一个重要因素就是地段，而地段的好坏，交通状况往往起着至关重要的作用。因此，交通是否便捷畅通，成为影响未来居住品质的首要因素。

其实能使广大普通购房者受益的交通方式还是公共交通，尤其是轻轨和地铁。比如回龙观地区，由于轻轨通车，使该地区的楼盘价值得到了一定的提升。同时为了节省道路资源，在城市交通系统中实施公交优先的原则，被国际上公认为是提高城市通行效率的有效手段。目前北京的轨道交通里程已达到300公里，在北京中心区域内，无论您身在何处，都可以在800米范围内找到地铁或轻轨车站。像三元桥地区，聚集了华远·裘马都、凤凰城、远洋新干线、第三置业等楼盘，之所以能吸引新华远、华润置地、中远房地产、首创置业等著名的开发商入驻，除了商务氛围外，很重要的一点就是便捷的交通。

交通已经成为影响房地产发展的重要因素之一，您在挑选房子时除了要注意选择相对比较畅通路段附近的项目外，还要注意交通带来的环境干扰。如有些项目距离主干路比较近，虽然出行会比较方便，殊不知一住进去就备受交通噪声和尾气污染的影响。

实例16：北京鲁园·上河村

位于北京市海淀区远大路，四室二厅三卫一工人房的A户型，建筑面积225.28平方米。

该项目处于北京最好的观光河道——昆玉河的西岸，北侧紧邻亚洲最大的购物中心——金源时代购物中心，东北靠近大学区，南边云集部队的大医院，即将开通的地铁10号线近在咫尺，应该说，环境配套、商业配套、教育配套和医疗配套都很完善。

整个户型采光面宽，南北通透，尤其是几块区域的交错分布，使户型变得错落有致：像由于双开门观光电梯而形成的独享电梯厅和门厅的错位，观景餐厅和阳光起居室的错位，大主卧室和弧形小书房的错位等，这些都会使居室之间避免一览无余。

以起居室为中心在周围形成了功能细分的三大区域，即餐厨、小洗衣间、工人房和卫生间的服务区，弧形书房、主卧、更衣间和衣柜的主人区，以及两个次卧、卫生间和储藏间的客区。客厅和餐厅的落地窗、书房弧形窗、卧室飘窗，以及北向透明的观光电梯和阳台的设置，充分显示了对观景的重视，并且采光、通风良好。

4.8米开间的起居室相对独立，长达8米的平行线无门窗，便于摆设。通向主卧室和起居室的双开门书房，宽敞明亮，并且形成了居室中的第二通道，使用灵活方便。

存在问题是，工人房过小，仅能从一头上床，使用不方便，仅相当于储藏间。

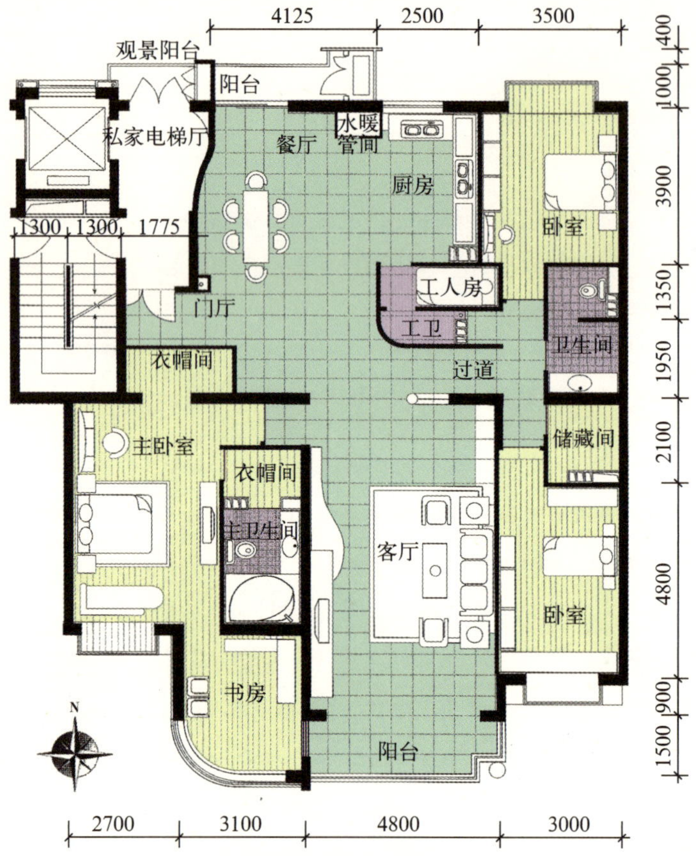

另外，小区车辆出入口和车辆停放的位置，或多或少地对生活产生影响。

因此，在选择与交通比较密切的住宅时，除了所处的位置便捷与否外，还要要着重考虑以下几点：

回避交通干扰源

北京目前有不少项目是建在二、三、四环，以及交通主路旁，交通噪声和汽车尾气会对附近居民的生活造成影响，长期生活在这样的环境中会给人的身体带来一定的伤害。如果您打算购买要注意：住宅中的主要居室，特别是主卧室，应尽量背离交通主路；高架桥的噪声和污染比起平路来，要大得多；正对交通主路的板楼，尤其是U形板楼，比起塔楼来更容易吸收噪声和污染。

注意出入口是否设置合理

有些楼盘就在主干路旁，乍一看很方便，但主路在楼盘前后没有开设进出口，进出小区要么在很远的地方就要开始走辅路，要么就是走过以后再想法绕回来，既浪费了时间，又加大了交通成本。

小区道路和交通主路的连接部分也很重要，有时可能只是一条小马路。如果您是第一批入住的业主，又是有车族，可能暂时不会感到不方便，但随着大量业主入住，上下班高峰期小马路就会不堪重负，一段几百米的路可能要耗费上几十分钟时间。因此，小区最好要有两个以上的出入口，两条以上到达交通主干路的支路，以缓解拥堵状况。

了解停车位情况

车辆进出小区以及停车，也会对您的生活产生干扰，您在购买前需要了解小区内的道路、车库的出入口以及地面停车位等情况。随着私人轿车的增加，许多小区都配有一定的地面和地下车位，车辆进出小区时，或多或少地会对住户产生干扰，需要注意的是：

环绕小区交通道路的布局；地面停车场与您住宅的距离；地下车库及出入口的位置。目前设计科学的小区基本上达到了人车分流，也就是说，车辆在小区外通过出入口进入车库。而设计不好的小区将车库出入口设计在小区里面，会对小区生活产生干扰。一层的住户还应注意汽车灯光和点火的干扰。

北京的路网建设方便了市民的出行，带动了沿线房地产的开发，小区车辆的存放也方便了业主的生活，促使了购车族的扩大，这些为购房者提供了更多的选择。在方便的同时，也希望广大的购房者细致地考虑交通对生活产生的干扰，避免入住后留下遗憾。

社区配套也很关键

除了交通配套外，商业配套，教育配套，医疗配套，也都是日常生活中不可或缺的。

当然，上述配套都是在社区外，是由大环境决定的，而开发商所能决定的，是社区配套，包括会所、车库、园林设施以及物业管理等。

大会所，小会所

会所通常是集体育、文化、商业、娱乐于一体的小区建筑设施。会所有大有小，小的在楼层中只占一层，设立棋牌室、咖啡座什么的；大的设置游泳池、网球馆，甚至高尔夫球场等。

对于会所，您可以从两方面看：一方面，会所的建设一定程度上增加小区的建设成本，最终都摊到业主身上，同时后期的维护及运行费用也较大，如一个标准泳池冬季每月的费用就要近10万，单靠收取业主游泳费是难以维持的，如果打入物业管理费，势必影响到不游泳的业主，造成不平等。另一方面，会所是小区“身份”的象征，面积、设施、档次都会提升其知名度，并且给业主的日常生活平添许多乐趣。

因此，会所大与小要从实际出发，实用为主，像游泳池、网球场、乒乓球室等运动设施最好有，下了班活动活动，能调节身心；咖啡座也属必备，来个客人谈事家里不方便，叫杯咖啡小酌，也是其乐融融；当然，设个阅览室，闲暇时看上一会儿书，对大人、孩子都会是受益匪浅。

物业管理对于高档社区影响很大

表面上看物业管理和住宅的价值没有直接的联系，但实际上，作为以人为核心的住宅来说，管理的优劣直接影响着舒适度，进而影响着楼盘的价值。也就是说，一个管理出色的楼盘，会在业界名声四扬，租户群、购买者会趋之若鹜；反之，一个出现保安打业主，管理混乱的楼盘，会恶名千里，影响购房者和租房者的信心。这一点，对于高档楼盘、大户型聚集的楼盘，显得尤为重要。

实例17：北京蓝堡国际公寓

位于北京市朝阳区大望桥西北CBD核心区域，三室二厅二卫的D户型，建筑面积200平方米。

这是标准的两南三北格局纯板楼三居室。属于静区的卧室和属于动区的餐厨、客厅通过走廊联系，达到了“动静分离”。起居室5.1米的开间和7.7米的双平行线进深，利于摆放沙发和电视音响；三个卧室的比例以及门窗的位置，使得家具的布置合理而自然。缺憾是，餐厅和客厅集中在一个空间，有些干扰并且交通面积偏大。

社区物业由国贸物业管理有限公司管理，水平较高，虽然硬件设施有限，但员工良好的素质和服务获得了业界的好评，蓝堡国际公寓也得到了CBD区域租户的青睐。

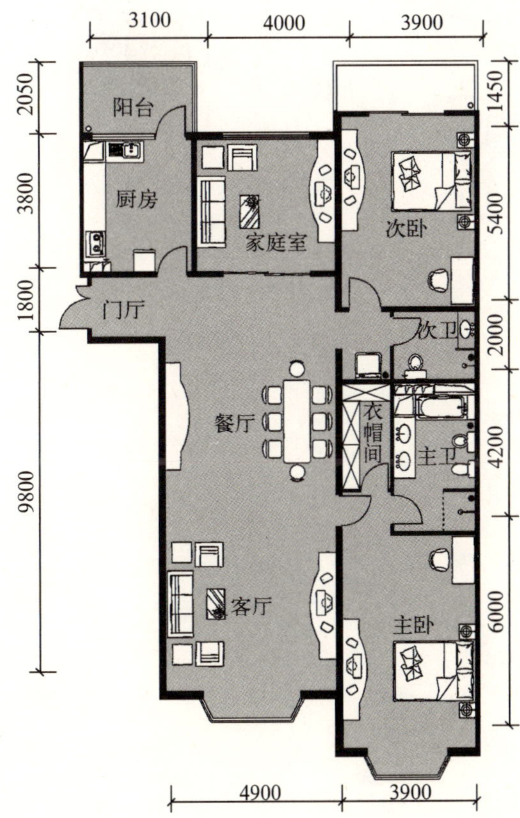

超大户型篇

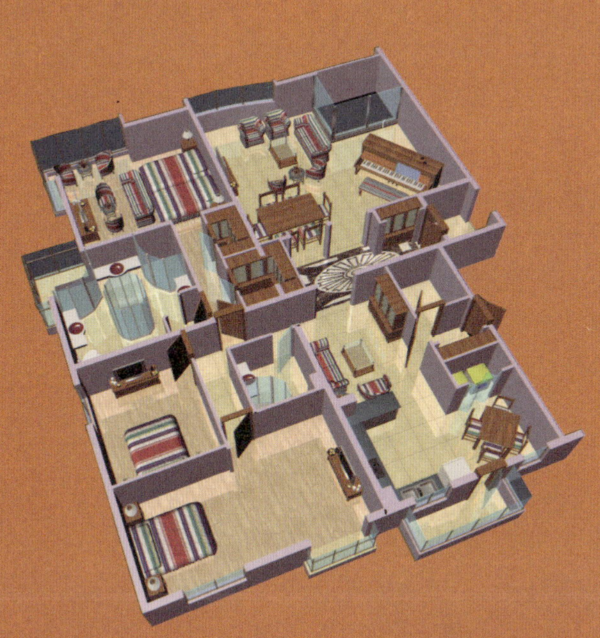

空间的品位

篇前语

居室大到了一定的程度，就不单单是面积的需要，因为购买大户型的人更多地是把住宅作为精神需求的物质载体，以显现人生的追求和业绩。

从某种意义上讲，大户型在设计上更具有独创性，就是在独创性与理解性之间寻求最优化的答案。有时，过于标准的户型反而在一定程度上束缚了想象力的发挥。

凡此种种，大户型价值的核心归结到一点，就是品位。

面积的品位

大而有当是大户型的追求，由于空间加大，其间的物品摆设相对宽松、随意，既可以增加居室的舒适度，也可以细分出不同的空间以满足不同的需要。但大而无当也是大户型的痼疾，面宽、进深的加大一定程度上纵容了设计师的挥霍，走廊、楼梯占用过多的空间不说，实在难以处理的地方，大笔一挥，变成了与卧室单位面积同样价钱的储藏间。

氛围的品位

"物以类聚，人以群分"、"孟母三迁"、"择邻而居"等这些千年古训继续影响着现代人。大户型的购买者，一般是具备一定的经济实力，或在某个领域获得了一定成功的人士，对居住的地域、环境、档次会比较挑剔。

户型的品位

大户型除了基本户型所具有的功能外，还应有一些特殊功能，具备某种特色，这样才能在相对宽裕的空间里，获得某种感觉。这一点，是很多设计师和发展商潜心追求的目标，因为宽大的空间和较高的单价，给他们提供了精心打造的条件。

平层大户型

大户型体现居住者的身份主要表现在几个方面：

大气，在面积尺度、视觉尺度上尽量追求宽敞、明亮、开阔；

充分与自然景观、人文景观结合，采用引景入室等设计手法，比如落地窗、弧形窗、飘窗、大露台甚至空中花园等，与周围自然环境完美结合；

舒适，在功能配置上尽量完善，从人生活的各种流线、尺度着手。

因此，改造时要着重考虑上述因素。

使用面积的宽松

大户型的空间加大，其间的物品摆设相对宽松、随意，一定程度上可以增加居室的舒适度，同时也可以细分出不同的空间以满足不同的需要。在套型面积的界定上，北方地区为170～200平方米，南方地区为150～180平方米。在居室面积的划分上，起居室为40～60平方米，主卧室为20～40平方米，厨房为8～12平方米，主卫生间为6～10平方米等。

居住氛围的惬意

大户型的购买者比一般的购买者更强调居住的氛围、舒适的程度，这样才能在相对宽裕的空间里，获得某种感觉。因而，追求公寓中的豪宅、都市里的村庄，也是很多成功人士的必然选择。

户型特色的独到

平层里的大户型，往往会被放在社区景观较好的区域，安置在楼体的各端，这样可以使整个户型拥有两至三个采光面，尽可能地将各个居室的观景、采光、通风设计得完美，以提高整体品位。

比如户型尽可能满足私密性的要求：能够多加一道门，就不要少加一道门；能够一梯一户，就不要一梯两户；能够独占门厅，就不要与其他户共享。这一切，都是为了让用户更有领地感、安全感，也是获得私密性的必要条件。

北京万科蓝山
C 户型

平层大户型

环境氛围：位于北京市朝阳区东四环窑洼湖桥西北 1 公里，占地 8 万平方米，总建筑面积 17 万平方米，绿化率 30%，容积率 2.13，共 7 栋 7 ~ 28 层板楼，由 775 户三居以上中大户型组成，统一为精装修。东侧紧邻东四环，距 CBD 中央商务区 3 公里，具有一定的商务氛围。

户型分析：C 户型处在板楼的中部，为四室二厅三卫，建筑面积 240 平方米。该户型为四南四北横向排列，面宽达 15 米，加上多数空间南北对流，通风、采光良好。同时，由于定位于高档住宅，采用两梯两户各自独立入户，以及双入户通道，获得了较高的私密性。

功能布局：户型中动静分区除了次主卧设置在客厅一侧外，其余都集中在里侧，比较分明，干扰很小。次主卧的设置，无论是客人借宿，还是老少分居，都保证了一定的舒适度。阳光主卫的进深虽然大了些，但采用了干湿分离的设计，将淋浴和浴缸集中在窗前，在充分享受阳光的同时，可以及时地将潮气排除到室外。南侧各居室的开间和进深控制得比较到位，整体比较匀称；北侧的书房开间偏大，但对于喜欢大书房的人来说，也是一种选择。

改造重点：对调次卫和衣帽间位置；取直结构墙，缩小主卫，扩大主卧；去掉书房衣帽间。

首先，次卫调整到衣帽间位置，扩大面积。

其次，衣帽间调整到次卫位置，并加宽通道。

再次，将东西向结构墙取直，主卫中的衣柜去掉，同时，主卧小衣帽间去掉，保留一排衣柜。

最后，将书房右墙取直，衣帽间去掉。

改前主卫偏大，主卧稍小，面积配比不均衡。

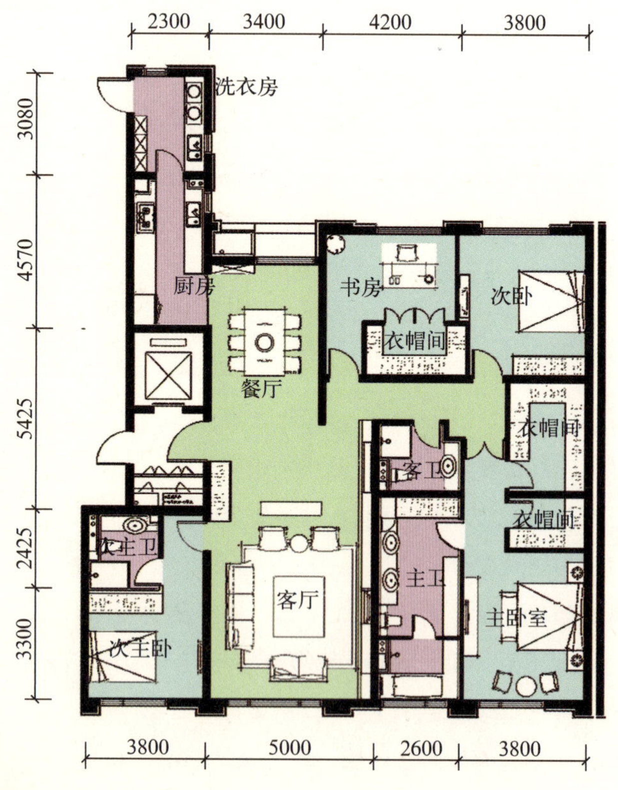

改前

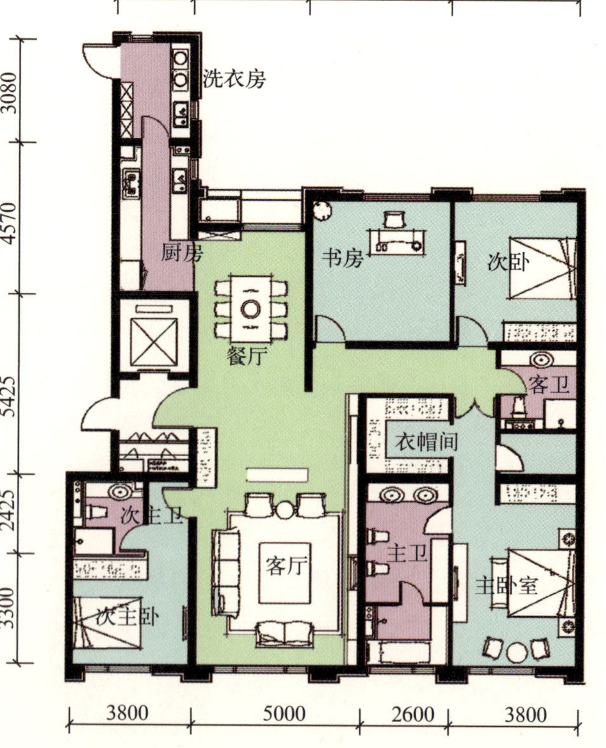

改后

北京万科蓝山

C 户型

平层大户型

改前

改后

- 书房衣帽间去掉，扩大面积。
- 加宽走廊通道。
- 原衣帽间调整到次卫位置，扩大面积。
- 衣帽间调整到原次卫位置。
- 主卧中的衣帽间去掉，保留一排衣柜。

北京月亮河公园

B 户型

平层大户型

环境氛围：位于北京市通州区通州新城规划的运河商务核心区，项目占地 70 万平方米，公寓总建筑面积 15.9 万平方米，由 10 栋板楼组成。社区内包括 6 万平方米的四星级度假酒店、1.8 万平方米温泉 SPA 会馆，以及多种娱乐休闲配套设施。

户型分析：B 户型处于 506 号楼，为 1 梯 2 户的标准户型，三室二厅二卫，建筑面积 219.67 平方米。户型格局方正，由于进深较大，左半部南北相对，空气对流不错，右半部则有些阻碍。另外，交通和灰色空间都占用面积较多。

功能布局：户型左半部的动区，由两个方框结构墙组成，上面为餐厨和客卧，下面则是独立的客厅。右半部上下两个卧室和卫生间，平分了静区，尤其是主卧的八角形窗，270° 观景，具有独特的韵味。从气势上看，各个空间都比较宽敞、舒适，具备了大宅品相。有所不足的是：客卧和餐厅产生了交叉干扰；同时由于该户型与对门户型相反设置，主卧处于北侧，并且采用了多窗，冬季比较寒冷。

改造重点：南侧的次卧变成主卧，拆掉原主卧衣帽间，扩大成新主卫。

首先，将主卧衣帽间去掉，上移次卫并调整洁具。

其次，次卧增加步入式衣帽间。

再次，将门设在卫生间外侧，形成新的主卧。

接着，将原主卫坐便器调整到淋浴间。

最后，增开原主卫朝向起居室的门，形成半客卫。

北方地区，主卧尽可能在阳光面。卫生间双门设计，解决了专用和公用的矛盾。

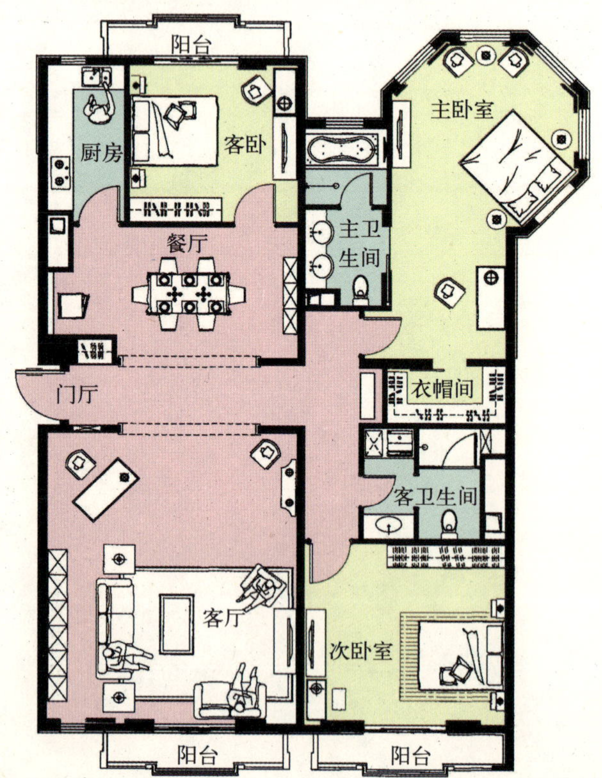

改前

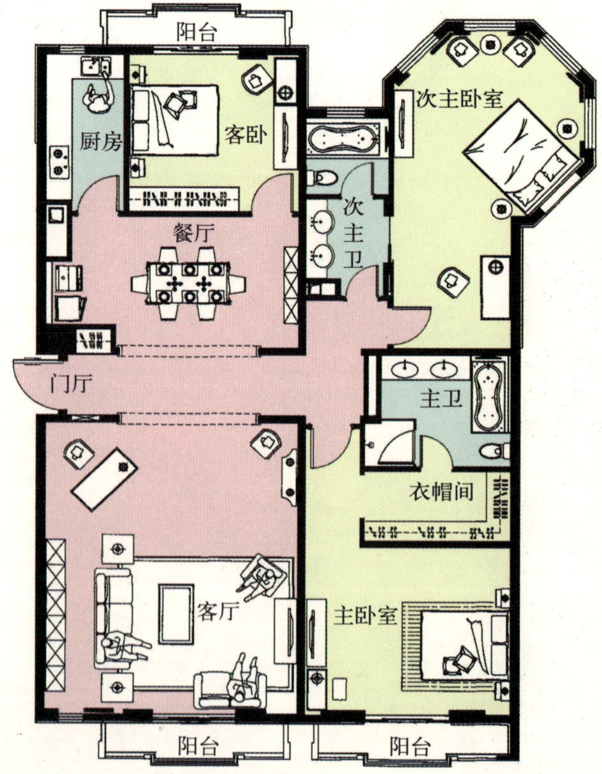

改后

北京月亮河公园

B 户型

平层大户型

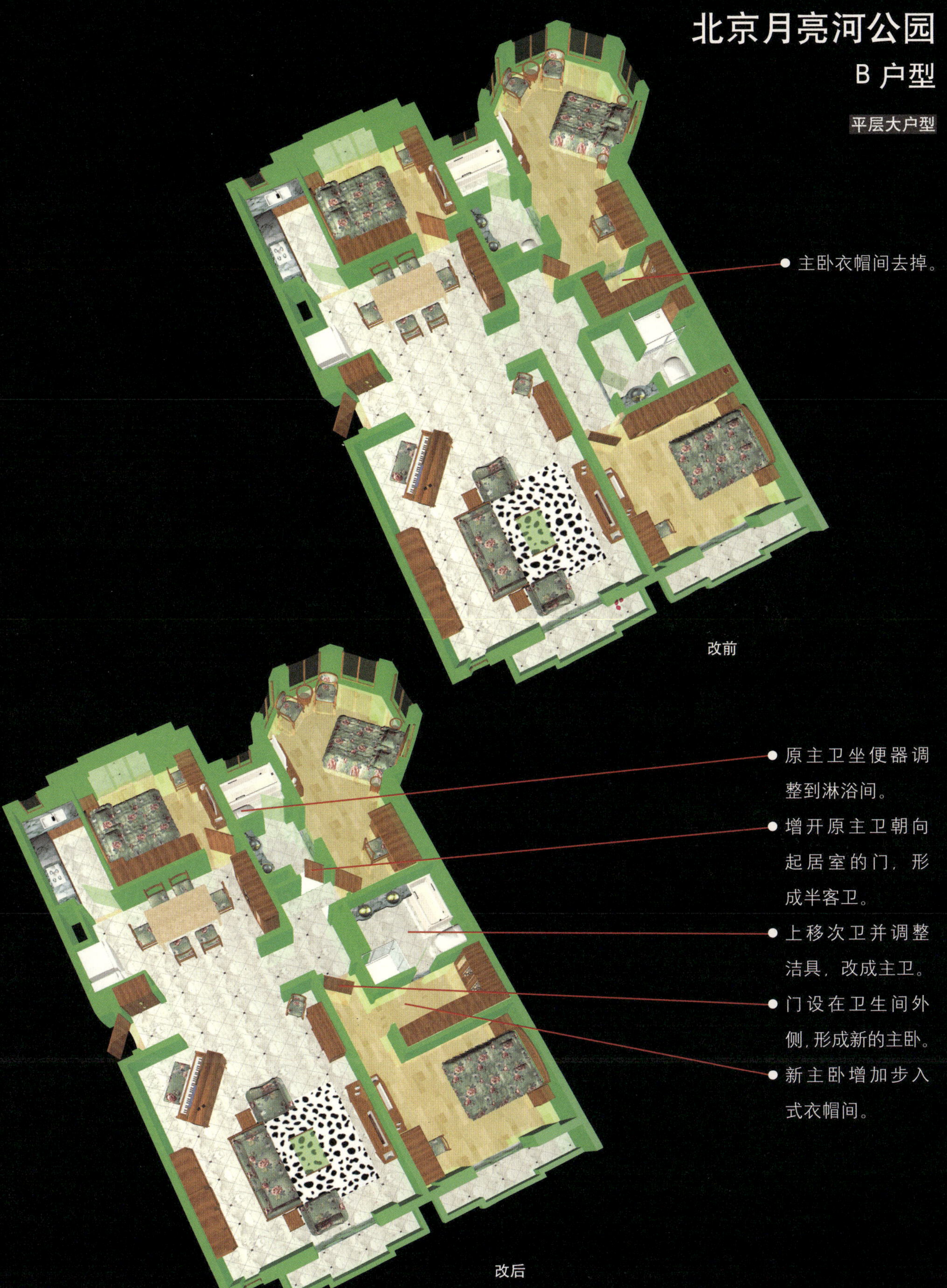

改前

改后

北京金贸中心

B8 户型

平层大户型

环境氛围：位于北京市西城区西外大街西直门桥西南角，临近西直门交通枢纽。项目占地 2.46 万平方米，总建筑面积 20 万平方米，绿化率 26%，容积率 8.13，包括一座服务式公寓、一座行政公馆、两座 5A 级写字楼，一座办公楼，裙房为商业，配备会所。

户型分析：户型为三室二厅二卫，建筑面积 208.05 平方米。该户型处在框架楼的西南，塔楼结构，由于两面采光，靠窗部分设计为客厅和卧室，厨房则为不通风的黑色空间，采用电磁炉灶。由于空间分割简单、呆板，面积浪费较多。

功能布局：因西南侧为两面采光，故设计成对光线要求较高的客厅，将书房和次卧移到了北端，这样的结果是，动静区域产生了交叉，并且不能与餐厨、门厅等区域相互借用，扩大面积。

改造重点：次卧和客厅对调，扩大客厅的开间；厨房调整到书房处，变成明厨；书房改在客厅处；主卧改成步入式衣帽间；主卫调整洁具并改开门；增加门厅影壁墙。

一是将次卧调整到客厅处。

二是客厅设在原次卧位置，并增大开间，与餐厅连在一起。

三是厨房设在原书房处，变成明厨。

四是书房改在原客厅上部。

五是主卧门下移，衣帽间变成步入式。

六是主卫调整洁具，并改开门，避免对着床腰。

七是增加门厅影壁墙和衣柜。

改造后，动区和静区分明，无交叉干扰，起居空间借用了交通通道，面积扩大了许多，同时厨房也成了明厨。

3750　卧室　厨房　餐厅　新风井　6350　4650　书房　卫生间　2050　客厅　主卫生间　主卧室　8900　8900　5100　3700　8800

改前

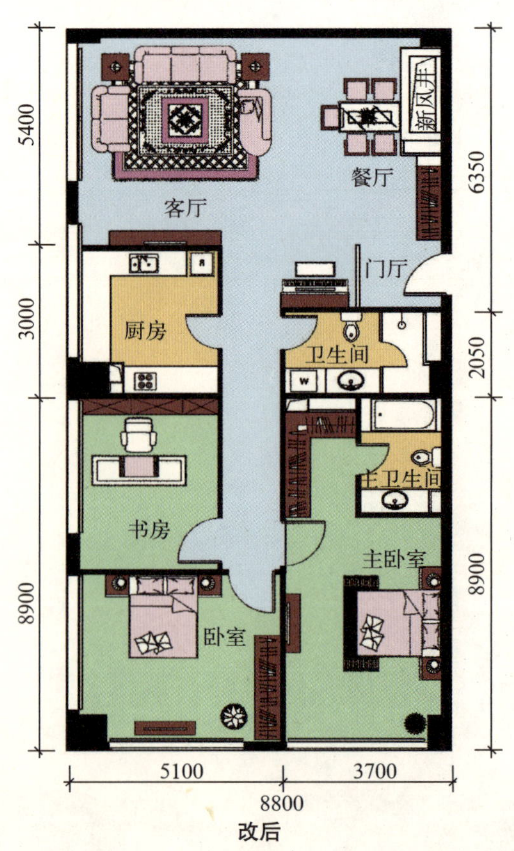

改后

北京金贸中心

B8 户型

改前

- 客厅设在原次卧位置，并增大开间，与餐厅连在一起。
- 增加门厅影壁墙。
- 厨房设在原书房处，变成明厨。
- 书房改在原客厅上部。
- 衣帽间变成步入式。
- 主卫调整洁具，并改开门，避免对着床腰。
- 主卧门下移。
- 次卧调整到原客厅处。

北京华瀚国际

4J 户型

平层大户型

环境氛围：位于北京市朝阳区东四环窑洼湖公园旁，四方桥东北角，小区南接京沈高速，西邻东四环主干道，紧临地铁 7 号线化工路站，周边 10 多条公交线路纵横交错，出行便捷。项目占地 2.78 万平方米，总建筑面积 9.4 万平方米，绿化率 60%，容积率 3.35，共 4 栋 21 ～ 25 层板楼，由 470 户二至四居户型组成。

户型分析：4J 户型为四室二厅三卫一工人房，建筑面积 253.59 平方米，使用率 81.9%。该户型处在两梯两户的板楼东侧，三面采光，由于采用了飘窗设计，户内明亮，灰色空间较少。

功能布局：户型中动区两厅划分明确，餐厅独立，并拥有阳台，但和厨房之间的动线横在两个次卧外侧，造成了交叉干扰。虽为板楼，但缺乏南北通风通道，户型显得拥堵。另外，出入大门需要从客厅绕行，动线不够便捷。

改造重点：对调餐厅和次卧，保持南北通透；调整厨房和工人房；改设主卧衣帽间；缩小主卫；改设次卫和次卧；调整门厅。

一是将餐厅调整到次卧处，保持与客厅的通透性。

二是将厨房设置在餐厅旁。

三是将工人房和卫生间移至厨房处，增加工卫，使空间尺度更为合理。

四是改设主卧衣帽间，外侧形成影壁墙。

五是调整主卫开间和进深，使之合理放置洁具。

六是次卫调整到原餐厅处。

七是次卧设置在次卫下端。

八是门厅衣柜和次主卧衣柜统一设置。

南北厅互相借用空间，扩大空间感，更主要的是动静区域划分更加明确，墙体也更加平直。

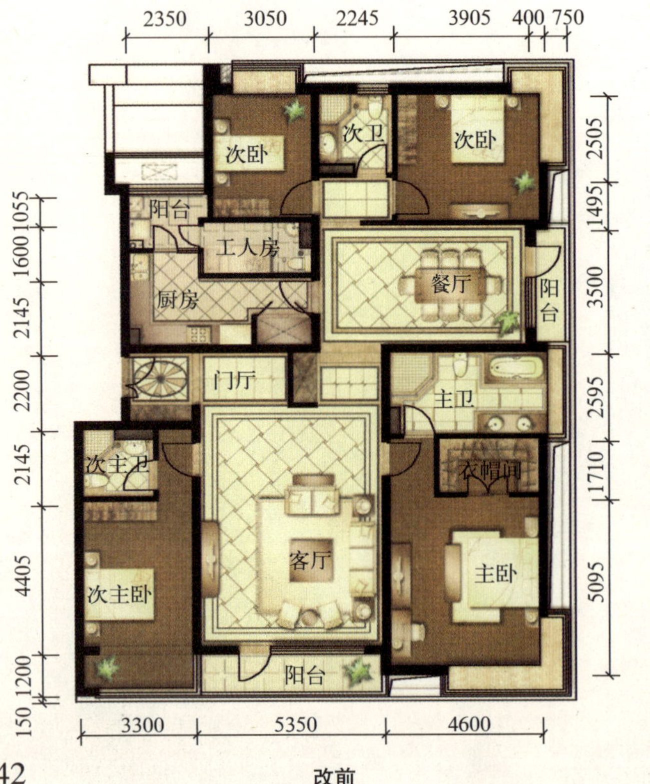

改前

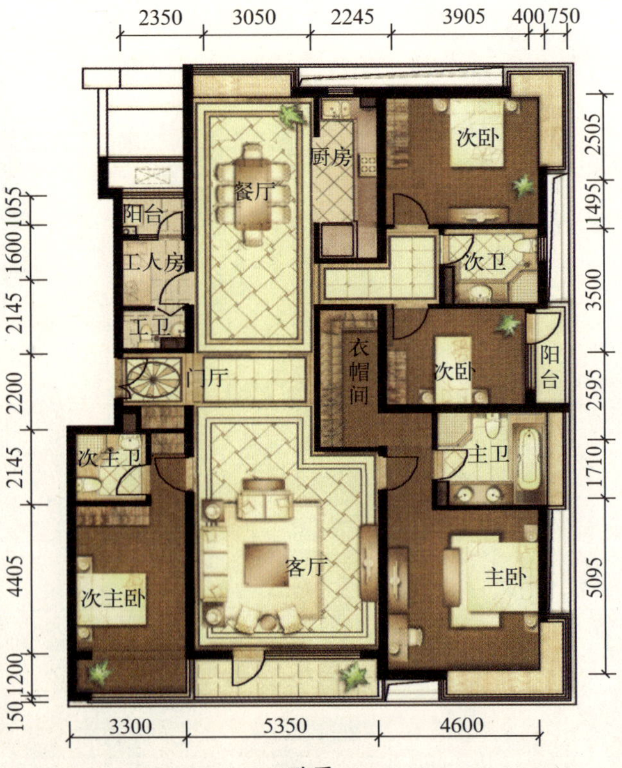

改后

北京华瀚国际

4J 户型

平层大户型

改前

- 厨房设置在餐厅旁。
- 餐厅调整到原次卧处，保持与客厅的通透性。
- 次卫调整到原餐厅处。
- 工人房和卫生间移至原厨房处，并增加工卫。
- 次卧设置在次卫下端。
- 改设主卧衣帽间，外侧形成影壁墙。
- 调整主卫

北京首开铂郡

B1 户型

平层大户型

环境氛围： 位于北京市朝阳区三里屯地区，与加拿大大使馆隔街相望，周边汇聚 170 多个国家的大使馆及外国驻华办事处，是第二使馆区、三里屯商圈、工体商圈的交汇地。项目占地 3 万平方米，总建筑面积 18 万平方米，绿化率 30%，容积率 6.0，共 641 户。

户型分析： 该户型为三室二厅二卫，建筑面积 200 平方米，处于板楼的东侧，虽然户型纵向排列，进深较大，但因拥有三面采光，采光不错，但通风一般。

功能布局： 户型中动静分区不好，几个卧室都暴露在交通主动线上，干扰很大。尤其是餐厅和客厅分离过远，造成动区空间分割，动线加长。

改造重点： 调整厨房；次卧和餐厅对调；改开次卫门。

首先，将厨房调整到左侧，门外设置冰箱和洗衣机。

其次，将次卧移到右上端。

再次，将餐厅调整到客厅上端，互相借用空间。

最后，次卫取直右墙，并改开门朝向门厅。

改造后，缩短了交通动线，餐厅和客厅合并充满了气势，动静分区也更加明确了。

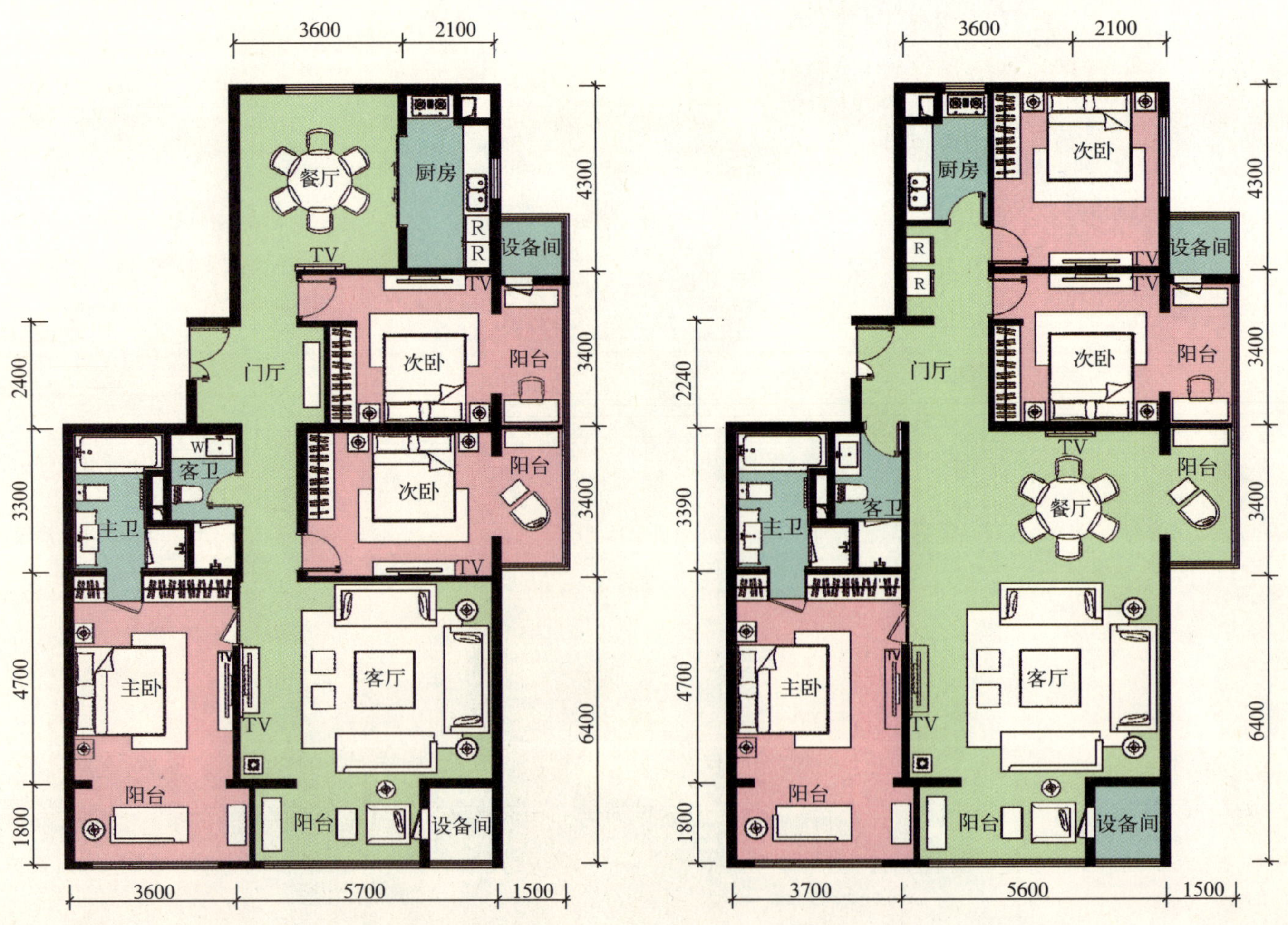

改前　　改后

北京首开铂郡

B1 户型

平层大户型

改前

- 厨房调整到左侧。
- 次卧移到右上端。
- 厨房门外设置冰箱和洗衣机。
- 次卫取直右墙，并改开门朝向门厅。
- 餐厅调整到客厅上端，互相借用空间。

改后

北京旭辉紫郡

B3 户型

平层大户型

环境氛围：位于北京市大兴区兴盛路与乐园路十字路口西北角，距地铁大兴线高米店北站约2公里。项目占地11.3万平方米，总建筑面积17万平方米，绿化率30%，容积率1.5，共192户。

户型分析：该户型为四室二厅二卫，建筑面积228平方米。处于板楼的东侧，三面采光，配备了三个超大阳台，视野开阔，观景不错。

功能布局：户型中空间布局凌乱，南北不通透，客厅侧向大门，既直接暴露在门厅处，又缺乏与餐厅的联系。

改造重点：调整客厅与餐厅相对；主卧与主卫调整位置；书房与大门相对。

首先，将客厅移到书房位置，扩大开间的同时，与餐厅相对，形成南北对流。

其次，主卫上移，重新布置洁具。

再次，主卧加大开间，衣柜设在墙体折角处。

最后，书房设置在对着大门处，采用双开门，与阳台门相对。

主要空间加大开间的同时，借用了交通面积使南北通透，气势增加了不少。

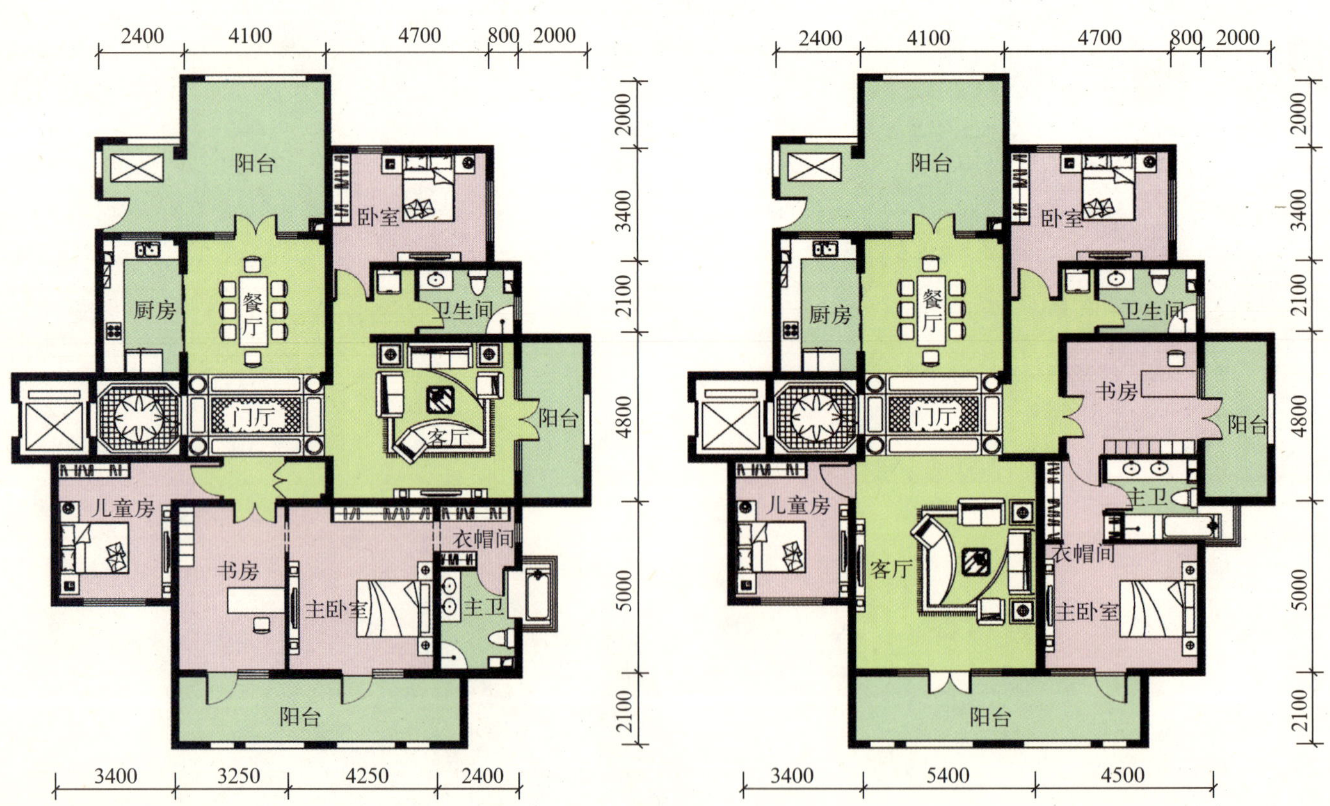

改前　　　　改后

B3 户型

平层大户型

改前

书房设置在对着大门处，采用双开门，与阳台门相对。

主卫上移，重新布置洁具。

衣柜设置在墙体折角处。

客厅移到书房位置，扩大开间的同时，与餐厅相对，形成南北对流。

主卧加大开间。

北京金茂府

A1 户型

平层大户型

环境氛围：位于北京市朝阳区大郊亭西北的广渠路 15 号，南侧为交通便捷的两广路，项目占地 15.6 万平方米，总建筑面积 28 万平方米，绿化率 30%，容积率 1.8，共 666 户。

户型分析：该户型为五室二厅三卫，建筑面积 330 平方米。处于板楼的东侧，虽然整个户型进深较大，但因拥有三面采光，采光角度大，视野开阔，采光、通风和观景都还不错。

功能布局：户型中动静分离有些干扰，尤其是次主卧，门开在客厅里侧，出入极为不便。北半部的两个次卧空间和谐，如果不是单纯照顾建筑外立面，右次卧应该开设东向窗户，以获取阳光。书房与餐厅直接面对，有一定的交叉干扰。

改造重点：调整主卧衣帽间，增开书房门；调整主卫洁具；去掉小储藏间，改开次主卧门；扩大书房；规矩储藏间；增加工人房；扩大厨房。

一是将主卧衣帽间调整，加开通往书房的门。

二是将主卫洁具重新布局。

三是将次主卧门封上，改开在小储藏间位置。

四是将书房门和墙左移，上端挡住卫生间门，下端开设通往主卧的门。

五是将储藏间取方，设置门厅衣柜。

六是增加工人房。

七是厨房取方，中间增加岛形厨柜。

改造完后，各个主要居室交通动线合理，交叉干扰减弱，在增加了主卧第二通道、工人房的同时，也扩大了书房和厨房。

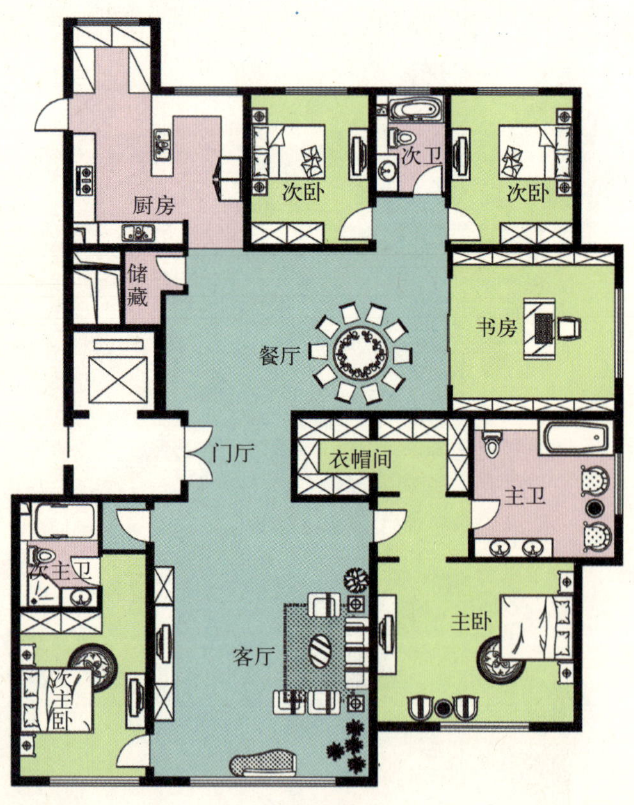

改前

改后

北京金茂府

A1 户型

平层大户型

改前

- 增加工人房。
- 厨房取方，中间增加岛形操作台。
- 书房门和墙左移，上端挡住卫生间门，下端开设通往主卧的门。
- 主卧衣帽间调整，加开通往书房的门。
- 主卫洁具重新布局。
- 改开门在小储藏间位置。
- 原主卧

改后

北京公园 1872

B1 户型

平层大户型

环境氛围： 位于北京市朝阳区东四环外，紧邻红领巾城市公园的东侧，占地约 12.7 公顷，总建筑面积 31 万平方米，其中住宅面积约 26 万平方米，办公面积约 2 万平方米，配套公建面积约 3.4 万平方米，绿化率 34%，容积率 2.6。社区主要由 3 栋板楼和板塔楼以及 2 栋塔楼组成，同时容纳了酒店式公寓、高档写字楼、休闲商业广场、运动型精英会所、双语幼儿园和中小学等多种物业形态。

户型分析： B1 户型为四室二厅三卫一工人房，建筑面积 280 平方米。户型采用 3 南 3 北格局，两面采光，因此书房采用开槽处理，为半采光状态。中部比较厚实，通透性不够，同时交通通道过长，灰色空间偏多。

功能布局： 南侧配备了双主卧，但与客厅有交叉干扰。北侧的书房采用贯通式处理，使主卧多了一条迂回通道。

工人房虽然有专用卫生间，但没窗户，通风不好。

改造重点： 调整次主卫洁具，上移次主卧门；改开主卧门；独立客厅；改造次卫。

一是将次主卫洁具调整，去掉淋浴间。

二是将次主卧门上移。

三是改开主卧门，加大衣帽间。

四是下移主卫门，与通道对齐。

五是客厅独立，避免交叉干扰。

六是调整次卫洁具。

动静分离，缩短交通动线，是大户型特别要关注的。

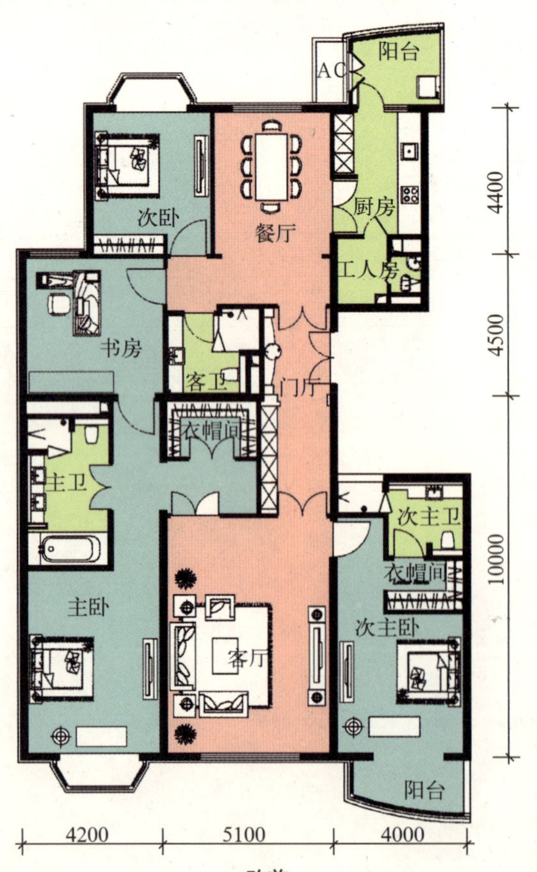

改前

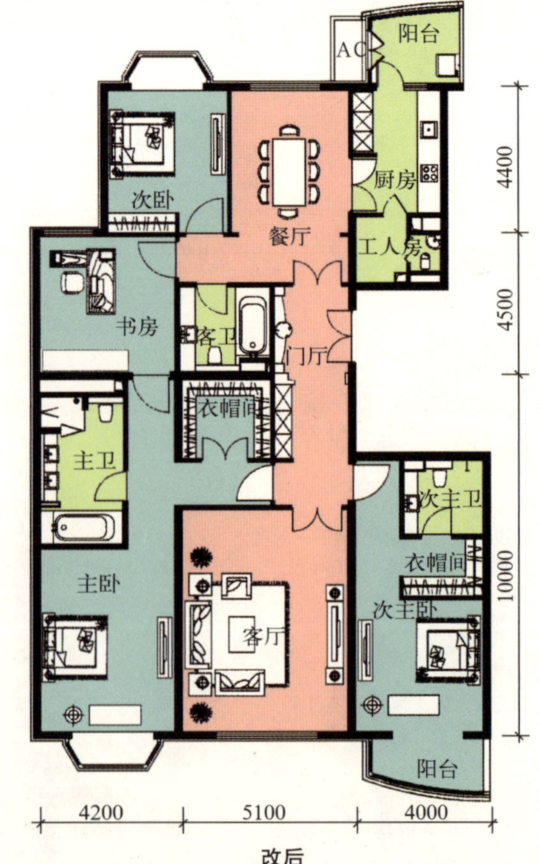

改后

北京公园 1872
B1 户型

平层大户型

改前

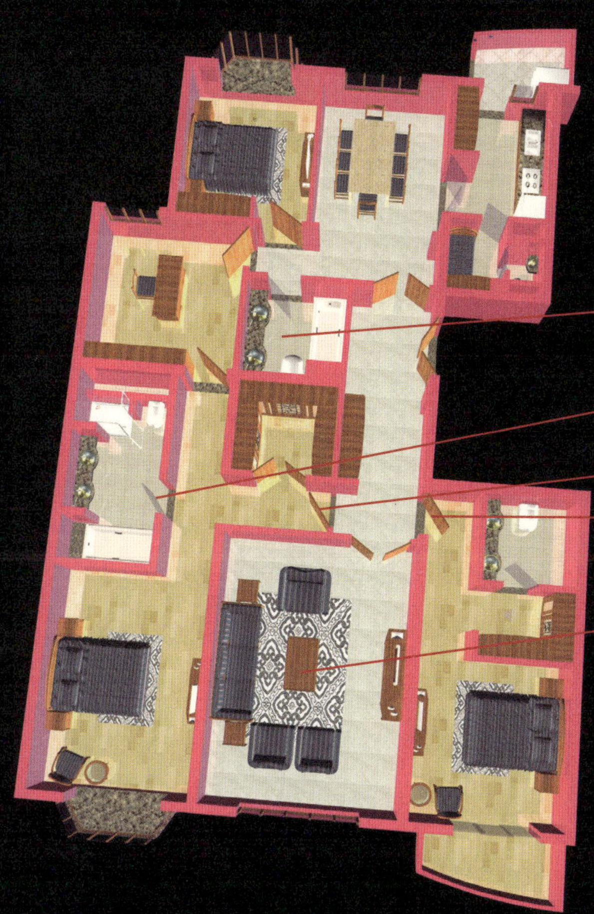

改后

- 次主卫洁具调整，去掉淋浴间。
- 调整次卫洁具。
- 下移主卫门，与通道对齐。
- 改开主卧门，加大衣帽间。
- 次主卧门上移。
- 客厅独立，避免交叉干扰。

北京华远 · 九都汇

D 反户型

平层大户型

环境氛围：位于北京市朝阳区麦子店西路，毗邻第三使馆区。占地 1.6 万平方米，总建筑面积 10 万平方米，绿化率 24.5%，容积率 6.25。项目由南侧公寓部分和北侧公寓式酒店组成，为了保证最佳的观景效果，建筑由 4 层、7 层、11 层、12 层、23 层不同高度的楼体组成。

户型分析：户型为三室二厅三卫一工人房，建筑面积 256.76 平方米，使用率 80.4%。户型处于东侧，为三面采光，整体进深偏大，通透性不好。中部空间过大，仅设置餐厅和书房，浪费偏多。

功能布局：南部区域为两个主卧，配比不错，但客厅开间偏窄，并与中部脱节。北部中间夹着客卧，与南部静区缺乏呼应。总之，户型各空间联系过散，交通占用偏多。

改造重点：客厅改成卧室；厨房移到工人房旁；客厅和餐厅合并。

一是将客卧调整到客厅处，并增加专用卫生间。

二是调整次主卫洁具。

三是将厨房设置在工人房左侧，集中设置服务区域。

四是扩大工卫，合理设置淋浴。

五是将客厅扩大开间，并与餐厅连在一起，互相借用空间。

大客厅、多主卧，是高品质大户型的重要保证。重要的是动静区域要相对集中，减少过多的交叉干扰。

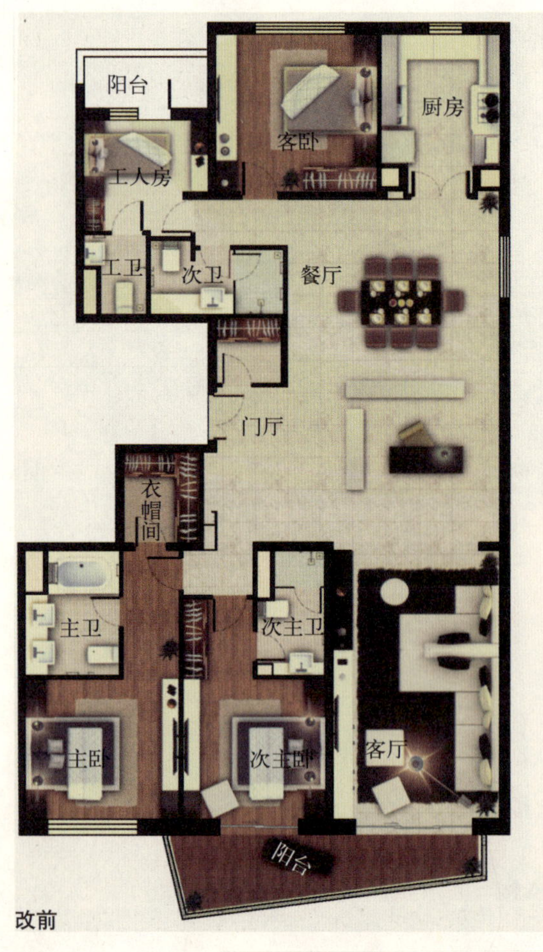

改前

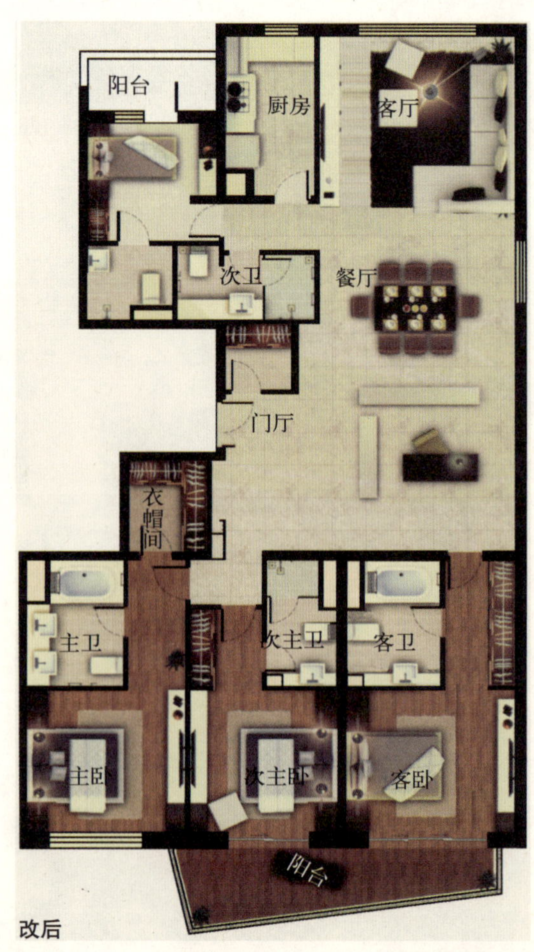

改后

北京华远·九都汇

D反户型

平层大户型

改前

改后

- 客厅扩大开间，并与餐厅连在一起，互相借用空间。
- 厨房设置在工人房右侧，集中设置服务区域。
- 扩大工卫，合理设置淋浴。
- 调整次主卫洁具。
- 客卧调整到客厅处，并增加专用卫生间。

北京中堂

D 户型

平层大户型

环境氛围：位于北京市丰台区西四环中路 112 号，岳各庄北桥东北角，为“第七街区”三期。项目占地 23.3 万平方米，总建筑面积 80 万平方米，绿化率 31.5%，容积率 2.5，共 8 栋住宅楼、1 栋写字楼公寓、1 栋商用公寓和步行商业街，小区内有 9 万平方米的中心园林景观。

户型分析：该户型所处的楼座为板塔楼结合的高层公寓，西南、东北朝向，为体现建筑造型，楼体两端呈锐角结构，同时在两端中部开了短槽，以解决部分空间的通风、采光。D 户型为五室二厅四卫一工人房，建筑面积 341.27 平方米。户型主面朝向东南，为东南、西和西北三面采光。

功能布局：主人空间位于右侧，男女双步入式衣帽间、阳光主卫的配置，使其获得了舒适的超大空间。尤其是双面采光的大书房，使主人多了个休养生息的静谧场所。存在问题是：户型南北不通透；起居部分虽然宽大，但两组分离的窗户压迫了客厅，并且餐厅也未能独立出去；左侧两个卧室比例及朝向不对，床头无法放置电视。

改造重点：取齐右侧通道上下墙；调整主卫洁具；扩大工人房并右移门；分隔大次主卧；改造小次主卧和卫生间；改次卧为明餐厅；调整厨房。

一是将工人房和客卫下墙与衣帽间取齐。

二是将右侧走廊下墙和主卫上墙上移取齐，保持 1.5 米宽度。

三是调整主卫门和洁具，增加成双配置。

四是扩大工人房并右移门。

五是分隔儿童房，右移专用卫生间。

六是设置南向次卧。

七是改造次主卧，卫生间设置在左侧，并上移上墙、右移右墙，使空间方正，同时延长电视墙。

八是打开次卧，改成明餐厅。

九是调整厨房门和橱柜。

主人空间配置完善的同时更要注重起居室的完整和分离，如独立门厅和独立餐厅。该户型还可以将厨房和餐厅设置在大书房，保持户型的通透。

北京中堂
D 户型

平层大户型

改前

改后

- 调整厨房门和橱柜。
- 打开次卧，改成明餐厅。
- 工人房和客卫下墙与衣帽间取齐。
- 扩大工人房并右移门。
- 走廊下墙和主卫上墙取齐，保持1.5米宽度。
- 分隔儿童房，右移专用卫生间。
- 调整主卫门和洁具，增加成双配置。
- 设置南向次卧。
- 上移上墙、右移右墙，使次主卧空间方正，同时延长电视墙。
- 改造次主卧、卫

北京远洋 · 东方

D 户型

平层大户型

环境氛围：位于北京市通州区运河西大街，北侧邻万春园公园，南侧距城铁梨园站 1000 米，交通便捷。项目占地 4.6 万平方米，总建筑面积 13.6 万平方米，绿化率 30%，容积率 3。项目东侧为 2 万平方米的开放性城市公园，具备良好的景观资源。街区内学校、商业、金融、医疗设施完善。

户型分析：该板楼为 2 梯 2 户，D 户型四室二厅三卫一工人房，建筑面积 205 平方米，三面采光。户型整体格局方正，但交通动线比较曲折、凌乱，如：餐厅四周环绕厨房、客卫、书房和门厅交通，非常混乱。

功能布局：户型中间由结构墙一分为二：南侧为静区，为三个卧室和次卫，非常私密；北侧为动区，为起居室、、厨房、客卫、工人房和书房。整体分离不错，但问题是餐厅与客厅的开间形成了较大的差异，呈现“刀把”形。

改造重点：统一餐厅和客厅开间；扩大工人房及其卫生间；调整次卫和次卧门。

一是将客厅上墙上移 30 厘米。

二是将厨房下墙下移，与客厅取齐，并且门开向书房。

三是扩大客卫开间，缩短进深，调整洁具，同时将门隐蔽在墙后。

四是去掉西厨，餐桌形成稳定的夹角。

五是工人房和厨房墙面凹凸设计，增加衣柜和冰箱。

六是扩大工卫。

七是改开次卫门，调整洁具。

八是右移次卧门，缩小走廊。

调整后，扩大了客厅开间，集中了餐厅周边的交通动线，并避免了客卫直对着客厅和餐厅。另外，工人房和厨房也变得宽裕了。

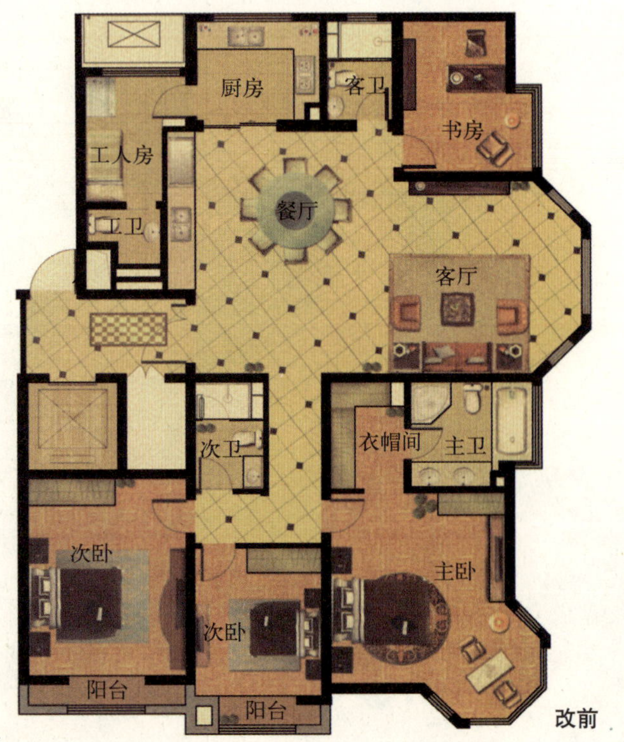

改前

改后

北京远洋 · 东方

D户型

平层大户型

改前

- 扩大客卫开间，缩短进深，调整洁具。
- 客厅上墙上移30厘米。
- 厨房下墙下移，与客厅取齐，并且门开向书房。
- 工人房和厨房墙面凹凸设计，增加衣柜和冰箱。
- 去掉西厨，餐桌形成稳定的夹角。
- 扩大工卫。
- 改开次卫门，调整洁具
- 右移次卧

北京四季世家

5 户型

平层大户型

环境氛围：位于北京市朝阳区亮马桥路 48 号，西距东三环主路 500 米，东距东四环主路 1500 米，西部毗邻以燕莎购物中心、凯宾斯基饭店等为中心的燕莎商圈，北部隔路相望第三使馆区。项目占地 3 万平方米，总建筑面积 25.4 万平方米，绿化率 29%，容积率 8.47，共 206 户。

阳台
厨房
餐厅
次卧
次卫
主卫
衣帽间
工卫
工人房
客厅
主卧
门厅
阳台

改前

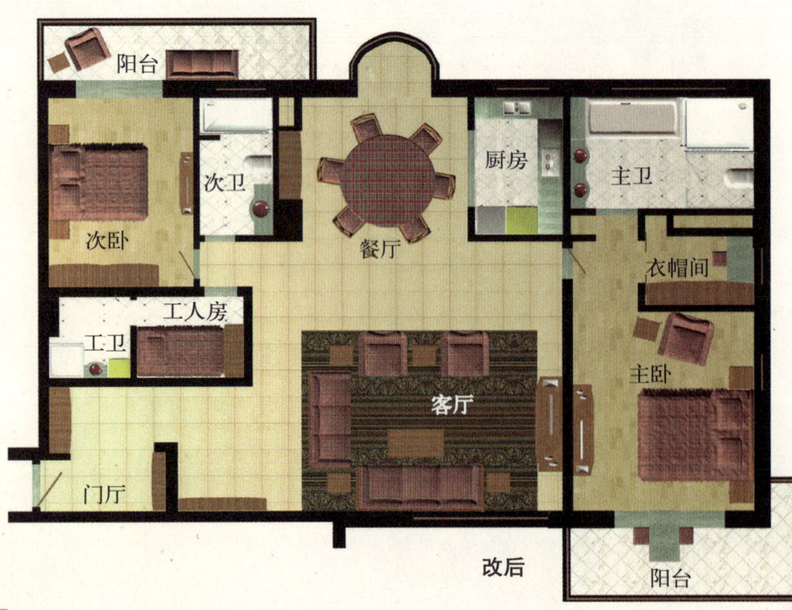

改后

户型分析：该板塔楼 2 梯 2 户，5 户型二室二厅二卫一工人房，建筑面积 262 平方米，为板楼部分的边户型，三面采光。户型整体格局方正，但交通动线横穿客厅，造成过大开间，过窄进深，利用率很低，并且南北不通透。

功能布局：主人空间非常舒适，双采光的主卧与明主卫对流通风、采光良好，但衣帽间窗户让衣柜挡住，使用不便。起居部分虽然宽大，但餐厅和客厅错位形成“刀把”形，不仅拉长了交通动线，还无法互相对流、借用空间，使得 262 平方米做成的超大两居，没能感受到空间的宽裕。

改造重点：对调餐厅、厨房和次卧；调整工人房。

一是将厨房调整到原次卫处，缩小面积。

二是将次卧调整到原厨房处，与阳台合在一起。

三是次卫调整到餐厅左侧，门与工人房相对。

四是横向展开工人房，扩大工卫。

五是扩大门厅，增加气势。

六是扩大餐厅开间，酒柜嵌在墙里。

调整后，扩大了客厅进深，扩大了餐厅开间，更重要的是两厅相互对流、借用空间，充分展现了豪宅的空间气势。另外，工人房和门厅也变得宽裕了。

北京四季世家
5 户型

平层大户型

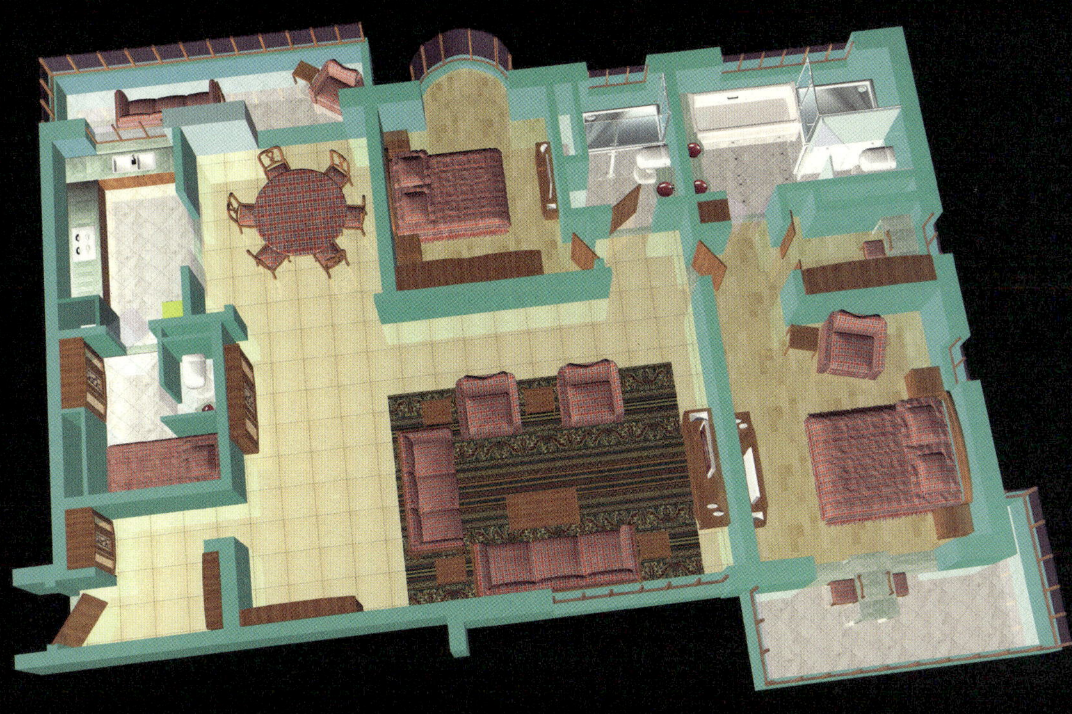

改前

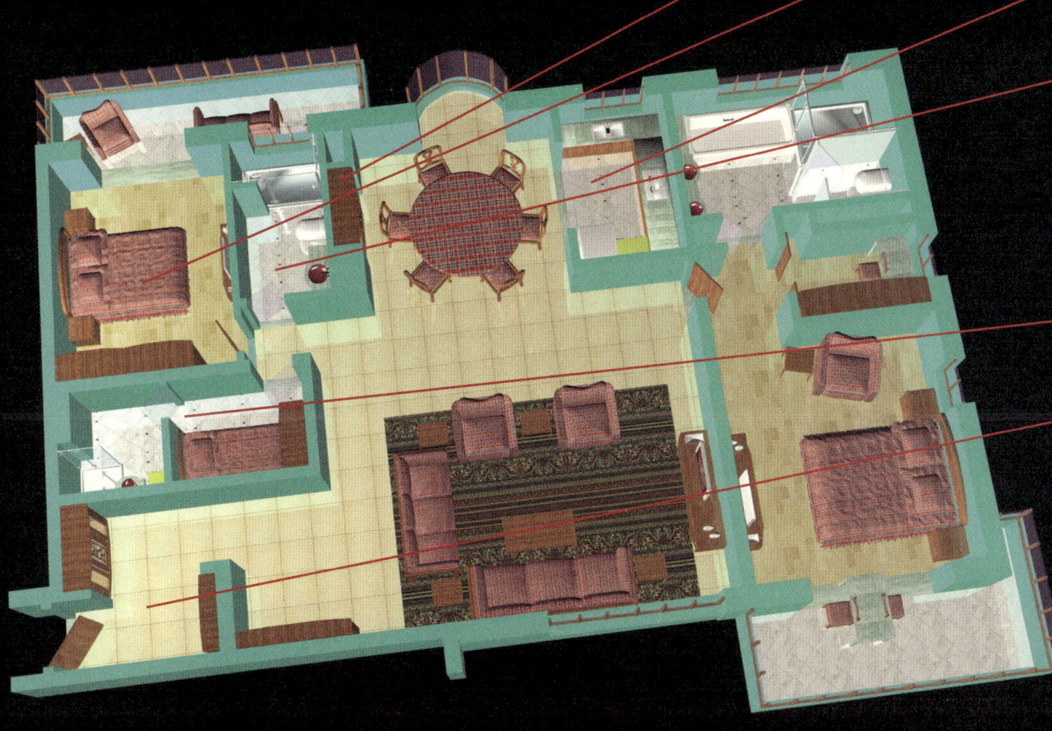

- 扩大餐厅开间，酒柜嵌在墙里。
- 次卧调整到原厨房处，与阳台合在一起。
- 厨房调整到原次卫处，缩小面积。
- 次卫调整到餐厅左侧，门与工人房相对。
- 横向展开工人房，扩大工卫。
- 扩大门厅，增加气势。

改后

北京富力 10 号

01 户型

平层大户型

环境氛围：位于北京市朝阳区广渠门外，与富力城形成环抱之势，配有富力广场大型购物中心、五星级酒店富力万丽酒店、富力会等餐饮、娱乐场所，地铁 10 号线邻近社区。建筑以奢华风格为主体，包括 4 栋 220 ~ 280 平方米户型的板式中高层和 34 座 400 ~ 480 平方米户型的合院。项目占地 3.2 万平方米，总建筑面积 7.25 万平方米，绿化率 30%，容积率 2.25，共 248 套。

户型分析：四室二厅四卫一工人房的 01 户型，建筑面积 278 平方米。由于两面采光，进深达 19 米以上，中部灰色空间较多，加上卧室没能形成对流，通风、采光一般。由于 3 个卧室均配有卫生间，同时采用主次双通道入户，功能配比不错。

功能布局：户型南侧设计超大露台，横跨两间居室，观景视角开阔。餐厅、门厅和客厅之间距离拉得过开，空间松散；主卧、次主卧衣帽间开口直接对着床腰，降低了舒适度；厨房虽然很大，但因设置工人入户门，只能安装一排厨柜。

改造重点：改造北侧露台为封闭和开放双阳台；增加厨房和工人房窗户；调整主卧和次主卧衣帽间；对调北卧室卫生间洁具；隔离南露台。

一是将北露台增加玻璃隔断，下移门，改造成多面观景的观光室。

二是缩小开放式阳台。

三是生活阳台的窗户改成角窗。

四是工人房增加窗户。

五是主卧衣帽间改成步入式。

六是次主卧衣帽间改成步入式。

七是北卧室卫生间洗手台和坐便器对调。

八是隔离南露台。

观光室缩短了过长的餐厅，增加了趣味。

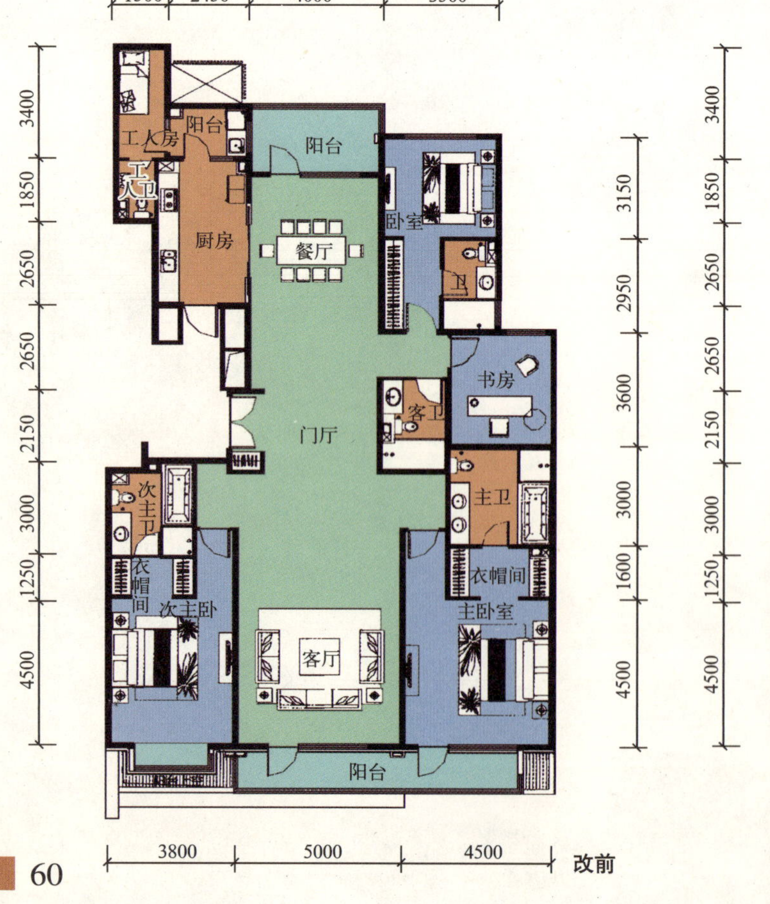

改前

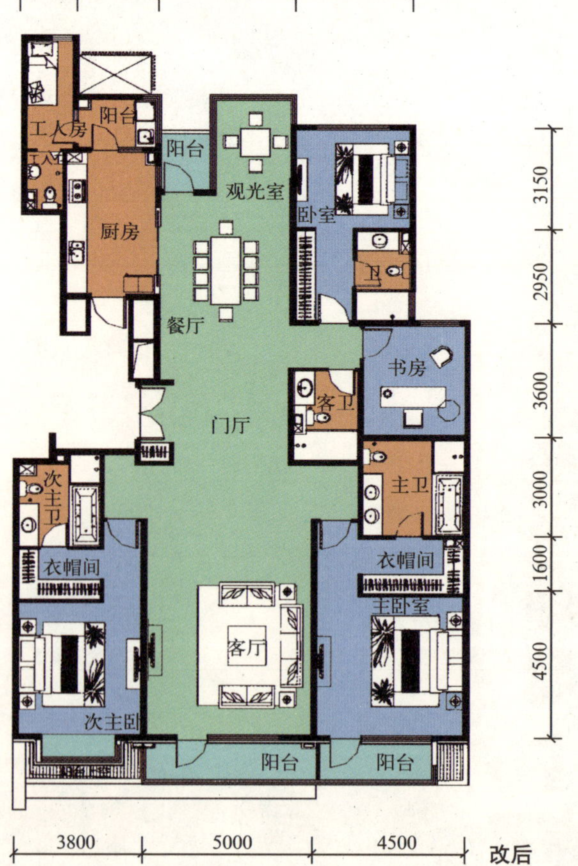

改后

北京富力10号

01户型

改前

改后

- 工人房增加窗户。
- 北露台增加玻璃隔断，下移门，改造成多面观景的观光室。
- 生活阳台的窗户改成角窗。
- 缩小开放式阳台。
- 北卧室卫生间洗手台坐便器对调。
- 次主卧衣帽间改成步
- 主卧衣帽间改成步
- 隔离南阳台。

北京中海紫御公馆

轩朗户型

平层大户型

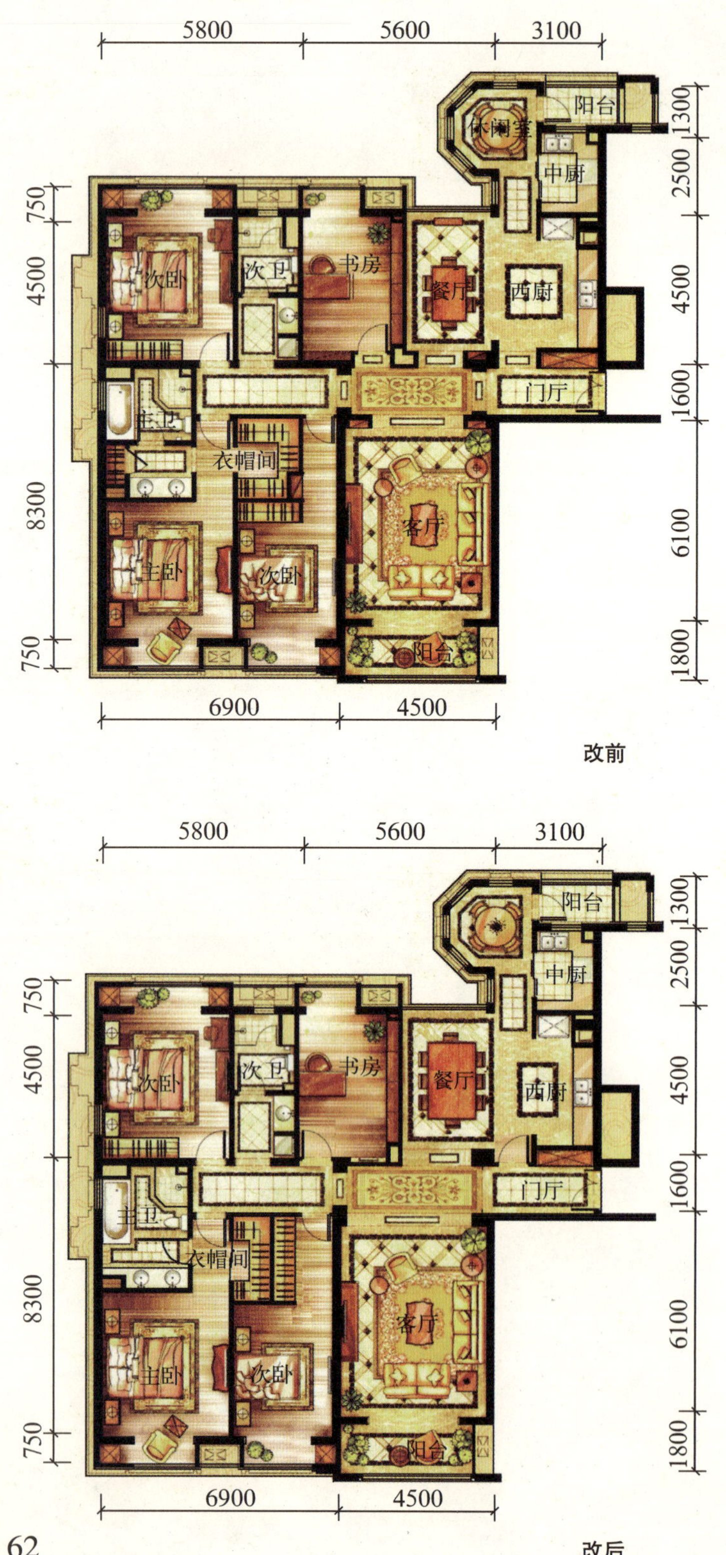

环境氛围： 位于北京市崇文区陶然亭桥东侧，占地 11 万平方米，总建筑面积 40 万平方米，绿化率 30%，容积率 3.26。项目周边东西向有二环、两广路，南北向有中轴路、马家堡西路、右安门大街。规划中的地铁 8 号线和 14 号线在附近设站。

户型分析： 四室三厅二卫的轩朗户型，建筑面积 208.84 平方米。虽然为大户型，但进深仅 14.3 米，同时三面采光，非常通透。尤其是厨房旁的多角休闲厅，面积虽然不大，但多面采光、观景，玲珑剔透，使平庸、呆板的板楼户型增添了几分光彩。

功能布局： 户型中两侧居室南北相对，通风良好，只是中间书房和次卧错位，没能构成通风回路。窗户除客厅外，都采用短阳台设计，形成了垭口，缺点是观景和采光都有遮挡，若能变成多面采光的飘窗，观景角度会大大增加。出彩的部位是多角休闲厅，窄条窗的设置充满了复古的情调，避免了全玻璃窗的简单直露，但需要有良好的景观支撑。

改造重点： 扩大餐厅，调整书房门，缩小主卧衣柜和主卫。

首先，将餐厅右下短墙拆除，增加通往门厅的门，扩大餐厅面积。

其次，将书房门封闭，改开在左下角，构成和次卧的通风回路。

再次，将主卧衣帽间右墙左移 60 厘米，在次卧门旁增加一排衣柜并去掉床旁衣柜。

最后，拆掉主卫衣柜和里外间隔墙，上移主卫下墙，扩大主卧面积。

缩小西厨，扩大餐厅；缩小衣柜，扩大次卧；缩小主卫，扩大主卧；等等，都是为了缩小次要空间，增大主要空间而做的举措。

北京中海紫御公馆

轩朗户型

平层大户型

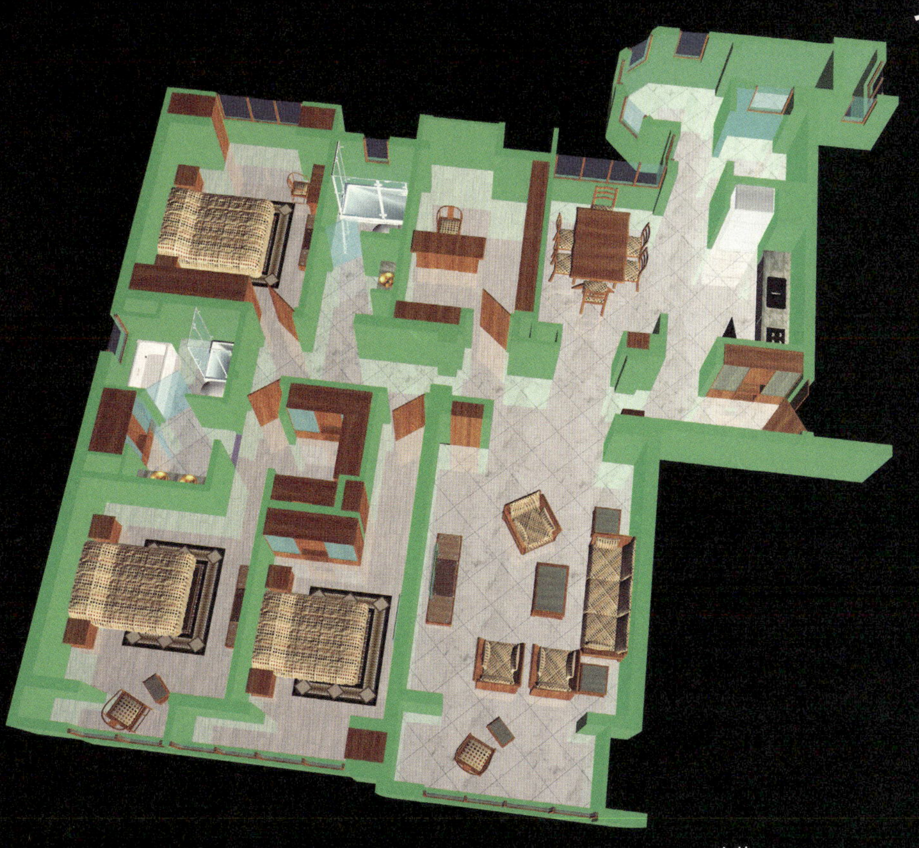

改前

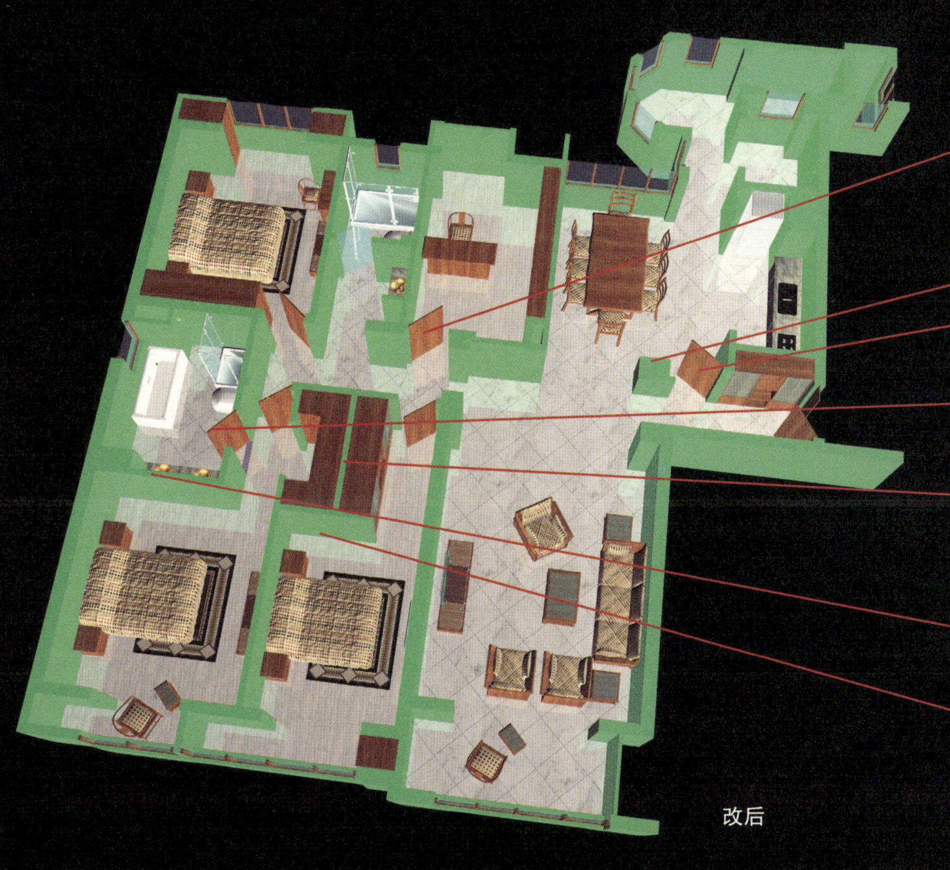

改后

- 书房门封闭，改开在左下角，构成和次卧的通风回路。
- 餐厅右下短墙拆除。
- 增加通往门厅的门，扩大餐厅面积。
- 拆掉主卫衣柜和里外间隔墙。
- 主卧衣帽间右墙左移60厘米，在次卧门旁增加一排衣柜。
- 上移主卫下墙，扩大主卧面积。
- 去掉床旁衣柜。

瑞安绿城 · 瑞安玉园

5 号楼 D5a 户型

平层大户型

环境氛围：位于浙江省瑞安市塘下镇，占地100亩，总建筑面积20万平方米。项目紧邻温瑞塘河，三面环水，背靠大罗山、三垟湿地、仙岩风景名胜区，规划中的兴塘大道直通温州和瑞安市区，国泰路连接甬台温高速、104国道及滨海大道。

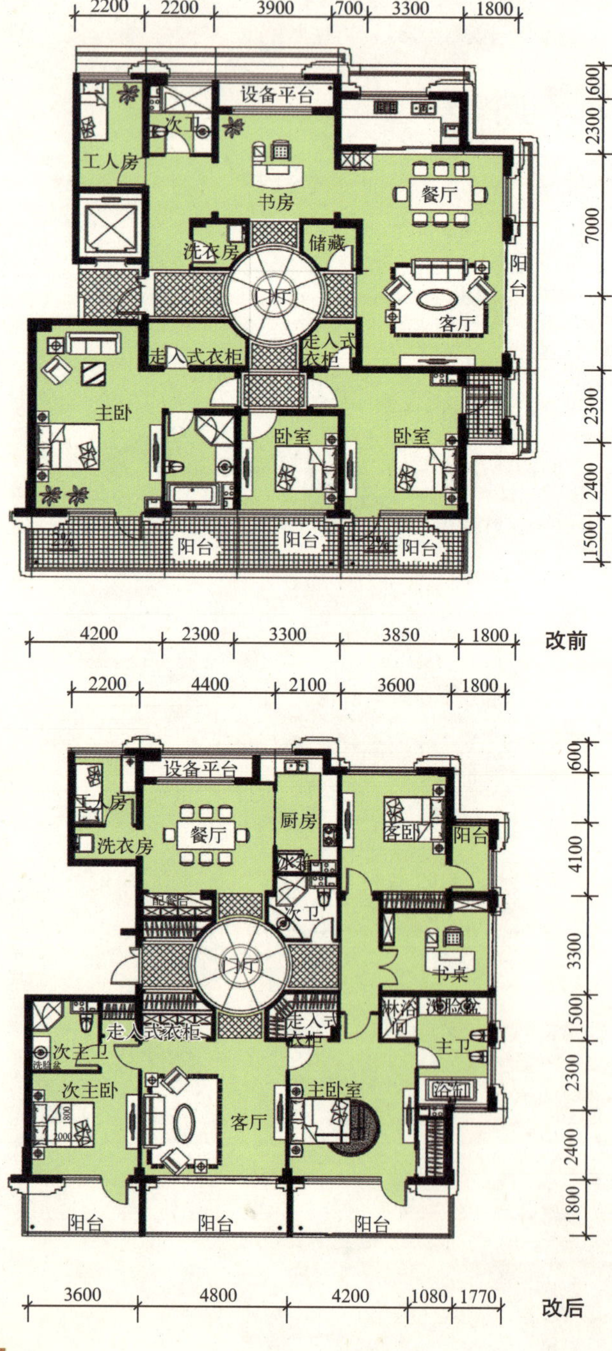

户型分析：四室一厅二卫一工人房，建筑面积213.55平方米，使用率83.8%。该户型三面采光，中部虽然设置了十字门厅，但没有一处南北通透的通风通道。各空间面积配比一般，主卧进深过大，客卧面积偏小，同时动静分离混杂，本应该处在外侧的起居空间，却设置在里侧。

功能布局：十字门厅的设置虽然显得与众不同，但处理不好，不仅不能分离空间，还会使交通通道过长，降低了舒适性。书房三面开口，影响了安宁性；餐厅和客厅合一，功能细分不够；次卧两个阳台，有些多余；主卧照顾结构进深，多出不规则的面积，只能简单地放置沙发。

改造重点：对称设置十字门厅；客厅规划在南侧，餐厅和厨房规划在北侧，形成南北通透的第一通道；里侧为家庭区，拥有南北通透的第二通道，上端次卧配阳台，中部为书房，下端为主卧和主卫；左下侧设置带卫生间的次主卧；大门入口设置两排衣柜，背面为酒柜 次卫和衣帽间消化了门厅的两个角。

一是将十字门厅完全对称设置。

二是将独立客厅设在南侧，符合正常需要。

三是将独立餐厅设在北侧，右侧紧邻厨房。

四是将工人房缩短，外侧设置洗衣间。

五是将右上角设置次卧，并带阳台和衣柜。

六是将书房设置在中间，双开门正对着门厅通道。

七是设置两面采光并且双配置的主卫，舒适度极高。

八是双衣帽间巧妙地利用了边角空间。

九是主卧通向客厅的门形成了迂回交通，富有趣味。

十是带卫生间的次主卧，不仅改变了原来客卧的局促性，同时大大提高了户型的档次。

十一是次卫恰到好处地占用了门厅的一个角。

十二是入门衣柜不仅解决了功能的需要，还在背面设置了两个极为实用的酒柜。

改造后，增加了次主卧，各空间面积也增大，并且南北通透，动静分离，格局规整，大大提高了档次。

瑞安绿城·瑞安玉园

5号楼D5a户型

平层大户型

改前

- 右上角设置次卧，并带阳台和衣柜。
- 独立餐厅设在北侧，右侧紧邻厨房。
- 工人房缩短，外侧设置洗衣间。
- 十字门厅完全对称设置。
- 独立客厅设在南侧，符合正常需要。

改后

上海新华路 1 号

3F 户型

平层大户型

环境氛围：位于上海市长宁区淮海西路 176 号的新华路 1 号，是曾经的法租界，地段优越。项目占地 1.1 万平方米，总建筑面积 1.9 万平方米，绿化率 35%，容积率 1.75，共 60 户面积约为 260 ～ 400 平方米的高档住宅。

户型分析：该户型为四室二厅四卫一工人房，建筑面积 339 平方米。由于该户占据边单元，形成三面采光，但电梯管井位于中部，不仅增加了交通动线，同时南北缺乏空气对流。

功能布局：户型左半部为静区的卧室，设置了独立的户门。右半部为动区的起居室，餐厅和客厅横向展开，采光不错，但客厅直接暴露在门厅，有些突兀。另外存在的问题是：左上的小卧室有些偏小；右上的次主卧呈现“刀把”形，并且卫生间偏小；中西分厨虽然提高了厨房的档次，但到餐厅的交通有些偏长；工卫未与工人房相接，并且面积局促。

改造重点：拆除西厨，移入餐厅；扩大南次卧，增加新次卧；左移客卫，右移门厅；对调中厨和工人房；调整步行梯门和管线井；扩大左上的小卧室；对调右上次主卧和卫生间，并扩大卫生间。

一是将西厨拆除，移入餐厅。

二是将客厅右移，与餐厅纵向排列。

三是右移南次卧右墙，扩大开间。

四是增加新次卧。

五是客卫移至电梯右侧。

六是右移大门，重新布局门厅。

七是工人房对调到右侧，合并工卫。

八是调整步行梯门和管线井。

九是右移左上小卧室的右墙和次卫，扩大开间。

十是让次卫的门对着走廊，形成对流通道。

十一是对调右上次主卧和卫生间，并扩大卫生间，增加浴缸。

调整后，变成了五室二厅四卫一工人房，并且面积相应扩大。更重要的是，起居室的三厅动线集中，厨房的面积规整，空间的实用率大大提高。

改前

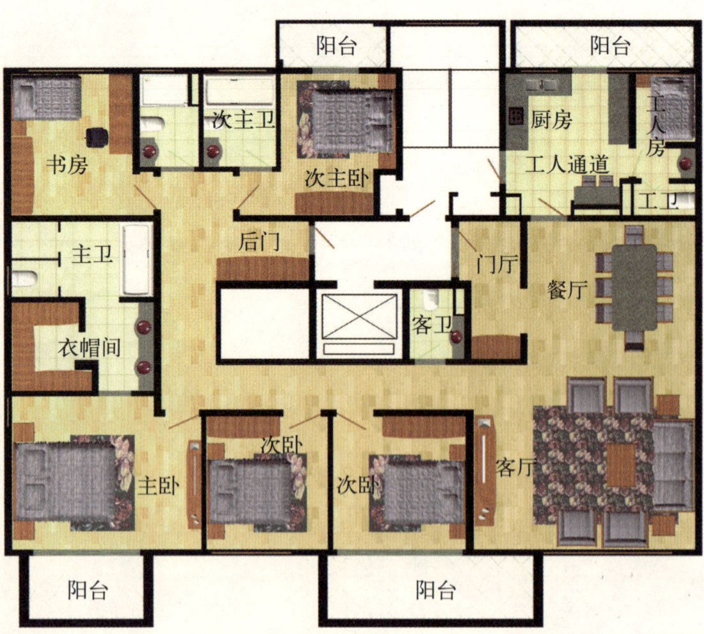

改后

改前

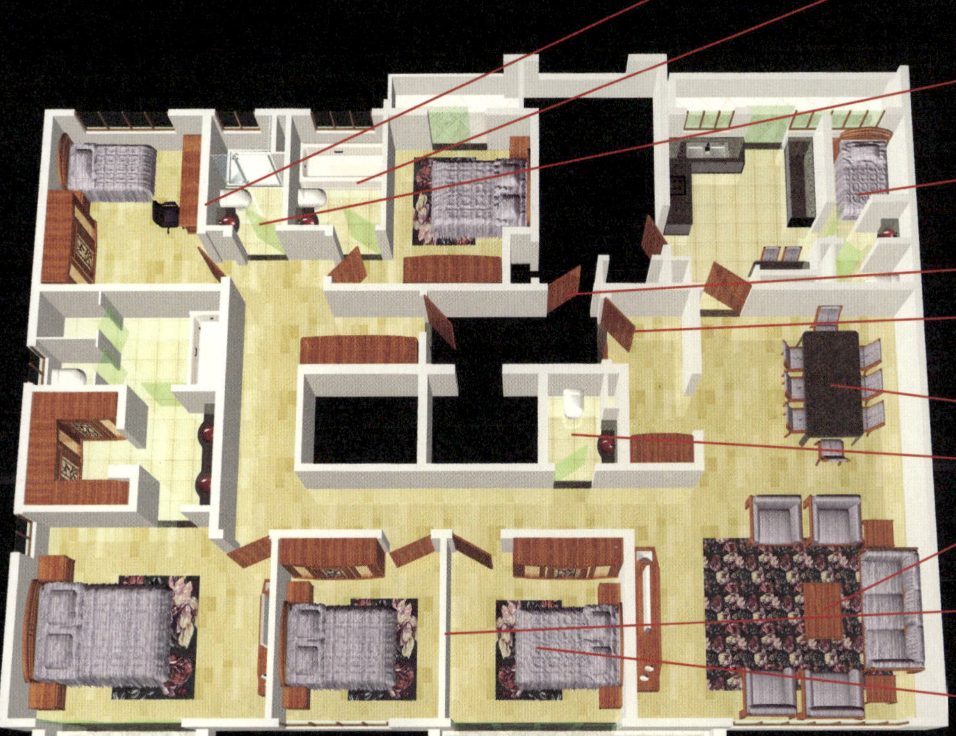

改后

- 右移左上小卧室的右墙和次卫，扩大开间。
- 对调右上次主卧和卫生间，并扩大卫生间，增加浴缸。
- 次卫的门对着走廊，形成对流通道。
- 工人房对调到厨房右侧，紧挨工卫。
- 调整步行梯门和管线井。
- 右移大门，重新布局门厅。
- 西厨拆除，移入餐厅。
- 客卫移至电梯右侧。
- 客厅右移，与餐厅纵向排列。
- 右移南次卧右墙，扩大开间。
- 增加新次卧。

北京五矿万科如园

A 户型

平层大户型

环境氛围：位于北京市海淀区西北旺镇永丰路与后厂村路交界东南角，南眺 200 余公顷的百望山森林公园和京密引水渠，自然风景怡人。项目占地 13.8 万平方米，总建筑面积 28 万平方米，绿化率 30%，容积率 2.2，共 800 户。

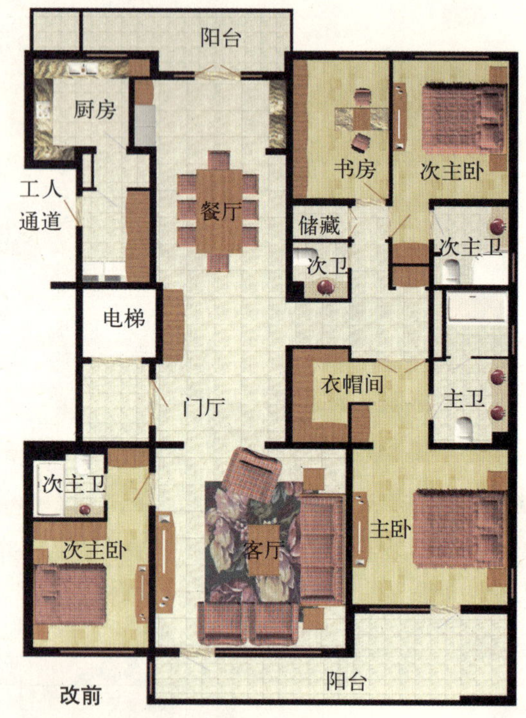

改前

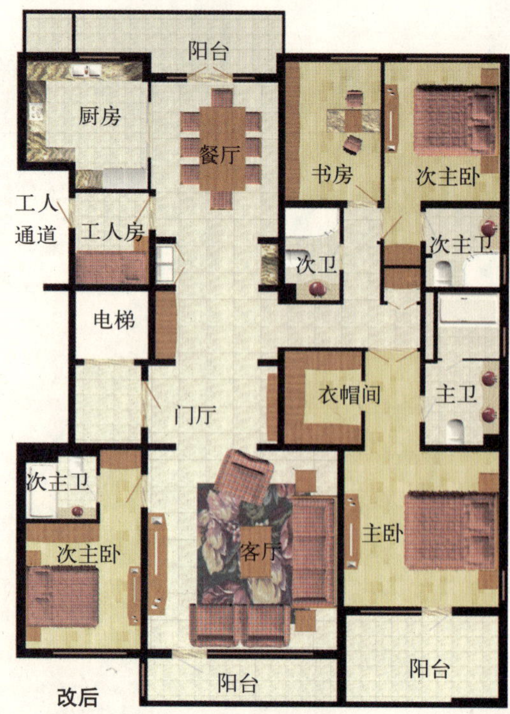

改后

户型分析：该板楼为每单元 2 梯 2 户，主力户型四室二厅四卫，建筑面积 280 平方米，三面采光，南北对流，整体比较通透。户型采用专属电梯和步行梯配备工人通道形式，但问题是，电梯和步行梯分离，并且全部为暗空间，一旦发生火灾或电梯故障，人无法从电梯直接进入步行梯，只能通过工人通道绕行，显然不符合安全需要。

功能布局：中间结构墙分离动静区域：左侧为起居空间、服务空间和客卧，餐厅处在西厨、工人通道和门厅之间，成为过厅，不太稳定，同时通过工人通道要穿过家政间，非常不便；右侧为卧室和书房，通过垭口联系过厅，比较私密，但客卫没有淋浴设施，如果书房用做卧室，则无法如浴。

改造重点：去掉西厨，扩大中厨；餐厅移至阳台前；家政间改成工人房；扩大主卧衣帽间；客卫增加淋浴；分隔客厅和主卧阳台。

一是将厨房右墙右移，去掉西厨操作台，改成推拉门。

二是将厨房下墙下移，移入冰箱，避免放置餐厅使用不便的弊端。

三是餐厅移至阳台前，变成明厅。

四是家政间右墙右移至垭口边，设置通向餐厅的门，使其成为工人房。

五是设置洗衣间。

六是设置配餐台。

七是规矩主卧衣帽间。

八是打通储藏间，客卫增加淋浴间。

九是下移卧室过厅柜门，与客卫下墙取齐，改成储藏间。

十是分隔客厅和主卧阳台，避免交叉干扰。

调整后，厨房纳入冰箱和采用推拉门，使用便捷、舒适，餐厅也变得明亮、稳定，增设的工人房不仅实用，而且工人通道也显得平直、畅达。客卫、主卧衣帽间和过厅储藏间的加大，规矩了墙体的同时，使服务空间变得更为实用。

北京五矿万科如园

A 户型

平层大户型

改前

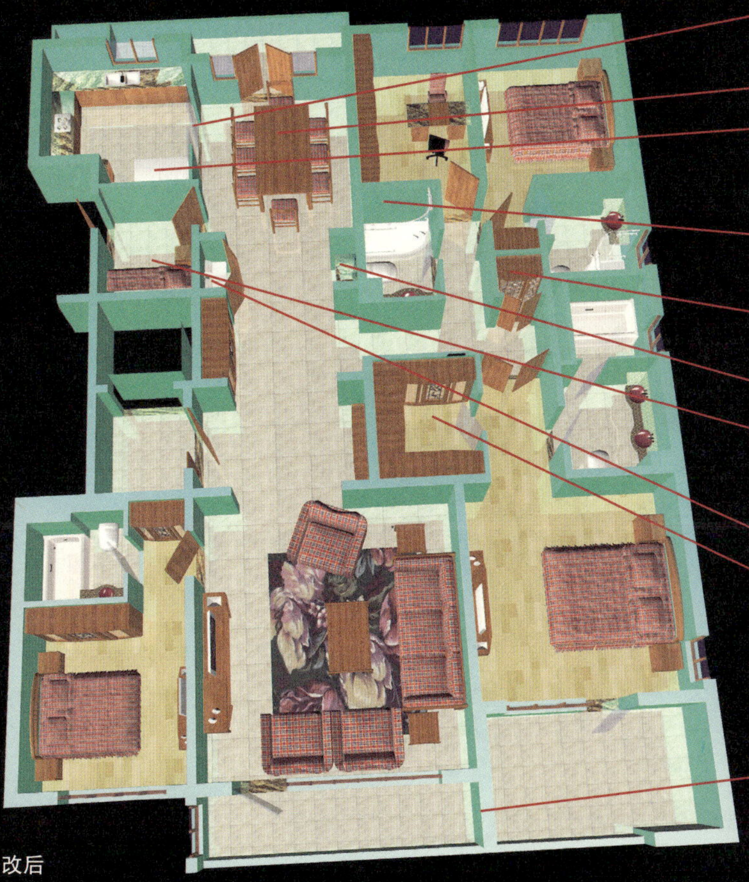

- 厨房右墙右移，去掉西厨操作台，改成推拉门。
- 餐厅移至阳台前，变成明厅。
- 厨房下墙下移，移入冰箱，避免放置餐厅使用不便的弊端。
- 打通储藏间，客卫增加淋浴间。
- 下移卧室过厅柜门，与客卫下墙取齐，改成储藏间。
- 设置配餐台。
- 家政间右墙右移至垭口边，设置通向餐厅的门，使其成为工人房。
- 设置洗衣间。
- 规矩主卧衣帽间。
- 分隔客厅和主卧阳台，避免交叉干扰。

改后

北京贡院六号
4 居户型

平层大户型

环境氛围： 位于北京市东城区建国门内长安街北侧的贡院西街 6 号，社区西接光华长安大厦，东邻中国社会科学院，南隔长安街与海关总署中心相望。项目占地 0.96 万平方米，总建筑面积 8.8 万平方米，绿化率 30%，容积率 9.6，共 168 户。

户型分析： 该塔楼 4 居户型为四室二厅三卫，建筑面积 350 平方米。户型整体为“L”形布局，实际由板楼的两室两厅一卫和塔楼的一室一厅两卫组合而成，这样的结果是，交通动线穿插过多，动静干扰较大，主卧和客厅的比例失谐，面积浪费偏大。

功能布局： 下半部虽然比较通透，但客厅左侧受到来自主卧和书房的右墙遮挡，视角很窄，并且横向的格局也不适合摆放沙发。厨房虽设置了工人通道，但无工人房多少有些欠缺。上半部为主人空间，横向的主卧不好放置卧室家具，中间的交通空间，也显得有些浪费。

改造重点： 拆掉起居室隔墙；缩小厨房，增加工人房；扩大次卫，调整洁具；拆除衣帽间；调整主卧比例；隔出衣帽间；重新布局主卫洁具；调整门厅衣柜。

一是拆掉起居室和餐厅的两道隔墙，扩大空间的通透性。

二是厨房的右墙右移 20 厘米，上墙下移与餐厅上侧取齐。

三是厨房中间增加隔墙，分出工人房。

四是拆掉衣帽间，增加主卧左墙，里侧为主卫浴室。

五是主卫调整洁具。

六是增加隔墙，设置大衣帽间。

七是延长书房左墙，增加门。

八是门厅衣柜调整到窗户处，保持门厅的宽敞。

改造后，主人空间的舒适度大幅提高：主卧的尺度宽大、合理，窄条窗下正好设置床头柜；主卫的浴室也变成了明浴；衣帽间的扩大，使储藏增加不少。另外，客厅和餐厅打开垭口，相互借用空间。

改前

主卧　衣帽间　主卫　书房　客卫　门厅　客厅　次卧　次卫　次卧　工人通道　厨房　餐厅

改后

主卫　主卧　衣帽间　书房　客卫　门厅衣柜　门厅　客厅　次卧　次卫　次卧　工人通道　工人房　厨房　餐厅

北京贡院六号
4居户型

平层大户型

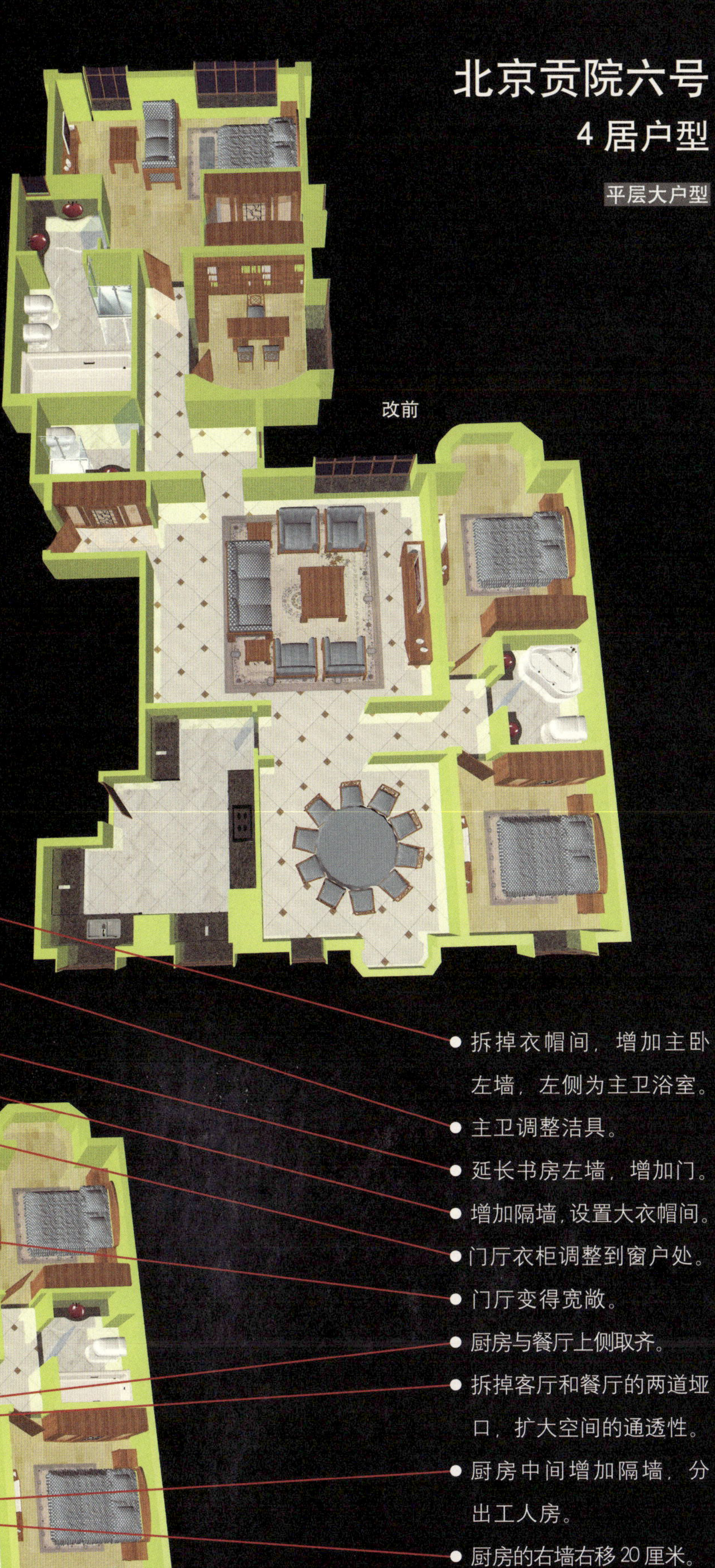

- 拆掉衣帽间，增加主卧左墙，左侧为主卫浴室。
- 主卫调整洁具。
- 延长书房左墙，增加门。
- 增加隔墙，设置大衣帽间。
- 门厅衣柜调整到窗户处。
- 门厅变得宽敞。
- 厨房与餐厅上侧取齐。
- 拆掉客厅和餐厅的两道垭口，扩大空间的通透性。
- 厨房中间增加隔墙，分出工人房。
- 厨房的右墙右移20厘米。

北京西山壹号院

D 户型

平层大户型

环境氛围：位于北京市海淀区圆明园西路药用植物园北侧，西接百望山森林公园，社区内保留 10 万平方米原生态花木，四时景异。项目占地 20 万平方米，总建筑面积 43 万平方米，绿化率 45%，容积率 2.15，共 1000 户。

户型分析：该板楼为每单元 1 梯 1 户，D 户型三室三厅四卫一工人房，建筑面积 320 平方米，三面采光，南北对流顺畅，整体非常通透。

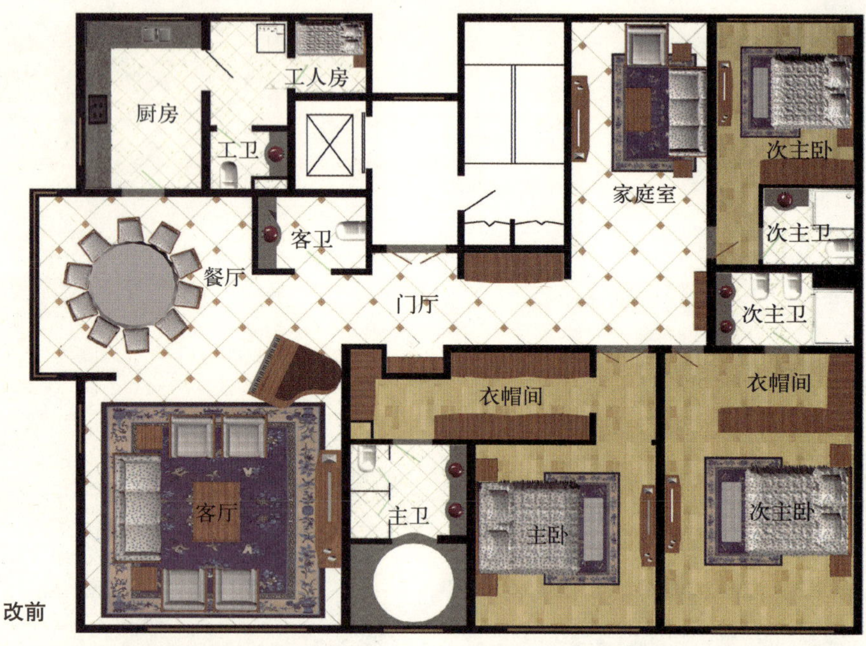

改前

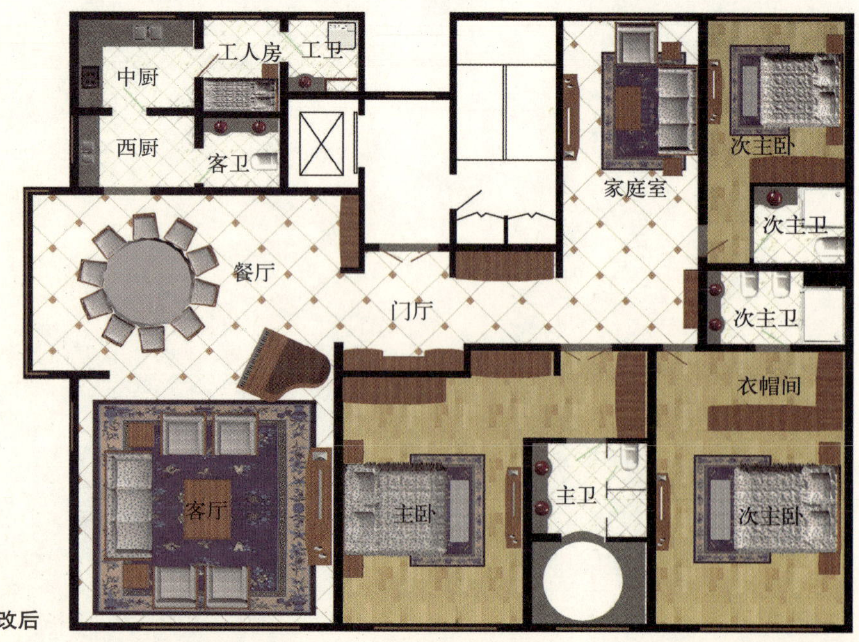

改后

功能布局：门厅明确分离动静区域：左侧为起居空间，餐厅处在三面采光的落地角窗处，非常明亮，但客卫占据了右上角，门直对着客厅，并且使起居室成为了“刀把”形；右侧为卧室空间，家庭起居室设置在 3 个卧室中间，使用方便，但主卧衣帽间过于狭长，使用主卫的交通偏长。

改造重点：调整客卫，规整起居空间；分隔中西厨房，重新布局工人房；对调主卧和主卫；扩大门厅。

一是将餐厅规整，设置配餐台。

二是中西分厨，客卫调整到西厨对面。

三是工卫移到右上角，成为明卫。

四是主卧对调到里侧，扩大进深。

五是主卫对调到外侧，缩短交通。

六是扩大门厅柜。

调整后，起居空间方正、宽大，客卫隐蔽，工卫通风，更重要的是，主卧也宽大了许多。

北京西山壹号院

D户型

平层大户型

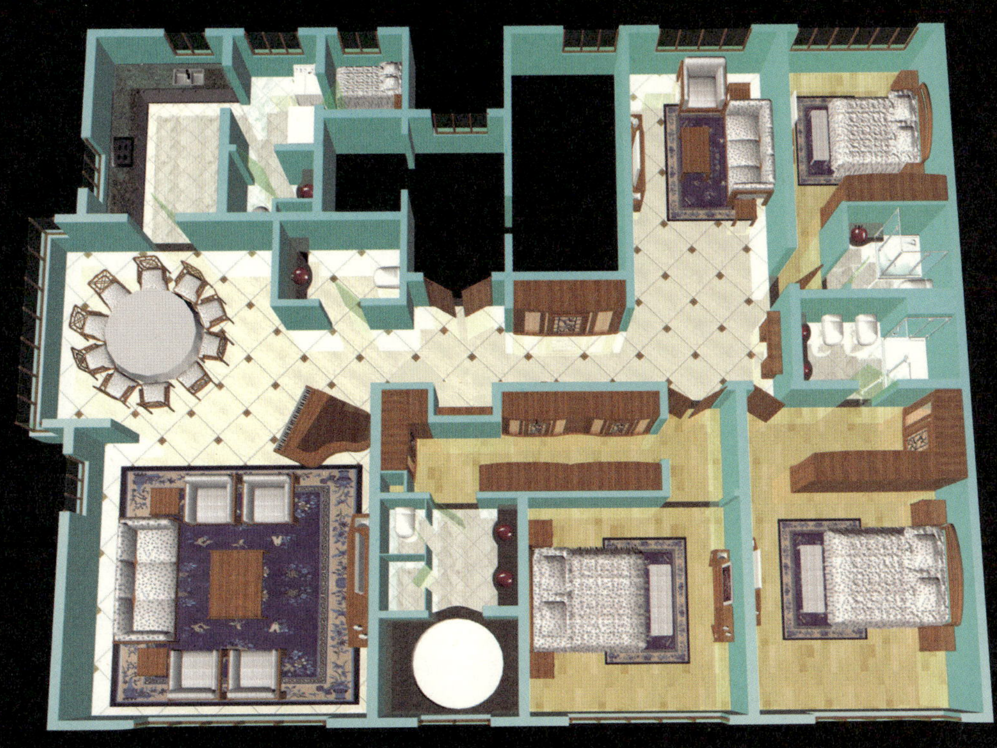

改前

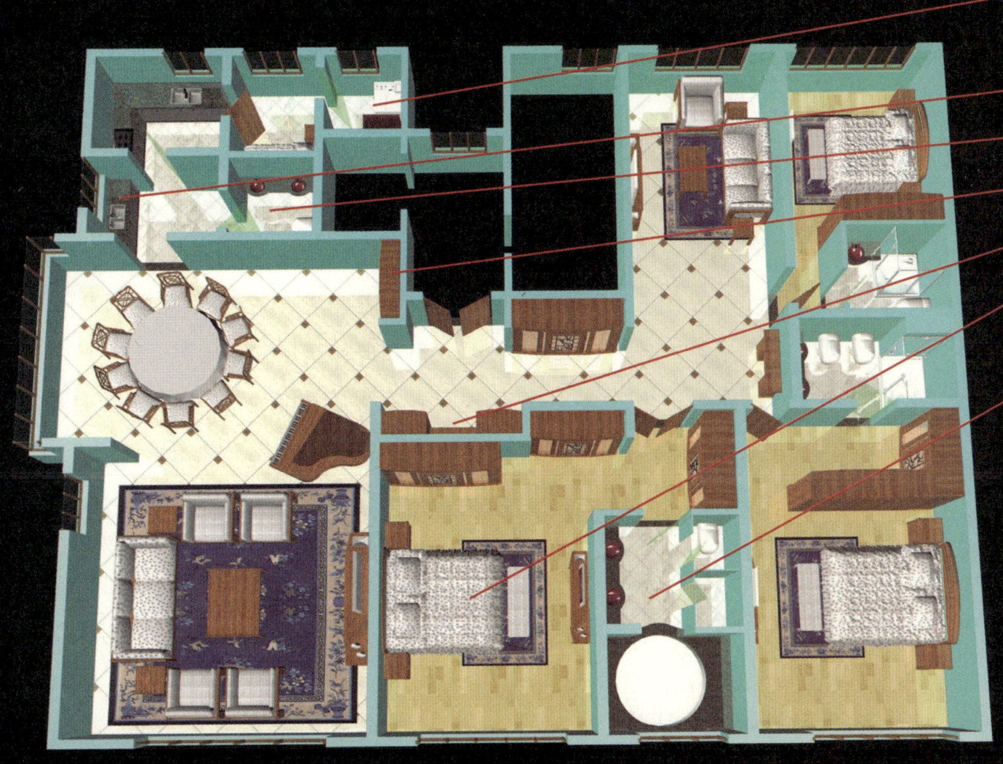

改后

- 工卫移到右上角，成为明卫。
- 分中西厨。
- 客卫调整到西厨对面。
- 餐厅方正，设置配餐台。
- 扩大门厅柜。
- 主卧对调到左侧，扩大进深。
- 主卫对调到右侧，缩短交通。

北京长安太和

A8 户型

平层大户型

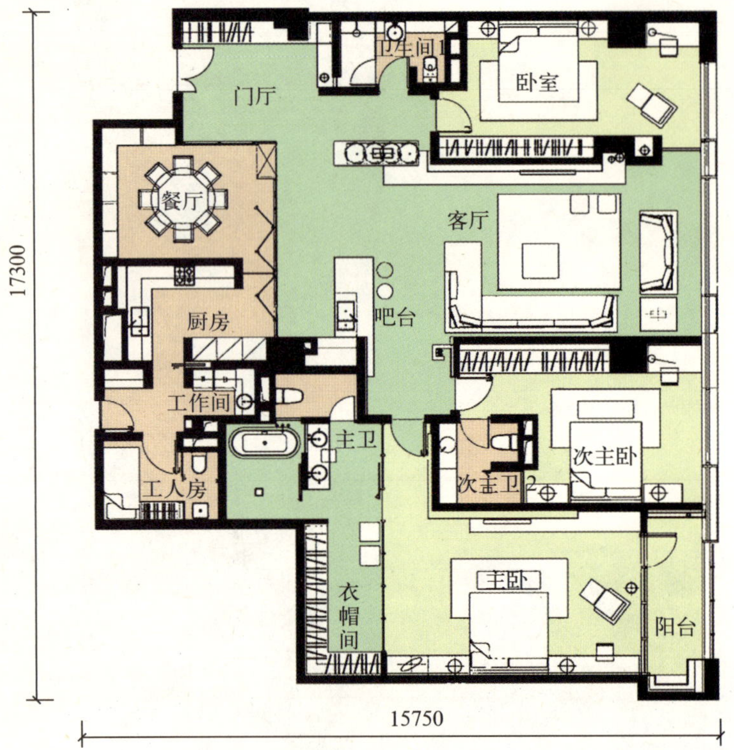

改前

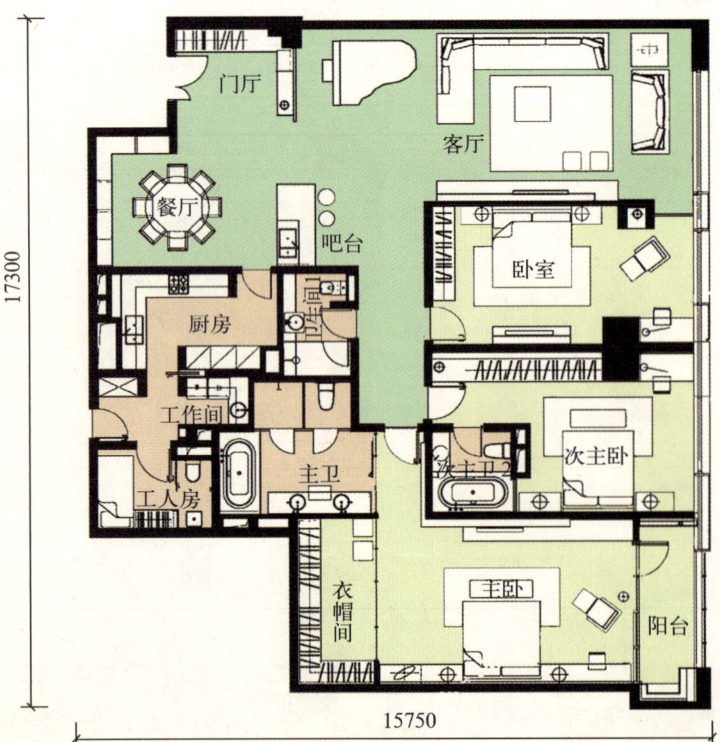

改后

环境氛围：位于北京市东城区建国门大街甲1号，长安街与朝阳门南小街交会处。项目为24层独栋“L”形塔楼，总建筑面积6.8万平方米，绿化率30%，共283户。社区北邻外交部街，西距天安门1800米，南接长安街，东靠国际饭店。

户型分析：三室二厅三卫一工人房，建筑面积300平方米，框架结构。单面采光，进深较大，灰色空间偏多，通风不好。户型外侧为卧室和客厅，采用全玻璃幕墙，非常明亮。内侧为餐厨和工人房，其中厨房为暗空间，只能用电磁炉。

功能布局：户型下部为静区，主卧、次主卧和工人房占据了半壁江山。上部次卧处于门厅旁，与客厅有交叉干扰。存在问题是：餐厅封闭，有些拥堵，并且不能与客厅相互借用空间；主卫分隔过多，空间显得局促。

改造重点：次卧和客厅对调；次卫调整到酒吧位置；打开餐厅；重新布局主卫。

一是将次卧和客厅对调，扩大次卧进深，调整衣柜。

二是将次卫调整到酒吧位置，90°偏转。

三是餐厅打开，右侧设置酒吧，并增加厨房门。

四是拆除主卫隔墙，调整洁具，增加淋浴间。

五是左移门厅影壁墙，扩大客厅。

调整后，主要居室都加大了面积：动区的客厅、门厅和餐厅集中在一起，增强了气势，同时与静区减少了干扰；主卫空间的合并，不仅增加了独立淋浴间，洗手台也加长了不少；次卧的进深增加，将衣柜进行调整，开间也加大了60厘米。

北京长安太和
A8 户型

平层大户型

改前

- 左移门厅影壁墙，扩大客厅。
- 餐厅打开，右侧设置酒吧，并改开厨房门。
- 次卧和客厅对调，扩大次卧进深，调整衣柜。
- 次卫调整到原酒吧位置，90°偏转。
- 拆除主卫隔墙，调整洁具，增加淋浴间。

改后

北京缘溪堂

K 户型

平层大户型

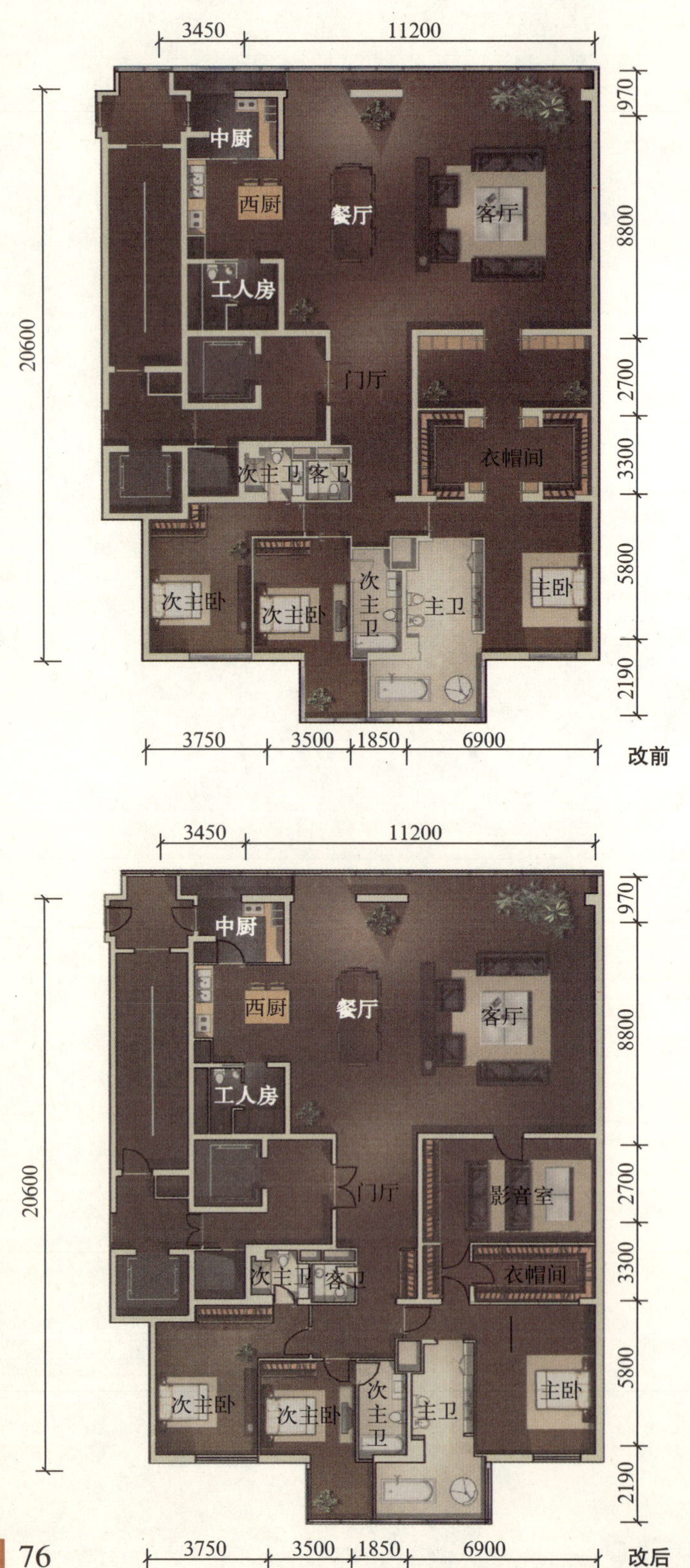

环境氛围：位于北京市海淀区玉渊潭公园南侧，项目由 3 栋板楼组成，占地 1.8 万平方米，总建筑面积 15 万平方米，共 300 户。

户型分析：三室三厅三卫一工人房，建筑面积 393.33 平方米，使用率 78.1%。由于北向紧邻玉渊潭公园，整个 14.65 米的面宽都采用玻璃幕墙。户型北部为动区，由客厅、餐厅、厨房及工人房组成，朝向景观面；南部为静区，由三个卧室及各自的卫生间组成，朝向阳光面。

功能布局：主人空间超大的阳光主卫和超大的衣帽间成为了户型重要的奢侈亮点，尤其是客厅到主人空间之间的过渡厅，留下了改造的余地，这类黑色空间，作为书房有些憋气，作为会客室有些重复，可以考虑不需要采光的影音空间。存在问题是，各空间面积配比有些失衡，比如次卧偏小，走廊面积占用过多等。

改造重点：扩大主卧开间，缩小主卫面积；改造衣帽间，设计出影音室；加大小次卧进深，调整大次卧衣柜。

首先，将主卧左墙左移 60 厘米，扩大主卧开间。同时缩小主卫开间，保证门与改造后的衣帽间和影音室的通道相对。

其次，将衣帽间上墙下移，缩小面积，改贯通式为步入式，并在左墙设置出一排衣柜，避免与主卧的床相对。同时，将衣帽间上面扩大了的休息厅改成影音室。

再次，小次主卧上墙上移 60 厘米，扩大面积。

最后，大次主卧的衣柜重新布局。

改造的目的：一是缩小过大的主卫，让开间于主卧，使之与大客厅和大餐厅相匹配；二是增加一个实用的影音室，并且不减少衣帽间的柜子。调整后，户型的整体均好性得到了提高。

北京缘溪堂

K 户型

平层大户型

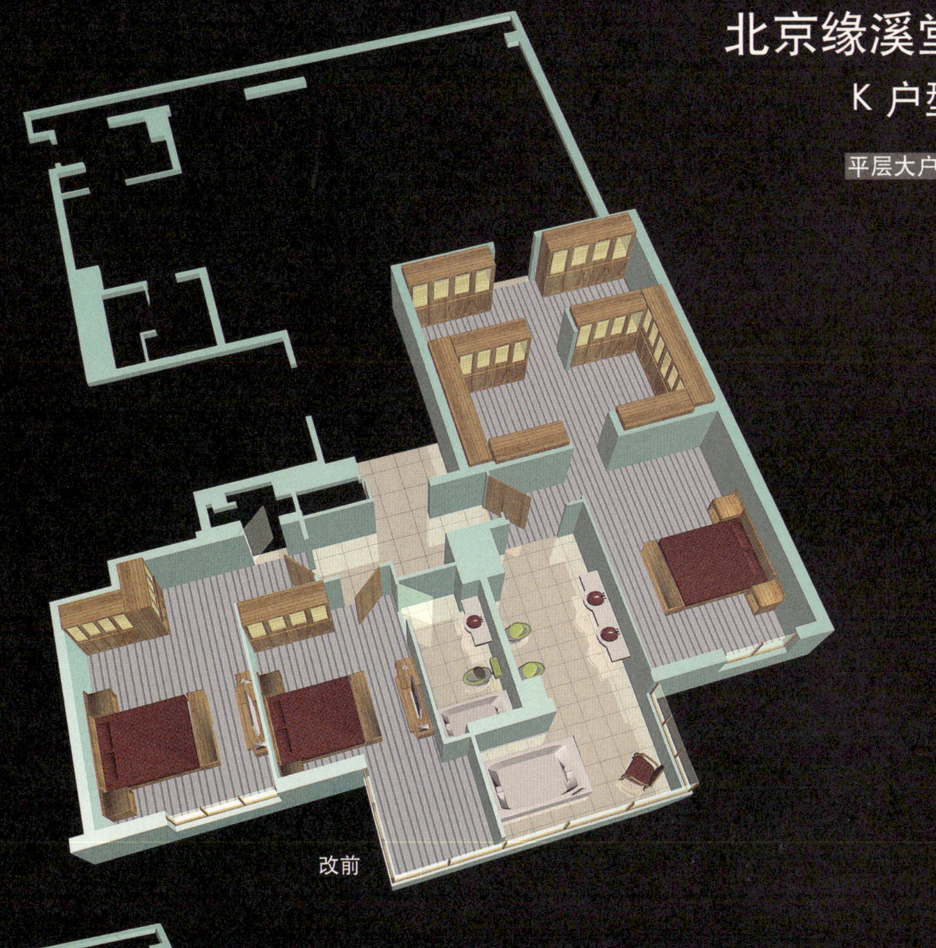

改前

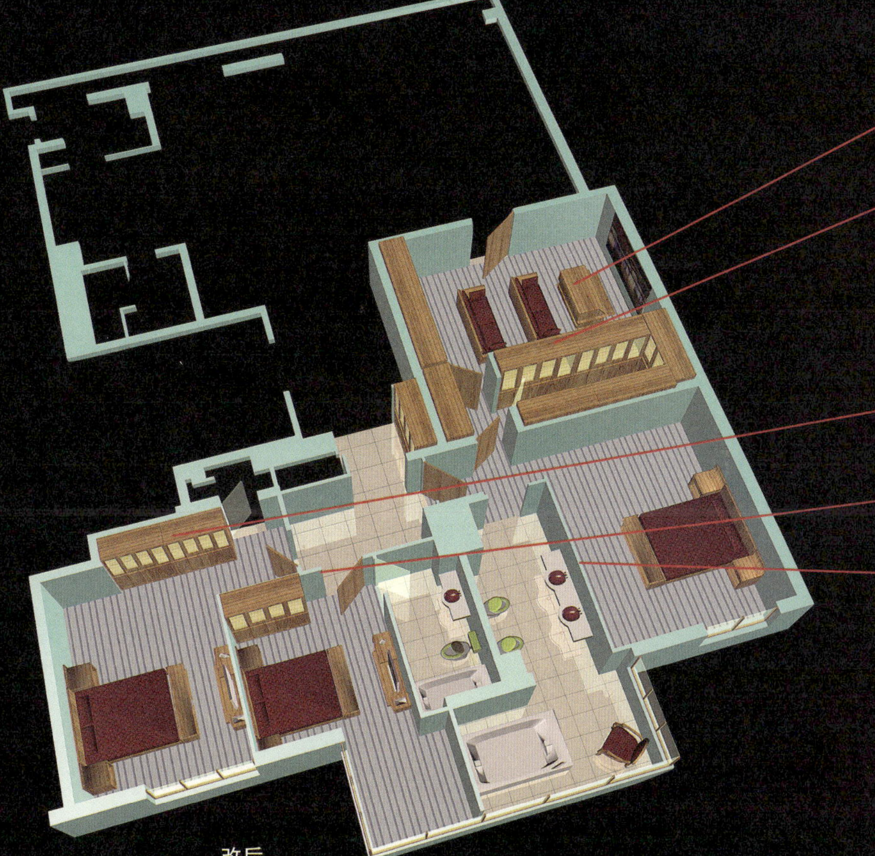

改后

- 衣帽间上面扩大了的休息厅改成影音室。
- 衣帽间上墙下移，缩小面积，改贯通式为步入式，并在左墙设置出一排衣柜，避免与主卧的床相对。
- 大次主卧的衣柜重新布局。
- 小次主卧上墙下移 60 厘米，缩小面积。
- 主卧左墙左移 60 厘米，扩大主卧开间。同时缩小主卫开间，保证门与改造后的衣帽间和影音室的通道相对。

北京国风上观

A 户型

平层大户型

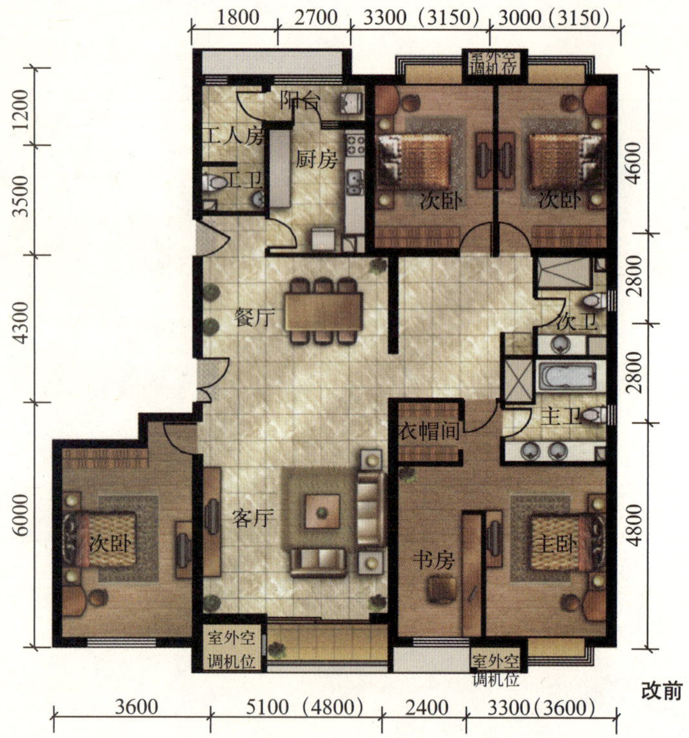

改前

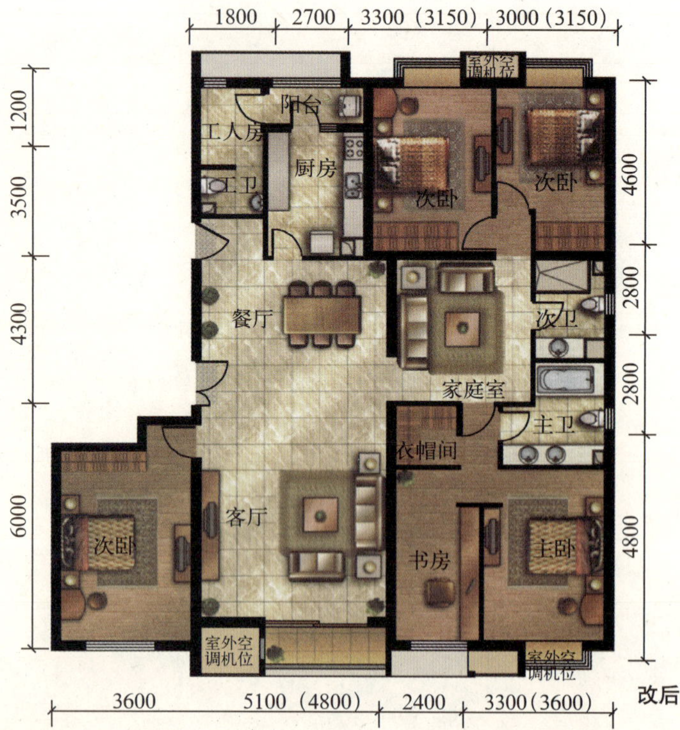

改后

环境氛围：位于北京市朝阳区望京东商圈核心，占地 10.92 公顷，总建筑面积 31.99 万平方米，绿化率 40%，容积率 2.8，由 12 栋板式住宅构成。社区东侧紧邻机场高速路、京顺路，中间有市政规划绿化带相隔离全线贯通二环至五环路；西侧阜通东大街直达北三环主路。

户型分析：处在板楼的东部，四室二厅三卫一工人房，建筑面积 230 平方米。户型为四南三北格局，采光面宽，进深也不大，通风、日照良好。

功能布局：主人空间和餐厨空间舒适度较高：如主人空间配备了卫生间、衣帽间和书房，生活方便；餐厨空间配备了宽大的厨房、带独立卫生间的工人房和服务阳台，设施完备。缺憾是几个卧室门口的厅过于浪费面积；大门“开门见厅”，过于直露；南向的次卧没有独立的卫生间。

改造重点：改造卧室门口的交通空间，变成家庭起居室；改开厨房门。

首先，将主卫淋浴间去掉，将几个卧室门口的厅改成方形，变成家庭起居室，外侧的客厅为会客厅，形成别墅类住宅所拥有的“双厅”。

其次，将北侧两个卧室的门改成折角门，延长沙发摆放的长度，同时右侧卧室因门旁埋进衣柜，并没减少实用面积。

再次，将主卧中的衣帽间靠门的墙延长，便于门开启后有依靠，衣柜变成“L”形。同时，主卧电视墙增加一段折角墙，与书房门口对称形成两个垭口。

最后，将厨房门改开在下侧，使次入口有个影壁墙。

几个卧室门口的厅不好处理，改成储藏间会感到拥堵，空着放点家具又非常浪费，变成家庭室后使户型面貌焕然一新。

北京国风上观

A 户型

平层大户型

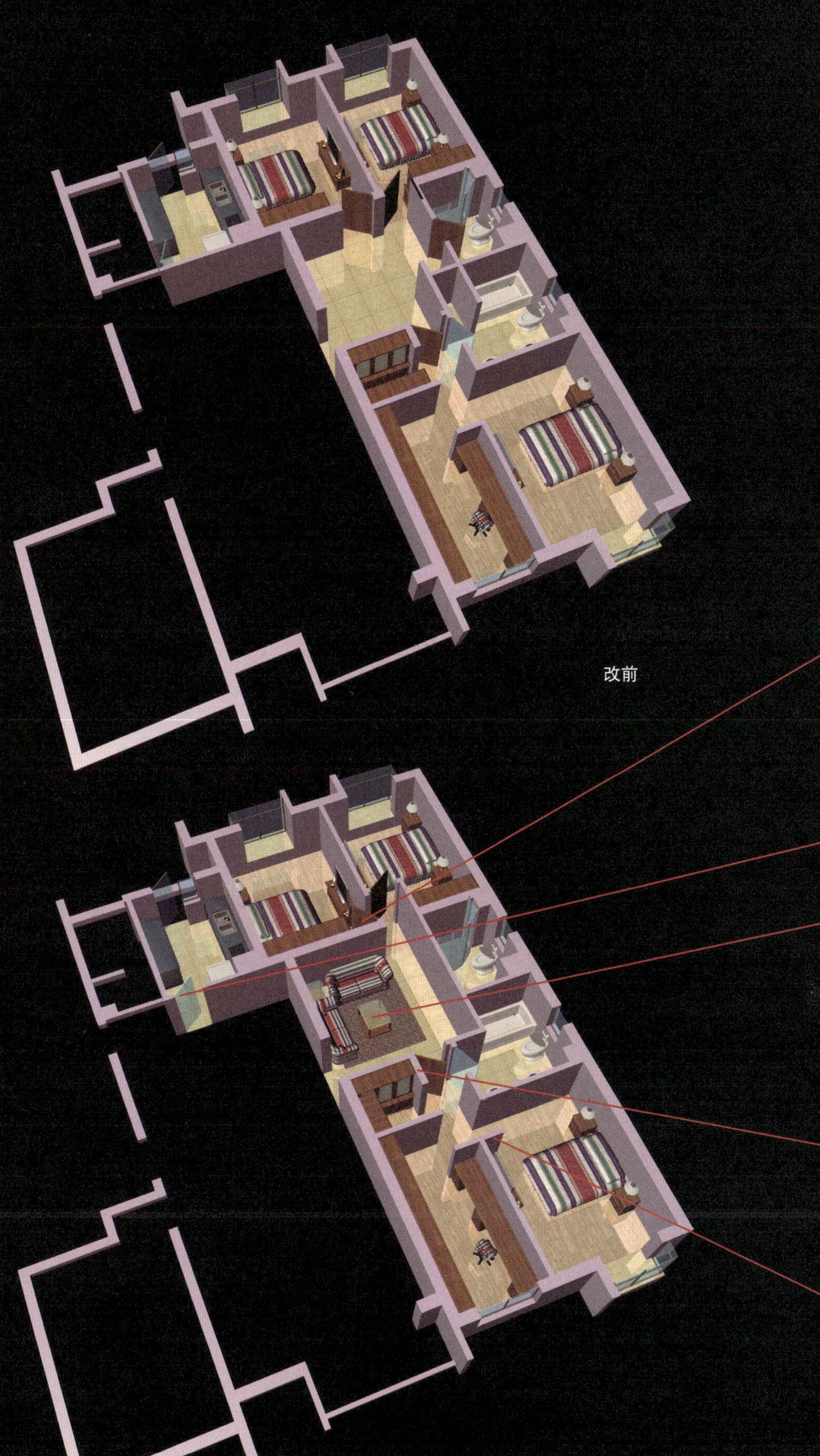

改前

改后

- 北侧两个卧室的门改成折角门，延长沙发摆放的长度，同时右侧卧室因门旁埋进衣柜，并没减少实用面积。
- 厨房门改开在下侧，使次入口有个影壁墙。
- 主卫淋浴间去掉，将几个卧室门口的厅改成方形，变成家庭室，外侧的客厅为会客厅，形成别墅类住宅所拥有的"双厅"。
- 主卧中的衣帽间靠门的墙延长，便于门开启后有依靠，衣柜变成"L"形。
- 主卧电视墙增加一段折角墙，与书房门口对称形成两个垭口。

北京保利东郡

C 户型

平层大户型

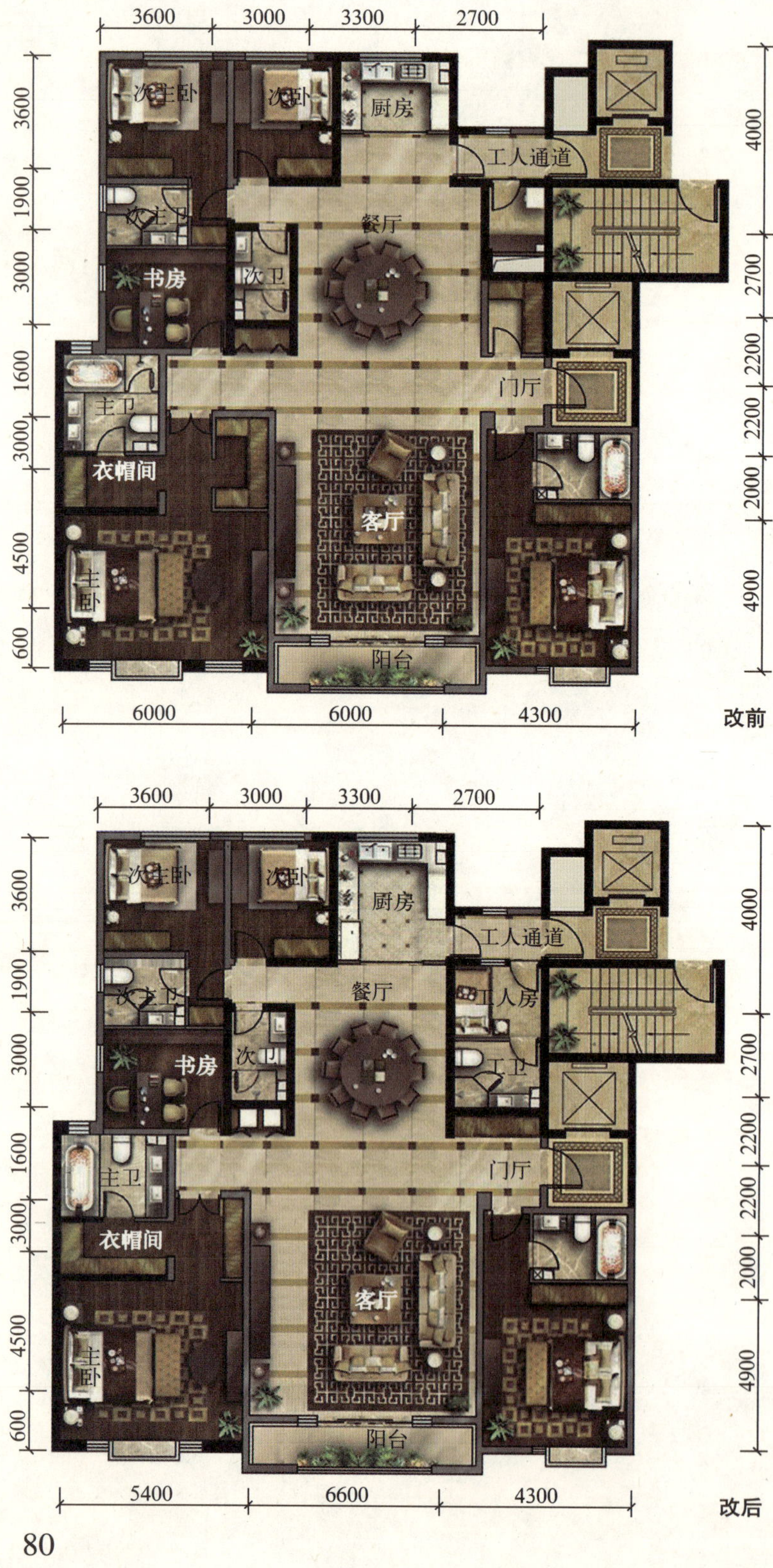

改前

改后

环境氛围：位于北京市朝阳区东四环外石佛营。项目占地4.8万平方米，总建筑面积17.3万平方米，绿化率32%，容积率3.6，共10栋楼，336户。社区北邻姚家园路，南靠朝阳北路及建设中的地铁6号线，西临东四环，东接青年路朝阳大悦城。

户型分析：该板楼每个单元为3梯2户，C户型四室二厅四卫，建筑面积285平方米，两面采光。为解决主卫、书房和次主卫的通风，楼体北侧开了深槽，但与邻居有互视。户型主要问题是：客厅和主卧的开间一样，配比不均衡；设置了工人通道，但没有工人房。

功能布局：户型中部为动区，客厅和餐厅互相借用空间，非常宽大，但餐厅由于厨房的阻隔，为间接采光，并且处于交通通道中，不够稳定。静区的卧室分成了三部分，与动区交叉干扰较大。

改造重点：改变客厅和主卧开间；调整主卫比例和洁具；上移衣帽间；水平翻转客卫；扩大次主卫；增加工人房；扩大厨房。

一是将客厅左墙左移60厘米，改变与主卧的比例。

二是将主卫下墙上移，右墙右移，调整洁具。

三是上移衣帽间，增加主卧进深。

四是水平翻转客卫，保持门与次卧门相对。

五是扩大次主卫，保持坐便器正常使用。

六是左移餐厅左墙，增加工人房和工卫。

七是扩大厨房，充分利用交通空间。

调整后，客厅和主卧的开间配比合理，主卧与主卫空间比例适宜。同时，工人房的增加，使工人通道的设置合乎情理。

北京保利东郡
C 户型

平层大户型

改前

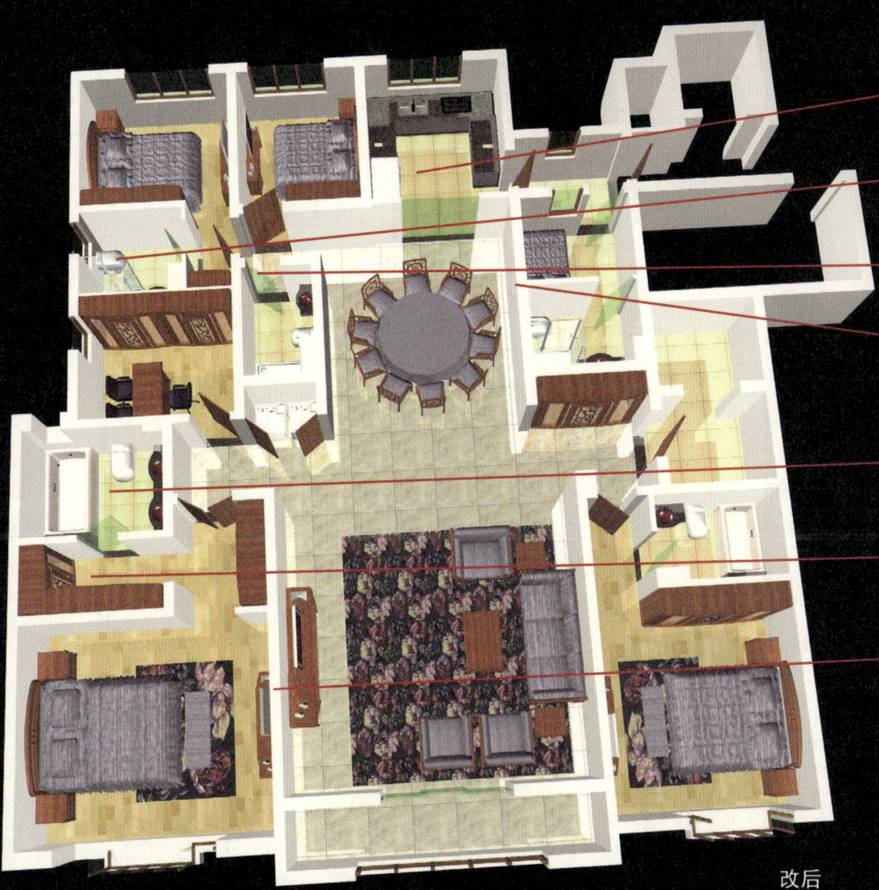

- 扩大厨房进深，充分利用交通空间。
- 扩大北主卫，保持坐便器正常使用。
- 水平翻转客卫，保持门与次卧门相对。
- 左移餐厅左墙，增加工人房和工卫。
- 主卫下墙上移，右墙右移，调整洁具。
- 上移衣帽间，增加主卧进深。
- 客厅左墙左移60厘米，改变与主卧的比例。

改后

北京光彩国际公寓

B1 户型

平层大户型

环境氛围：位于北京市朝阳区工体西路 18 号，总建筑面积 16 万平方米。项目地处二环路，临近 CBD 中央商务区，毗邻保利大厦、港澳中心、第一及第二使馆区、外交部大厦、华普商业、丰联商业等知名物业。

户型分析：B1 户型处在塔楼的西南，为四室二厅二卫，建筑面积 273.32 平方米。户型中间的结构墙分隔出动静区：下端集中了 4 个卧室，非常私密；上端采光面很宽，但餐厅套在了客厅里侧，干扰较大。户型虽然两面采光，但进深偏大，通风、采光不够良好。

功能布局：主人区域的卧室、衣帽间和卫生间划分比较合理，而 3 个次卧室，至少应该有一间拥有卫生间，但目前只配备了衣帽间，显得有些简单，同时因为衣帽间的设置，交通通道有些折角，出入不够便捷。另外，厨房过于宽大，缺少细致的功能分区。

改造重点：调整 3 个次卧室的衣帽间，使出入通道顺畅；半封闭餐厅，使客厅相对稳定；增加工人房。

先是将主卧旁的次卧衣帽间拆掉，门改开在右侧，衣柜设置在室内。

然后将靠近客厅的次卧衣帽间右移，扩大卧室面积，同时将门右移。

最后将餐厅封上推拉门，并在厨房上端隔出工人房。

3 个次卧改造后，在门口留下了方厅，这既是交通缓冲空间，又便于搬运家具时有个回旋的余地。而工人房的设置，充分利用了厨房面积大，又有足够的采光窗口的优势，适当增加功能空间。

改前

改后

北京光彩国际公寓
B1 户型

平层大户型

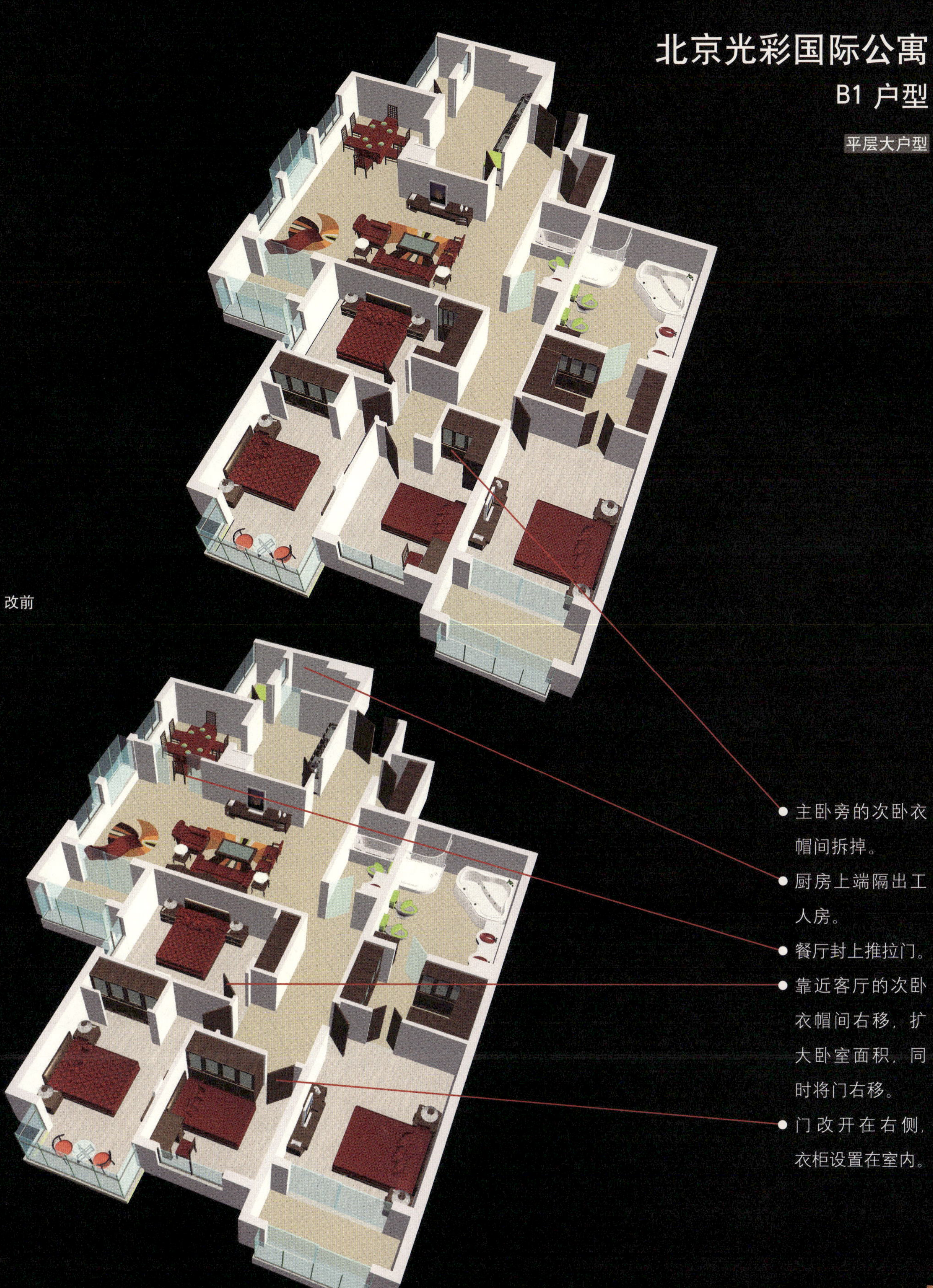

改前

改后

● 主卧旁的次卧衣帽间拆掉。

● 厨房上端隔出工人房。

● 餐厅封上推拉门。

● 靠近客厅的次卧衣帽间右移，扩大卧室面积，同时将门右移。

● 门改开在右侧，衣柜设置在室内。

第三十四集

复式大户型

从住宅设计角度讲，大户型设计和改造比起小户型来，回旋余地要大一些，比较容易兼顾通风、采光、使用功能和面积均好性等方面。但是，大户型不应一味地大，而应“大而有当”，在满足了面积尺度和功能需求之后，更多地是强调环境氛围、强调居住感觉，使每一个空间的存在都有其合理性，否则，就容易导致面积的浪费，这一点对复式大户型尤为重要。

分清复式户型

复式大户型和小复式一样，通常分为跃层、错层和复式几类，有些时候是独立设计，有些时候是几类混合组成。所谓跃层，就是一个住宅套型占有两个以上的自然层面，采用户内楼梯进行连接；所谓错层，并非占有两个自然层，而只是把一个层面的住宅进行错位，而取得空间的变化；而所谓复式，俗称“阁楼”，就是在一个比标准楼层高一些的空间中，局部挑出夹层，用楼梯联系上下，以提高住宅空间的利用率。

掌握产品特性

特色大户型的品位在复式大户型中体现得更为充分，这是因为空间的变化使人无论在视觉上，还是在行动上，都会产生起伏多变的感觉，较之平面来，更富于多样性，更易于分区细致，因而，也更引人入胜。

复式大户型往往被放在楼层的顶部或底部，这样可以借助地面花园或楼顶露台，使户型在居室之外增添一些色彩。同时，还应具备一些特性：

稀缺性。一是大户型所处区域的土地不易获得；二是在产品规划时，土地的使用不应只考虑土地的经济价值，规划时要考虑到产品的舒适性和主人的品位；三是细微设计从功能上满足客户的需要，贴近自然的需求。

私密性。大户型的客户具有更强的防卫感：一方面他们多为有产一族，太多的财物需要防护；另一方面，他们多为易受侵害的一族，更注重名誉、地位的防护，因此在选择时将防卫性和安全感作为重要的标准之一。

区域性。所分布的区域从地段上讲，会有其深厚的历史缘由及宽阔的现实基础，主要有两大类分布地区：人文区和自然区。

北京金地仰山

H1 户型上层

复式大户型

环境氛围：位于北京市大兴新城北区，五环兴业路出口向南 1000 米的兴盛街与金星路交汇处，项目占地 12.3 万平方米，总建筑面积 27.5 万平方米，绿化率 30%，容积率 2.24。

户型分析：四室二厅二卫，建筑面积 184 平方米。处于板楼的顶层，下层为标准的两居室，上层单居室的超短进深，非常通透，配上坡屋顶，很有别墅的感觉。

功能布局：上层 3 个居室横向排开，主卫在里，主卧在外，造成了狭长的交通通道，面积浪费偏多，使用起来也会产生交叉干扰。

改造重点：调整主卧在里侧；主卫在中间；书房在外侧。

先是将主卧调整到最里侧，充分利用交通面积。

然后将主卫设在中间，洁具重新布局，方便两个居室使用。

最后将书房设在外侧，双开门保持楼梯采光。

改造完后，交通动线缩短，书房扩大，卫生间洁具的布置也变得合理。

6800　3200
不上人屋面
卫生间
书房
主卧室
4200　600　2100　4800　600
2400　4400　4200

改前

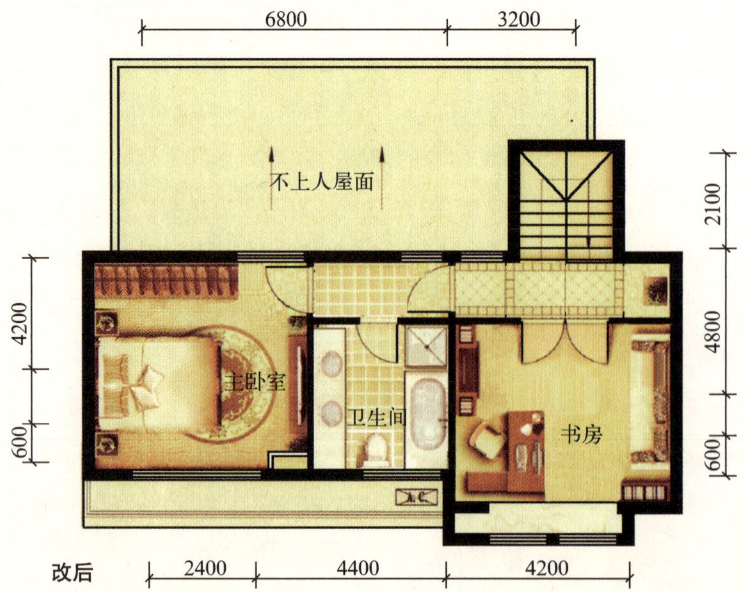

改后

北京金地仰山
H1 户型上层

复式大户型

改前

主卧调整到最里侧，充分利用交通面积。

主卫设在中间，洁具重新布局，方便两个居室使用。

书房设在外侧，双开门保持楼梯采光。

改后

北京金地仰山

H1 户型下层

复式大户型

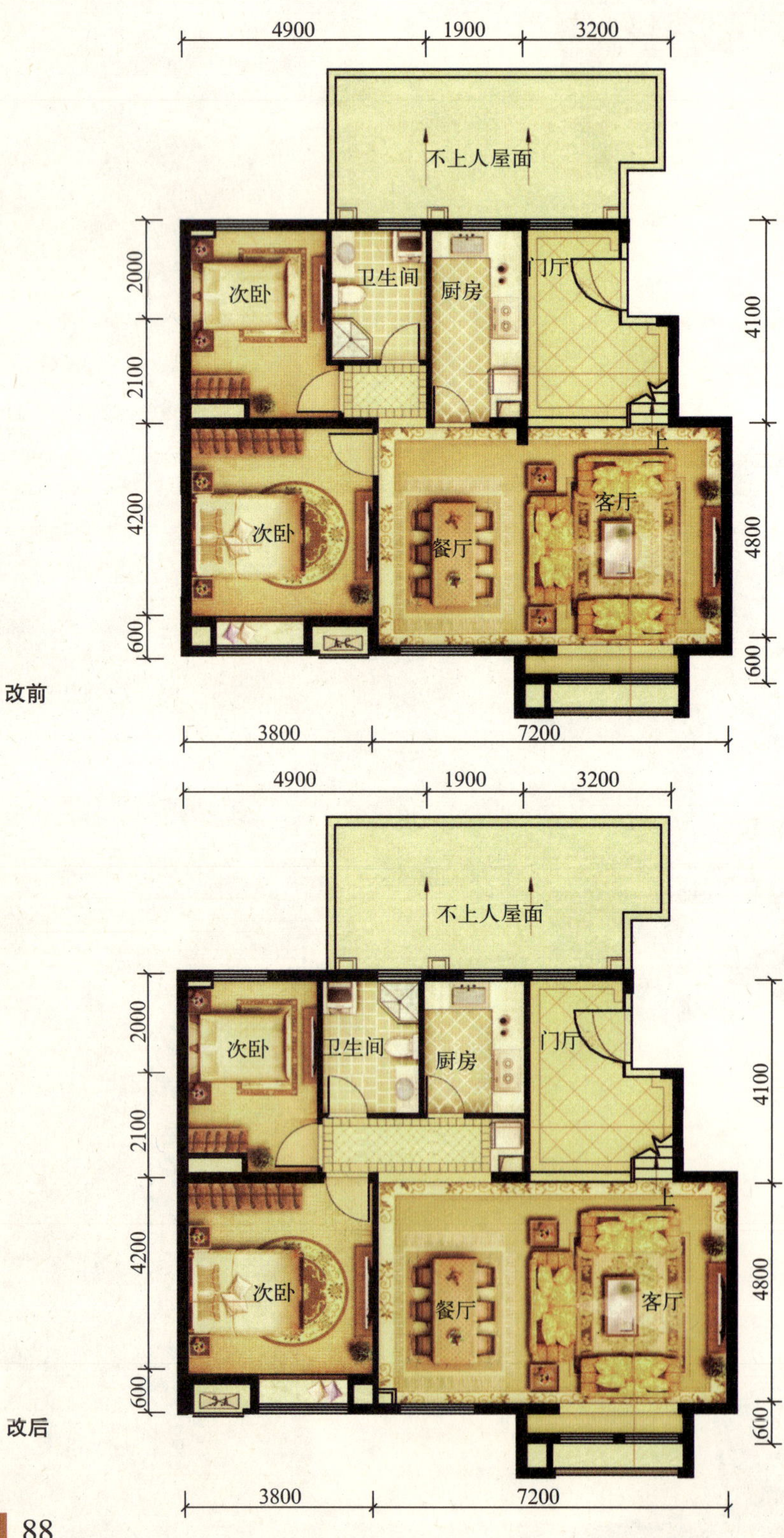

功能布局：下层餐厅和客厅并行排列，出入餐厅和卧室会对客厅产生干扰。另外，大次卧和卫生间门都对着餐厅，私密性差。

改造重点：改开大次卧门；改开卫生间门；厨房隔出外间，加宽交通通道。

先是将小次卧门左移，改开大次卧门朝向走廊。

然后将卫生间洁具反转摆放，门改开在里侧。

最后将厨房隔出外间放置冰箱，使卧室通道变宽。

改造完后，使卧室和卫生间门形成对门并隐蔽起来，保持餐厅的安静。

北京金地仰山
H1 户型下层

复式大户型

改前

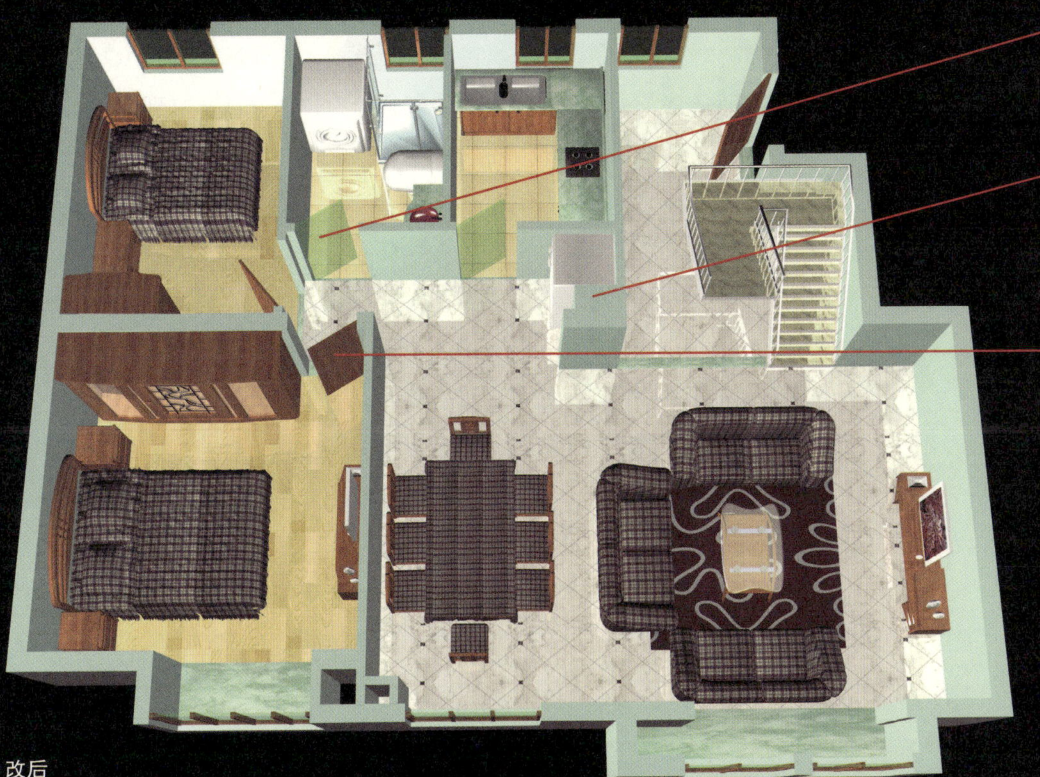

改后

● 卫生间洁具反转摆放，门改开在里侧。

● 厨房隔出外间放置冰箱，使通往卧室通道变宽。

● 小次卧门左移，改开大次卧门朝向走廊。

北京 10 号名邸

B 户型下层

复式大户型

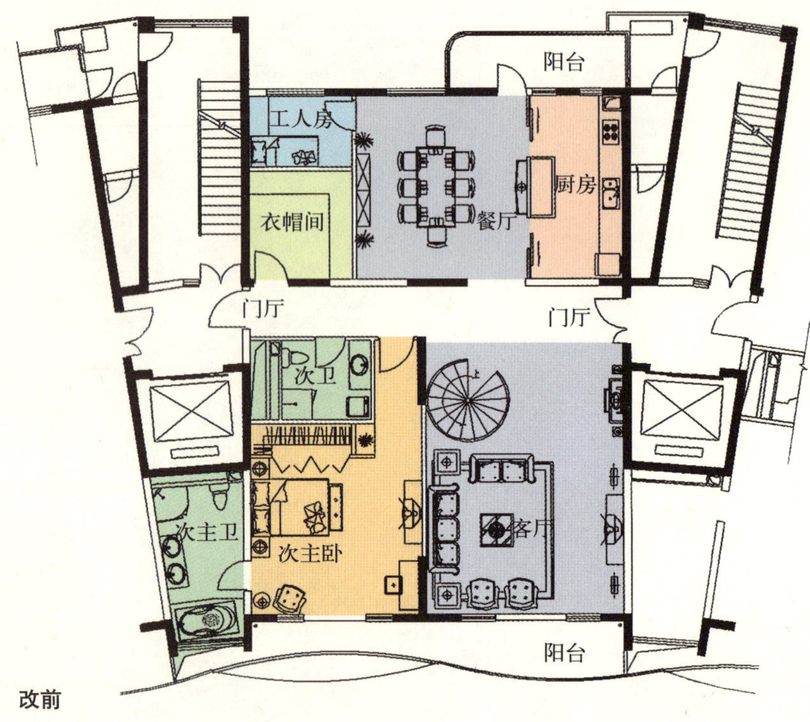

改前

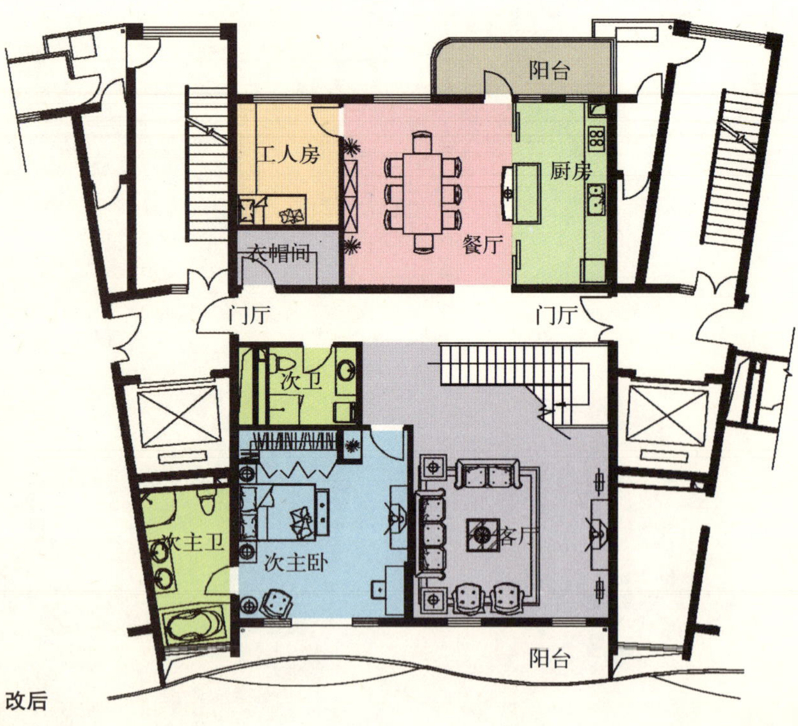

改后

环境氛围：位于北京市海淀区车道沟桥东北，毗邻昆玉河。项目占地 1.89 万平方米，总建筑面积 7.91 万平方米，由“紫云轩 A 栋、紫云轩 B 栋”两座弧形板楼组成。楼体西向远眺西山，近观河道，视角极为开阔。社区绿化率 32%，容积率 4.18，指标并不算好，但借助河岸绿化，环境氛围宽松许多。

户型分析：该户型为重叠式设计，五室二厅四卫一工人房，建筑面积 373.92 平方米。富有特色的是有 3 个户门：下层前后双入户门，都有电梯；上层也有入户门，既出入随意，又方便搬家。值得一提的是，工人房和储藏间可以打通为卧室，比较灵活。

功能布局：客厅局部的挑空，配合高大的窗户，可以将西山景观直接纳入富有气势的空间中。上下两个主卧同样大小，并都配有阳光卫生间，对于与老人同住的家庭来说，这样的配置显得不分薄厚。感到差强人意的是，螺旋楼梯在这样的大户型里有些局促。

改造重点：改螺旋楼梯为三跑楼梯；下移次主卧的门，拆掉与客厅之间的隔墙；下移工人房与储藏间的隔墙，扩大工人房。

一是将楼梯改换成三跑楼梯，同时延长楼板，缩小挑空部分。

二是将次主卧部分的门下移至居室部分，拆掉楼道旁的隔墙，保证上下楼梯通畅。

三是将工人房的下墙下移 120 厘米，保证舒适度，如果全部打通，可以改成卧室。

复式大户型的楼梯很重要，既是美化挑空空间的关键设施，又是联系上下层的重要通道。

北京 10 号名邸
B 户型下层

复式大户型

改前

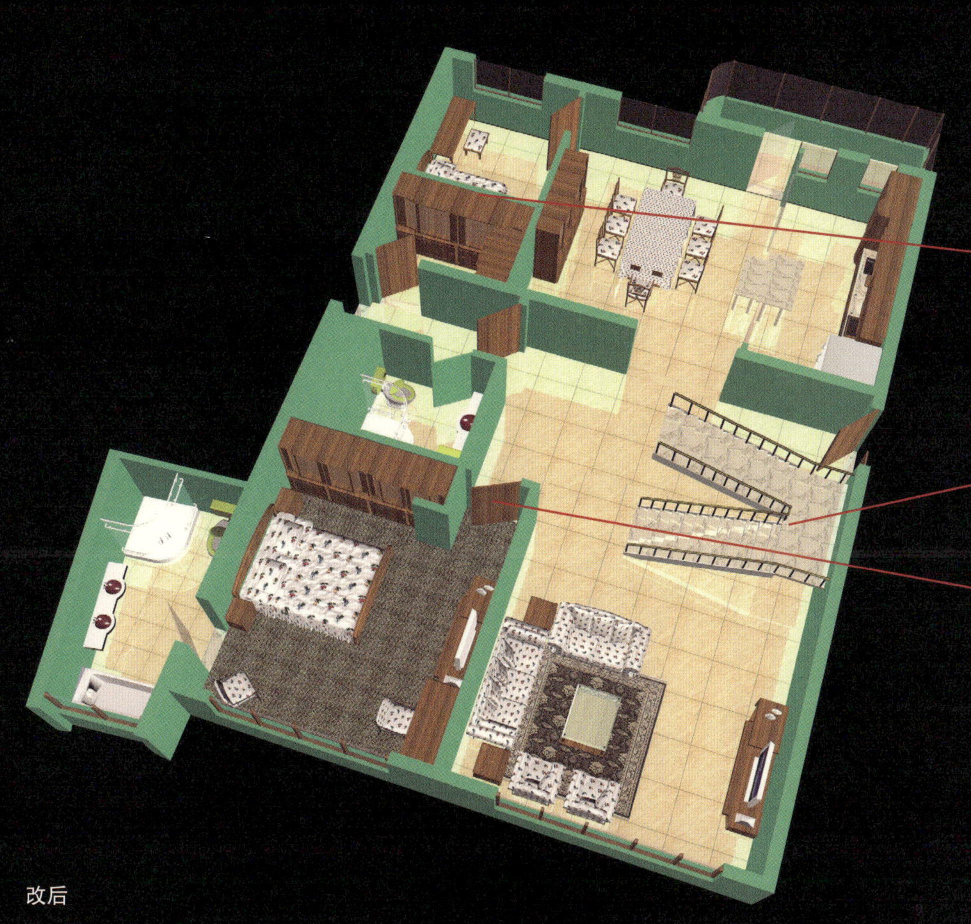

改后

- 工人房的下墙下移 120 厘米，保证舒适度，如果全部打通，可以改成卧室。
- 楼梯改换成三跑楼梯，同时延长楼板，缩小挑空部分。
- 次主卧部分的门下移至居室部分，拆掉楼道旁的隔墙，保证上下楼梯通畅。

北京 10 号名邸

B 户型上层

复式大户型

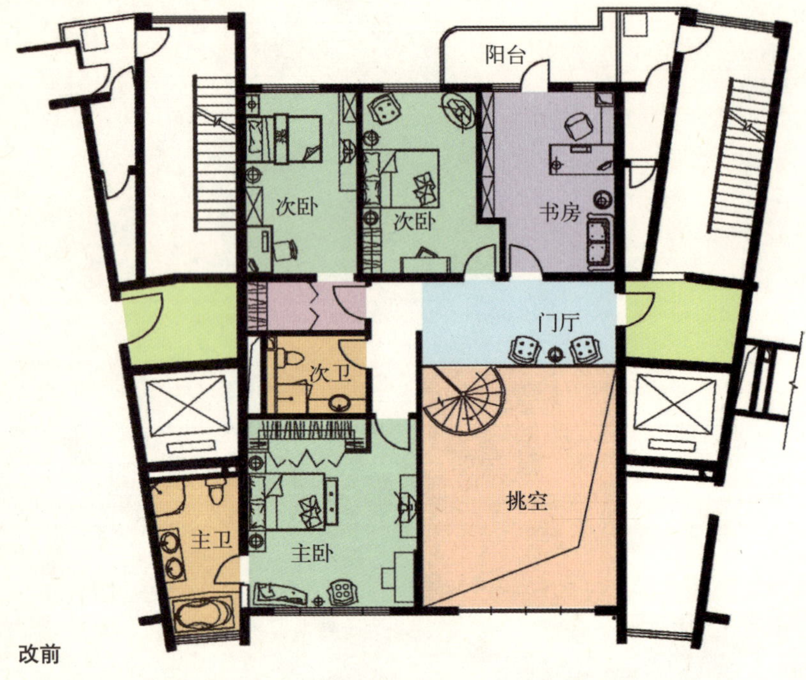

改前

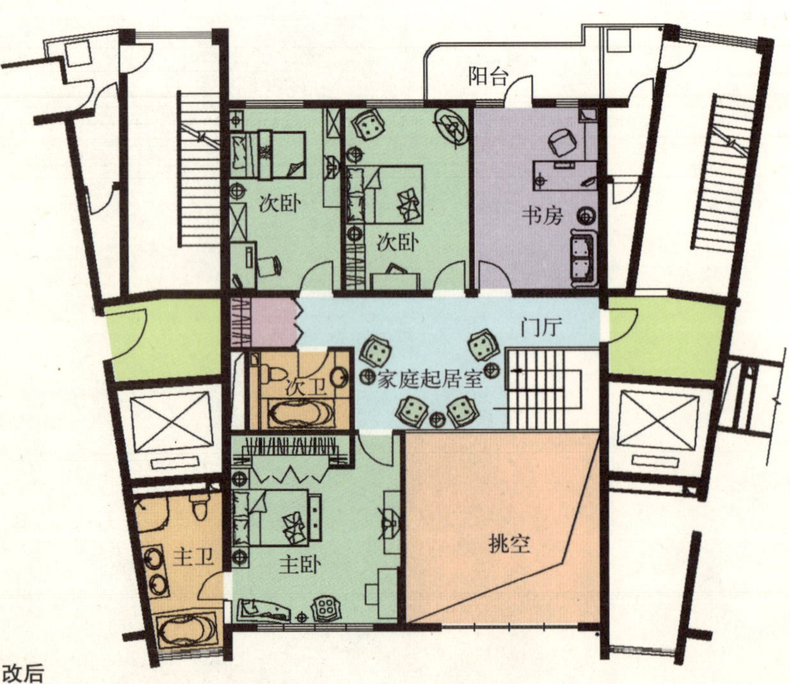

改后

功能布局：上层结合楼梯改造，应设置家庭起居室，增加上下层的交流。

改造重点：拆掉主卧门口外右侧的隔墙；次卫的门移到上端，并调整洁具；调整左上次卧的门，储藏间独立；书房和相邻卧室的墙取直。

一是将上层主卧门口外的右墙与下层一样拆除，楼道部分连在一起设置成家庭起居室。

二是将次卫的门封上，避免直对着家庭茶座，并将门改在上端，同时将洗手台设置在右侧，淋浴间改成浴缸，增加舒适度。

三是将左上次卧的门拆掉，改开在里侧，并使储藏间独立出来，便于公用。

四是将书房与邻近卧室的折墙取直，保证空间的规整。

复式大户型上层的家庭起居空间也很重要，可以与下层客厅进行空间交流，同时因为居室较多，上层的家庭起居空间更要精心设置。

北京 10 号名邸

B 户型上层

复式大户型

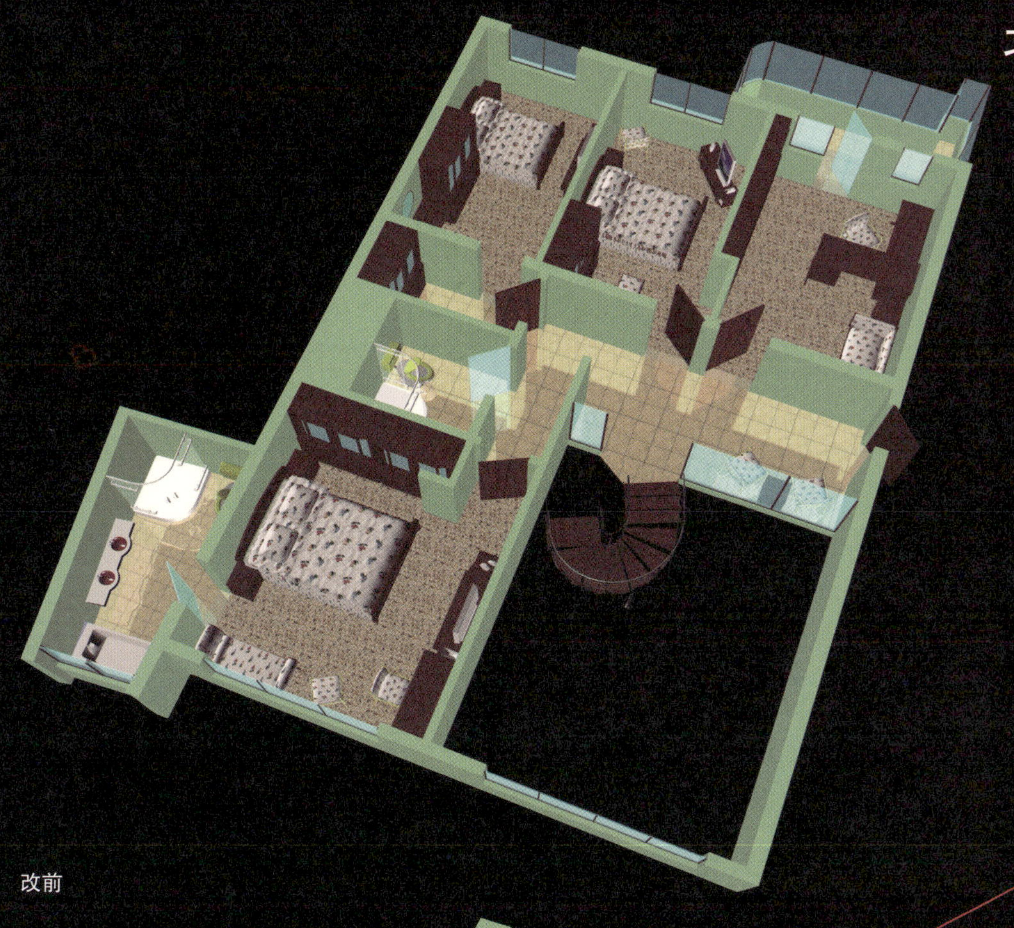

改前

改后

- 左上次卧的门拆掉，改开在里侧。
- 储藏间独立出来，便于公用。
- 书房与邻近卧室的折墙取直，保证空间的规整。
- 次卫的门封上，避免直对着家庭茶座，并将门改在上端，同时将洗手台设置在右侧，淋浴间改成浴缸，增加舒适度。
- 主卧门口外的右墙与下层一样拆除，楼道部分连在一起设置成家庭起居室。

三亚国际公馆

H 户型下层

复式大户型

环境氛围： 位于海南省三亚市三亚湾一线海景中心地段，南面海北背山，距市中心 8 公里，距凤凰机场 6 公里，距天涯海角风景区 11 公里。项目占地 6.28 万平方米，总建筑面积 13 万平方米，绿化率 30%，容积率 2.07，由建筑外形似两艘豪华邮轮的海鸥形酒店建筑组成。

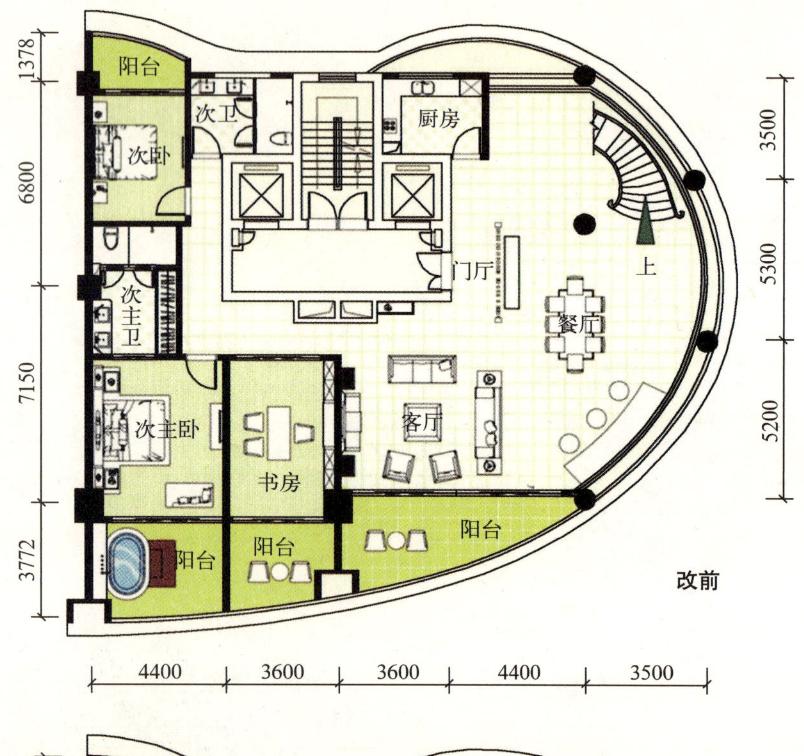

改前

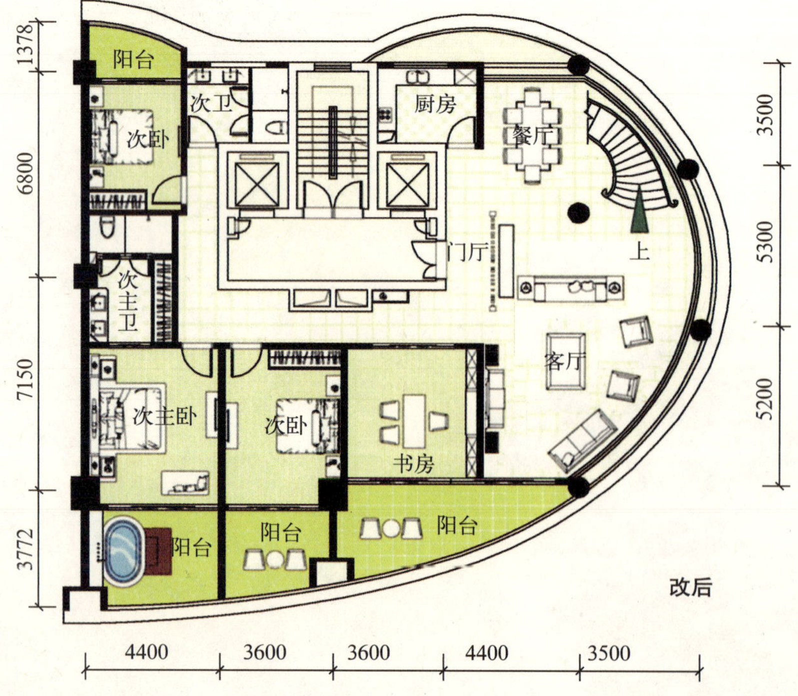

改后

户型分析： 五室三厅四卫的 H 户型，建筑面积 386.11 平方米。该户型 2 梯 1 户，框架结构，三面采光，为了充分观景，起居室设计成弧形，配上挑空大落地窗，视野十分开阔。在总高 7 米的挑高空间里，楼梯采用镂空结构，拾级而上时浩瀚海景尽收眼底。

功能布局： 下层次主卧除面积小以外，同上层主卧一样设置了阳台景观浴池，用作老人房或客房时，可以保持类似的舒适度。存在问题是：餐厅占据了超大的弧形落地玻璃幕墙面，而未能让位于客厅；书房与这样大的面积相比，也显得小了些。

改造重点： 隔出新书房；客厅移到餐厅处，餐厅调整到楼梯下。

第一，与厨房右墙取齐，在客厅处隔出新书房。

第二，将客厅移到弧形玻璃幕墙处，充分享受环形大景观。

第三，餐厅调整到楼梯下，充分利用面积，并且挨近厨房。

第四，原书房改成卧室。

改造的目的是使客厅占据主要采光面，并且增大面积，同时餐厅也利用了闲置的位置，并且邻近厨房，更重要的是，增加了一间实用的书房，变成了六居室。

三亚国际公馆

H 户型下层

复式大户型

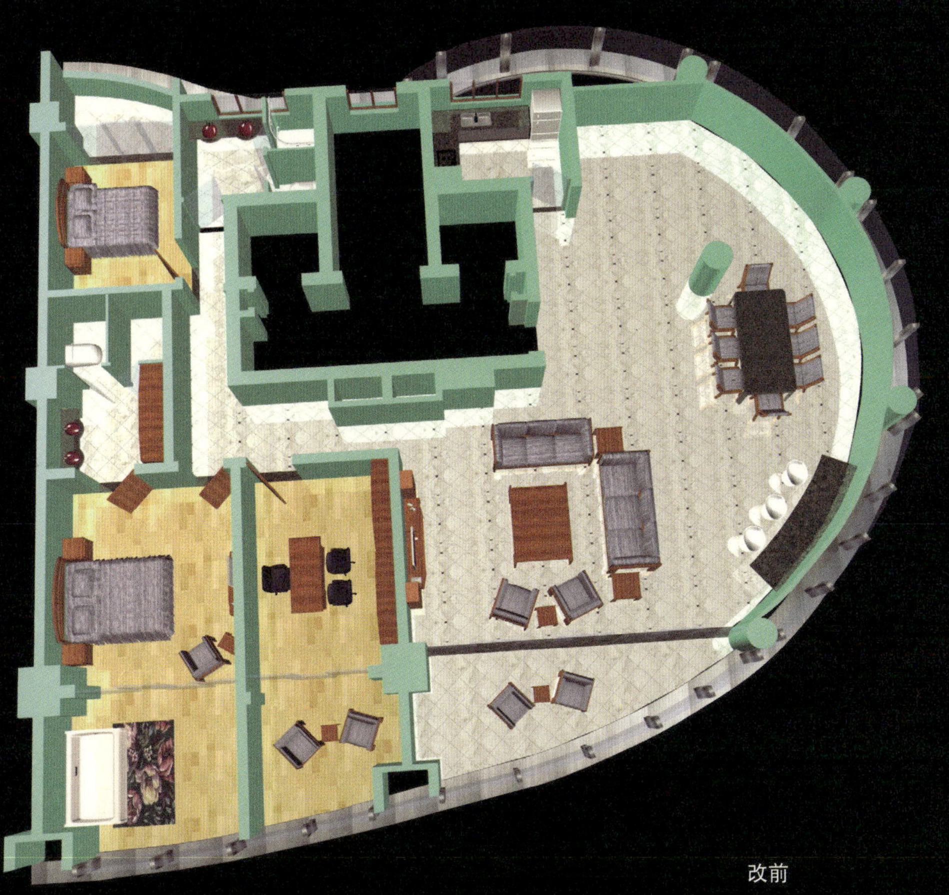

改前

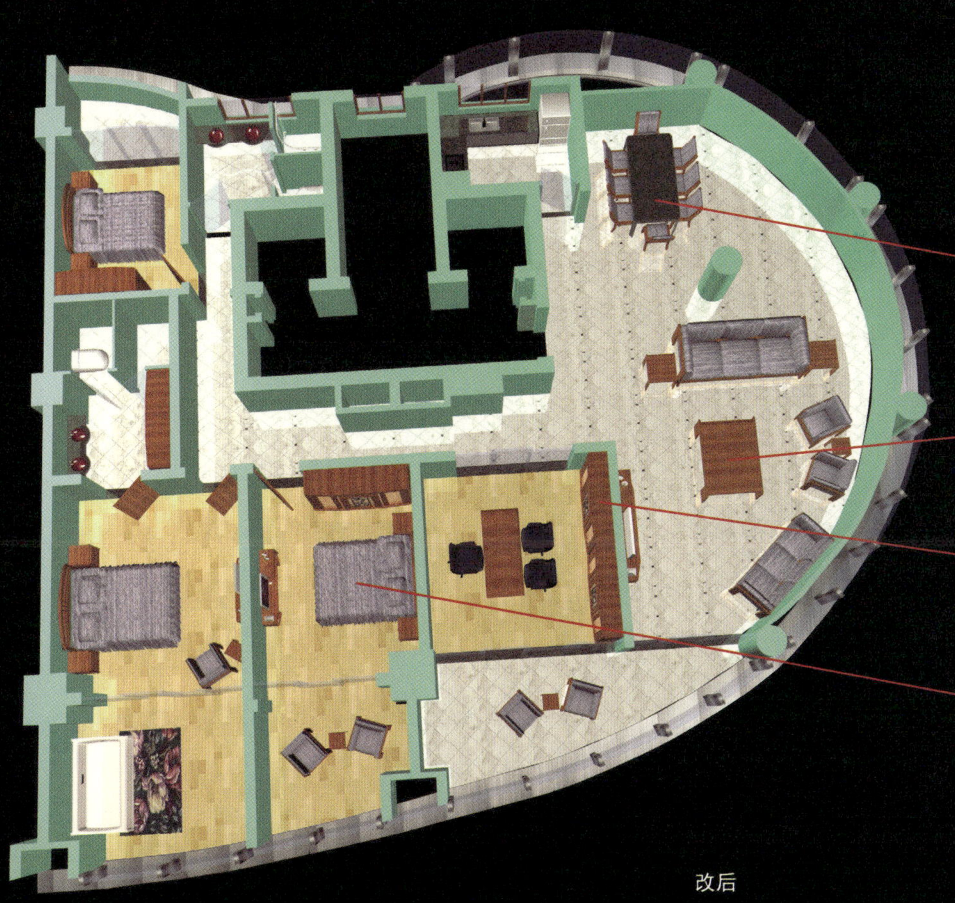

改后

- 餐厅调整到楼梯下，充分利用面积，并且挨近厨房。
- 客厅移到弧形玻璃幕墙处，充分享受环形大景观。
- 与厨房右墙取齐，在客厅处隔出新书房。
- 原书房改成卧室。

三亚国际公馆

H 户型上层

复式大户型

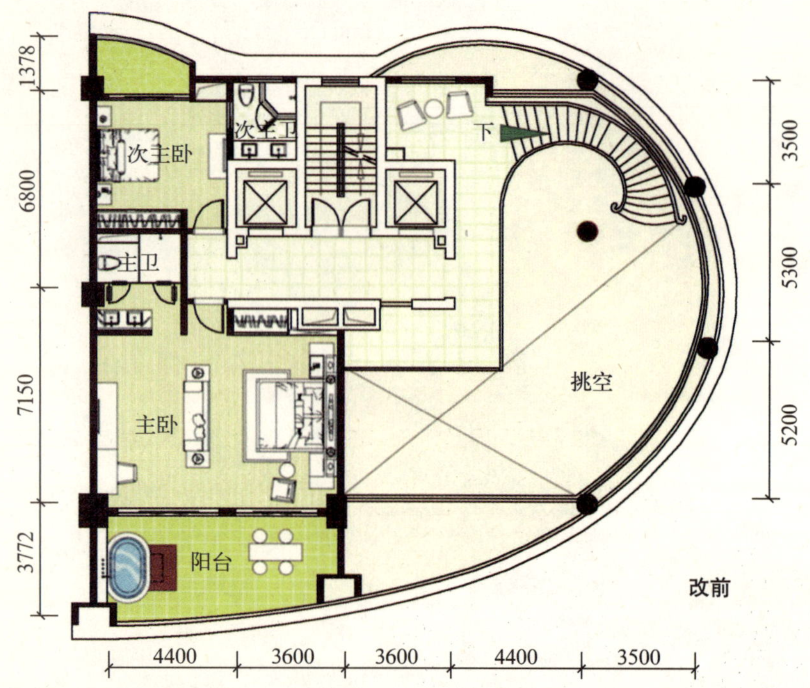

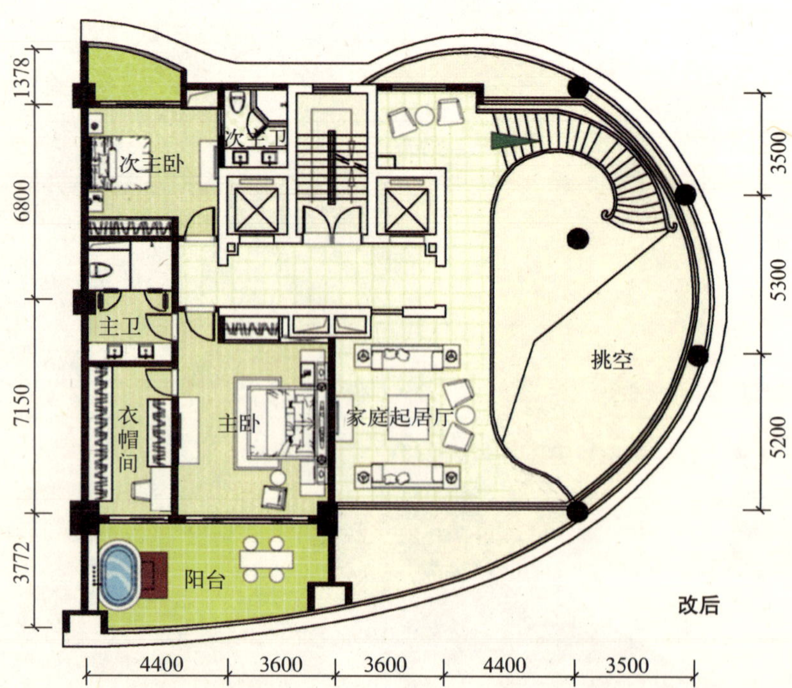

功能布局：上层主要是主卧和家人居住的次主卧，虽然楼面护栏很长，但面积零碎，不能构成家庭起居厅，无法形成与下层客厅和餐厅的有效交流，非常可惜。另外主卧开间过大，超过了客厅，不够均衡。

改造重点：主卧隔出衣帽间；调整主卫；增加楼板，设置家庭起居厅。

第一，与主卫右墙取齐，在主卧处隔出衣帽间。

第二，将主卫下墙下移，延长洗手台，改开门在侧面。

第三，楼板向下端延长至窗户，并形成弧形，与上端呼应。

第四，设置家庭起居厅。

独立衣帽间是大主卧必备的，过大的开间不仅不利于看电视，住起来也未必舒适。改造后，家庭起居厅的设置使挑空空间加强了交流，充满了生气。

三亚国际公馆

H 户型上层

复式大户型

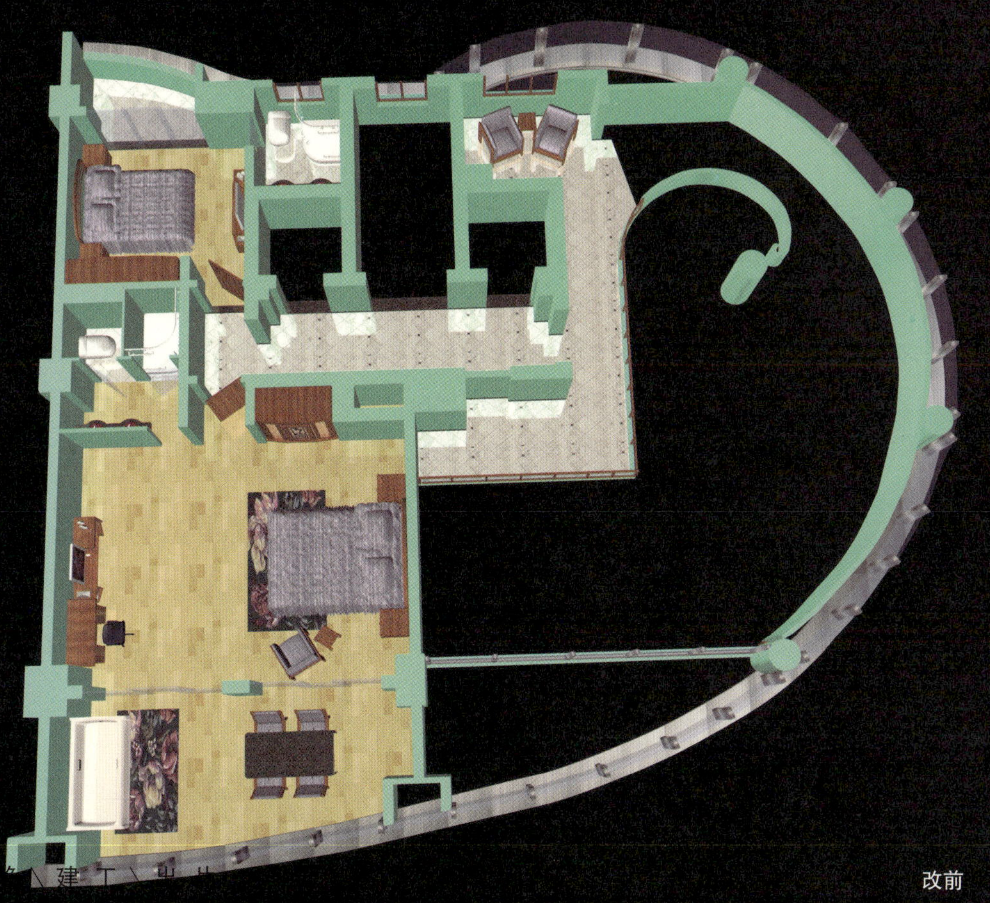

改前

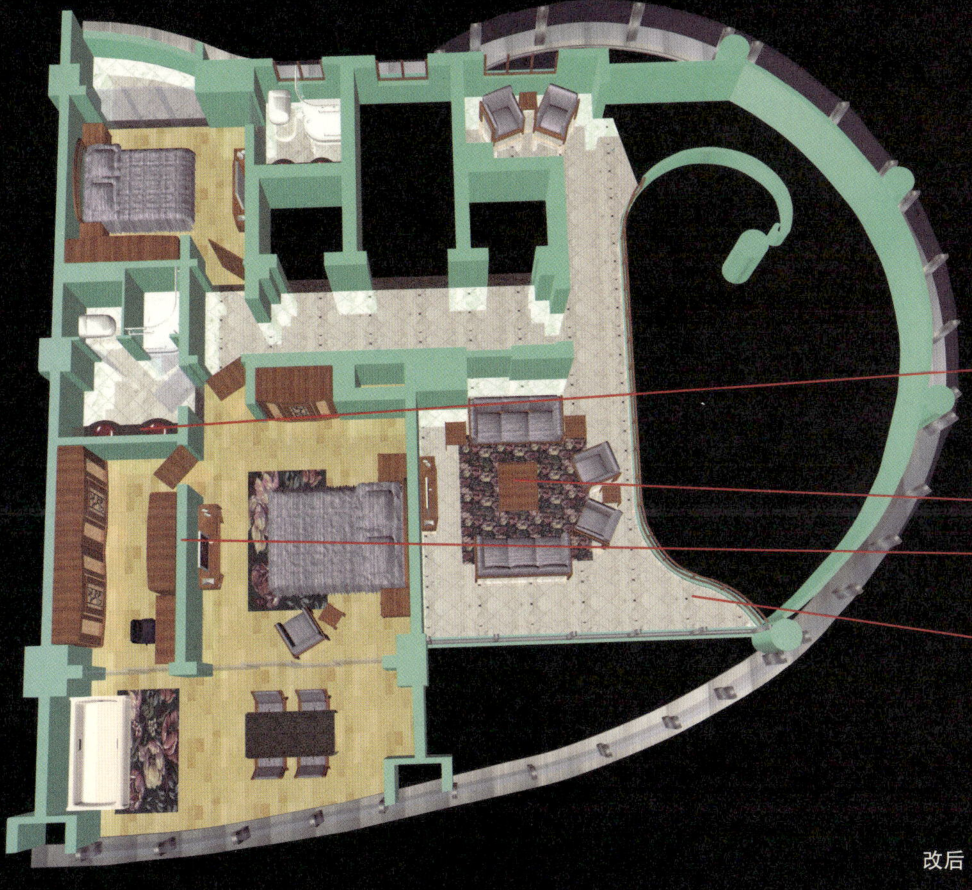

- 主卫下墙下移，延长洗手台，改开门在侧面。
- 设置家庭起居厅。
- 与主卫右墙取齐，在主卧处隔出衣帽间。
- 楼板向下端延长至窗户，并形成弧形，与上端呼应。

改后

北京天鹅湾

20 楼 01 户型下层

复式大户型

环境氛围：位于北京市朝阳区东四环外朝阳路和朝阳北路之间，黄杉木店路东。项目占地15万平方米，总建筑面积46.5万平方米，绿化率30%，容积率2.77，由34栋15～25层的短板楼和商业等配套设施组成，大约3200户。

户型分析：四室四厅五卫，建筑面积295.62平方米，使用率81%。该户型三面采光，为了充分观景，北侧居室设计成阶梯形状，配上角窗和飘窗，视野十分开阔。在总高5.8m的挑高空间里，采用“三叠式”结构，即：5米挑空的客厅；下沉0.8米的餐厨及客卧；上跃2.1米的卧室及家庭起居厅。

功能布局：楼下客卧的圆形阳光室，使居室的功能得到了拓展，下棋、品茗和观景，都会令人神清气爽。美中不足的是：门厅5米的挑空，感觉像个烟囱；餐厅和酒吧的双重配置，虽然使就餐区域变得奢侈和富有品位，但功能有些重复，并且也拉长了餐厨之间的交通动线。

改造重点：改次主卫为衣帽间，并把次卫纳入次主卧；改餐厅位置为客房，并移动餐厅；拆除工人房，扩大成次卫。

第一，将次主卫洁具拆除，变成衣帽间，同时打通通往次卫的门。

第二，将次卫门封上，调整洁具，增加浴缸。

第三，餐厅位置增加隔墙，变成客卧，而餐厅则移到酒吧的位置。

第四，拆除工人房，并将原专属卫生间扩大，安放淋浴间和洗手台。

改造的目的是使主要居室的配置更为舒适，将交通面积转化为主要的空间，提高使用率。

改前　　改后

北京天鹅湾

20 楼 01 户型下层

复式大户型

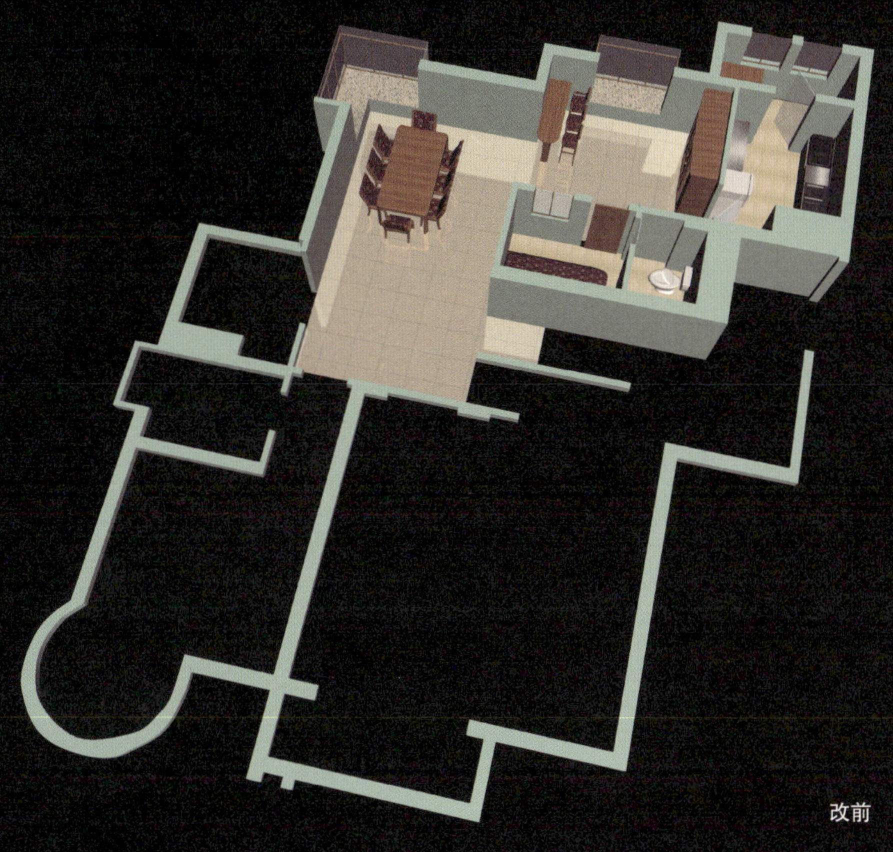

改前

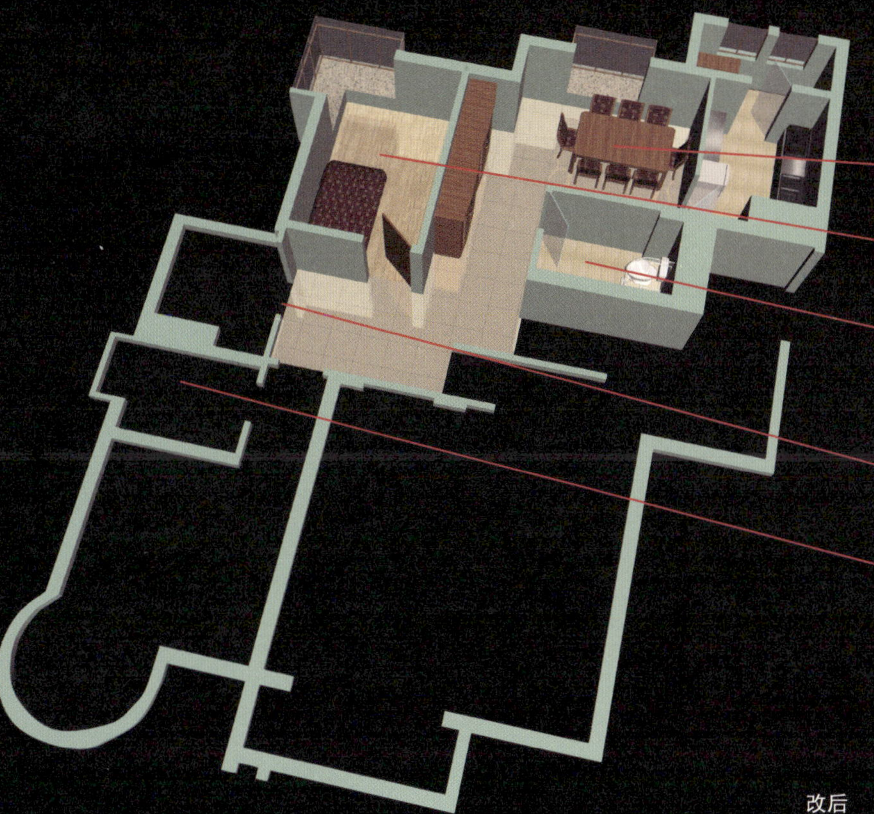

改后

- 餐厅则移到原酒吧的位置。
- 原餐厅位置增加隔墙，变成客卧。
- 拆除工人房，并将原专属卫生间扩大，安放淋浴间和洗手台。
- 次卫门封上，调整洁具，增加浴缸。
- 次主卫洁具拆除，变成衣帽间，同时打通通往次卫的门。

北京天鹅湾
20 楼 01 户型上层

复式大户型

功能布局：楼上主卧的圆形阳光室同样使居室的功能得到了拓展，下棋、品茗和观景，都会令人神清气爽。家庭起居设置在里侧，缺乏与下层的空间交流。另外，次卧也呈现了“刀把”形。

改造重点：下移主卧门，扩大门外的厅为家庭起居厅；缩小次卧，改开门；原家庭起居厅变成套间；门厅上空增加楼板，隔出储藏间。

第一，主卧的门下移至主卧隔墙处，按照下层次主卧的方式打通衣帽间和卫生间的墙。

第二，规整次卧，并移门，将门外扩大的厅设置为家庭起居厅。

第三，原家庭起居厅外侧加门，变成套间，可以用作书房。

第四，门厅上方增加楼板，从右上角的次卧开门，变成一个大储藏间。

家庭起居厅尽量处在主要居室的中间，并且借用交通空间，与下层产生呼应。

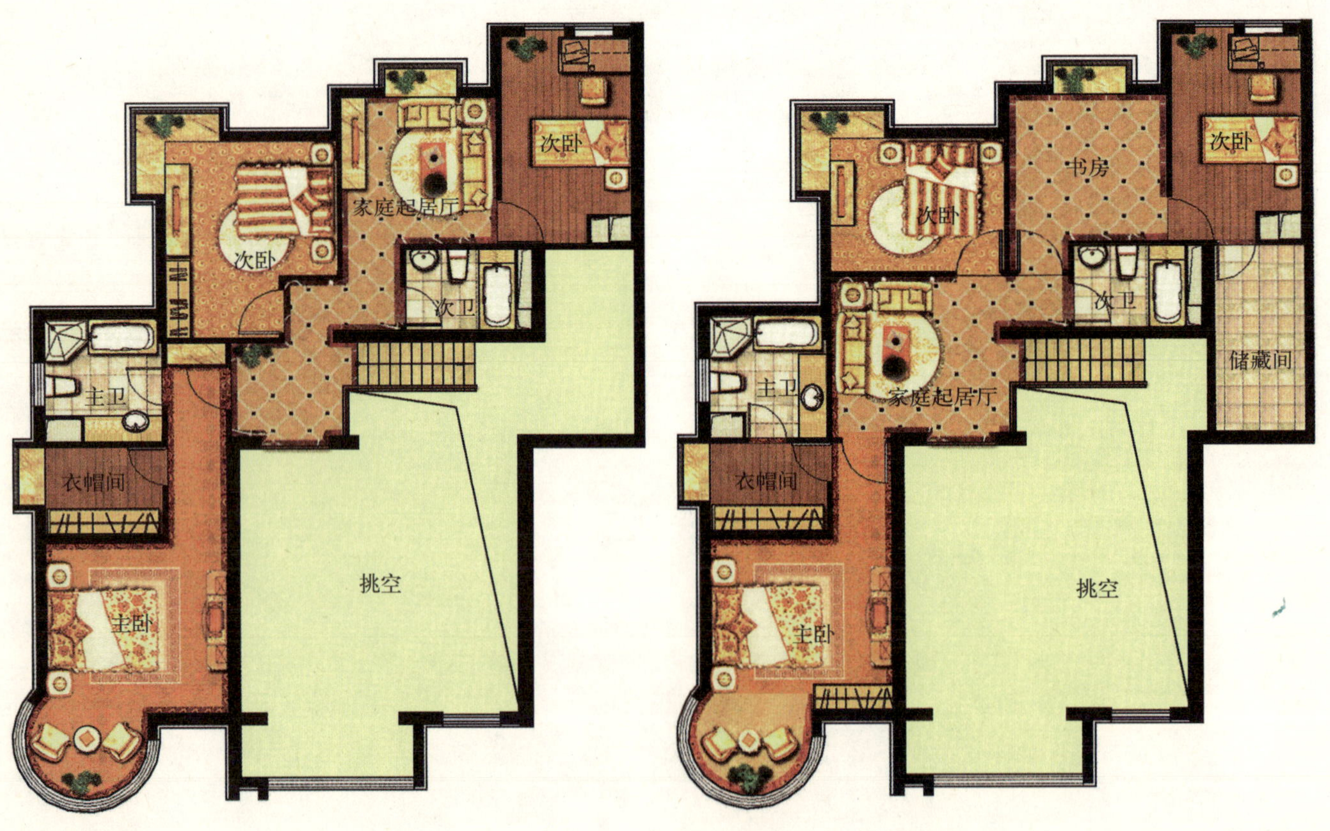

改前　　改后

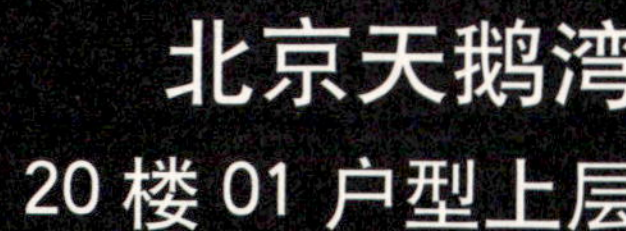

北京天鹅湾
20 楼 01 户型上层

复式大户型

改前

- 打通衣帽间和卫生间的墙。
- 主卧的门下移至主卧隔墙处。
- 规整次卧，并移门。
- 门外扩大的厅设置为家庭起居厅。
- 原家庭起居厅外侧加门，变成套间，可以用作书房。
- 门厅上方增加楼板，从右上角的次卧开门，变成一个大储藏间。

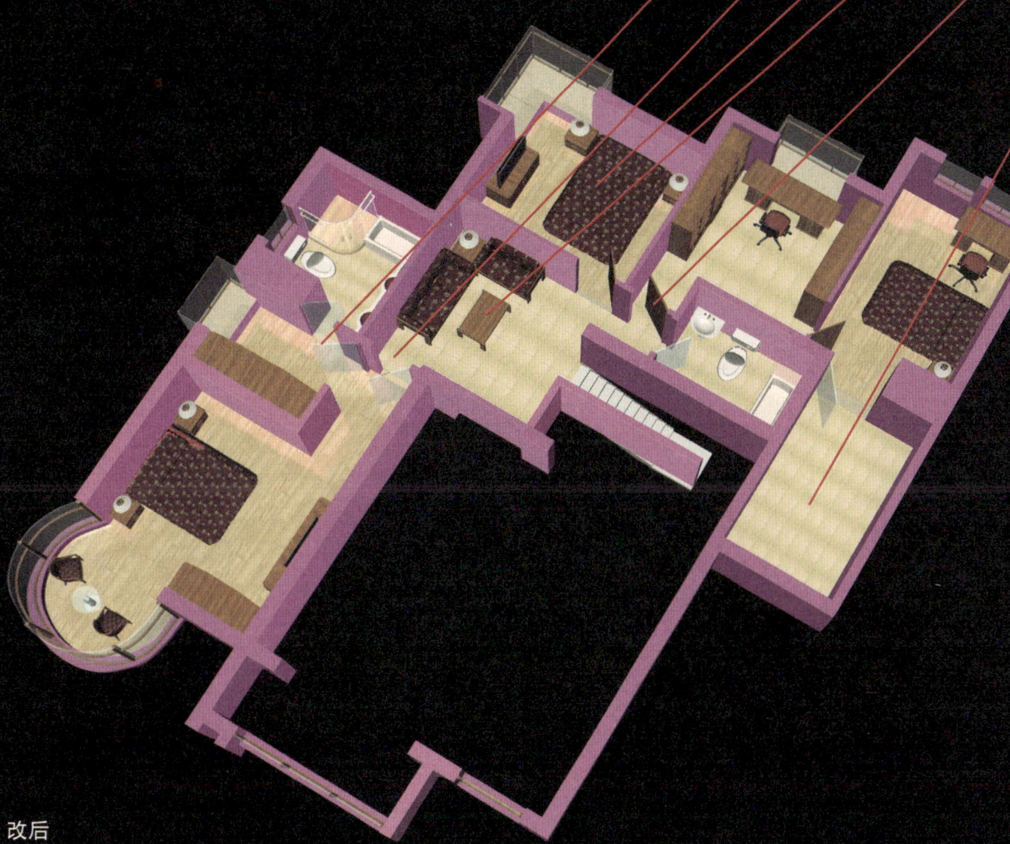

改后

大连御澜山

B 户型下层

复式大户型

改前

改后

环境氛围：位于辽宁省大连市西岗区五惠路32号，毗邻大连最大的城市公园——劳动公园，东对青泥洼中央商业区，南眺绿山景区，西接市政府所在地人民广场，北望大连湾。项目占地0.98万平方米，总建筑面积10.8万平方米，绿化率35%，容积率11，共270户。

户型分析：该塔楼为47层圆形独栋公寓，B户型三室三厅三卫一工人房，重叠式跃层结构，建筑面积365平方米，单面采光，通风不好。由于里侧均设计为服务空间，处理较简单，造成了空间的浪费，虽已达到365平方米，但整体利用率偏低。

功能布局：下层中间承重墙右侧设计为服务空间，设有横向餐厅，却使厨房开间过大。同时客厅由于楼梯的存在，分割了空间，使交通动线变长。

改造重点：右移楼梯；调整餐厅；缩小厨房；增加客卧；偏转工人房；扩大客卫。

一是将楼梯移至结构墙右侧，充分利用宽裕的交通转换空间。

二是餐厅调整到客厅上侧，与门厅借用空间，保证起居室的宽大、完整。

三是厨房设置隔墙，增加客卧。

四是偏转工人房。

五是客卫右移右墙，下移下墙，扩大面积，调整洁具，增加淋浴。

调整后，起居室气派了许多，厨房旁增加了实用的客卧，便于老人和客人居住，这些都得益于将细碎的交通转换面积化零为整，缩小过大的服务空间。

大连御澜山

B 户型下层

复式大户型

改前

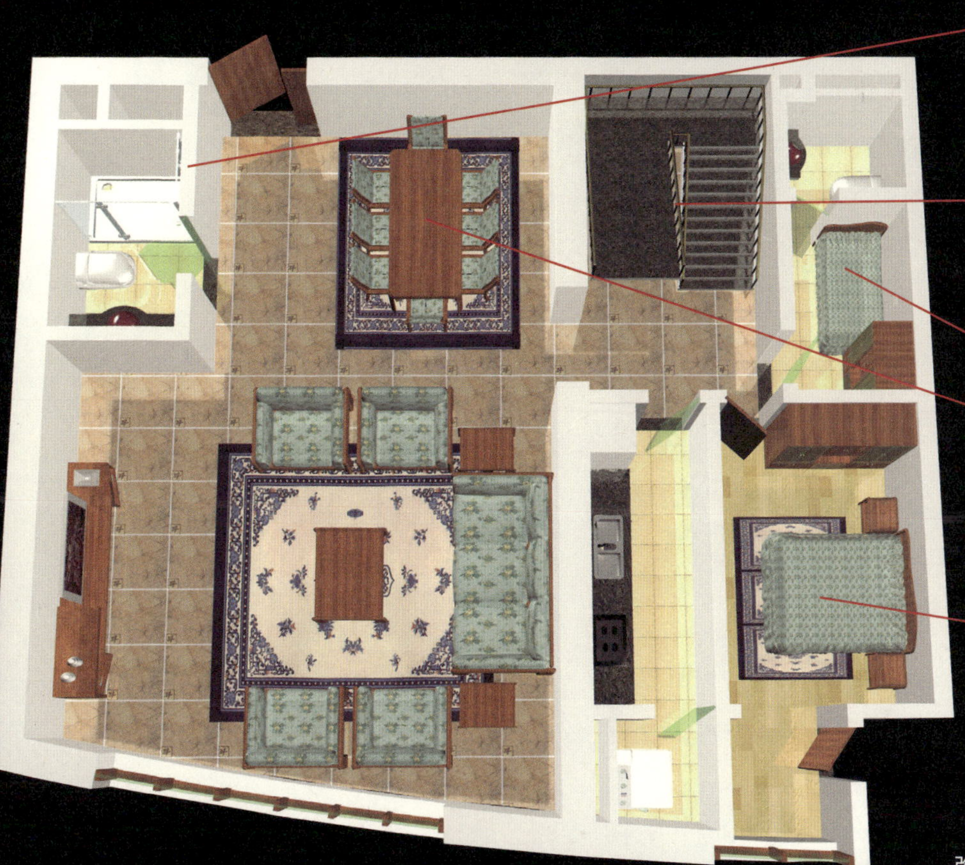

改后

- 客卫右移右墙，下移下墙，扩大面积，调整洁具，增加淋浴。
- 楼梯移至结构墙右侧，充分利用宽裕的交通转换空间。
- 偏转工人房。
- 餐厅调整到客厅上侧，与门厅借用空间，保证起居室的宽大、完整。
- 厨房设置隔墙，增加客卧。

大连御澜山

B 户型上层

复式大户型

功能布局：上层主人空间上端处理为衣帽间，显然是填补空间所为，加上次卫与左次卧对角开门，使交通动线交叉混乱，转换空间细碎。

改造重点：右移楼梯，重新布局主卫和衣帽间；偏转次卫；取直左次卧上墙；扩大家庭起居室。

一是主卫重新布置洁具。

二是衣帽间改成步入式，节约转换空间。

三是偏转次卫。

四是取直左次卧上墙。

五是扩大家庭起居室。

调整后，上层的家庭起居室变得宽敞而实用，左次卧也扩大了进深，这些都得益于楼梯的右移。

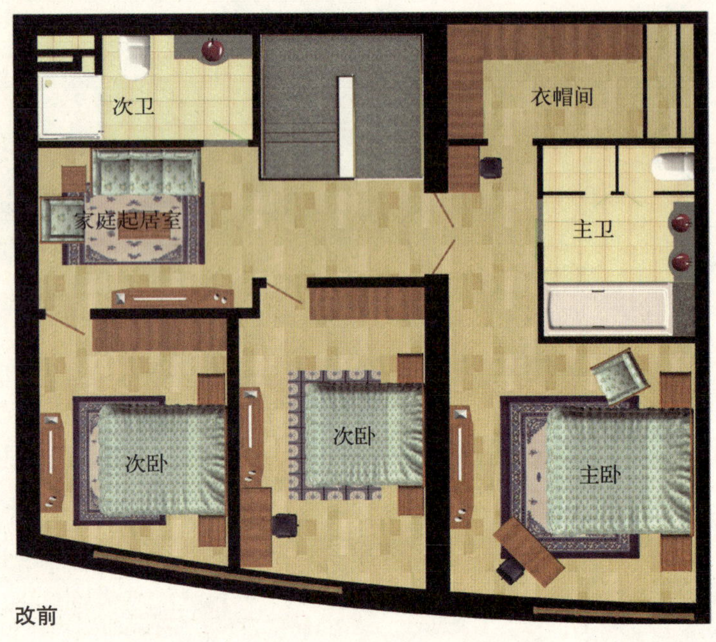

改前

改后

大连御澜山
B 户型上层

复式大户型

改前

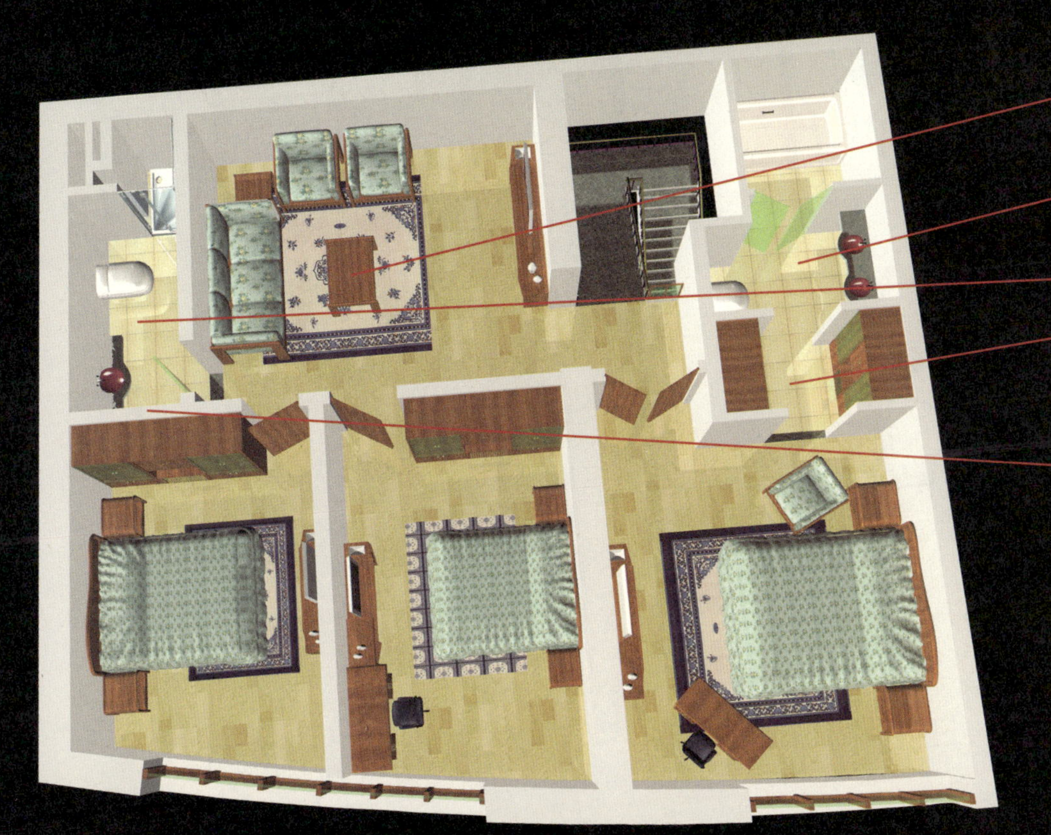

- 扩大家庭起居室。
- 主卫重新布置洁具。
- 偏转次卫。
- 衣帽间改成步入式，节约转换空间。
- 取直左次卧上墙。

改后

北京远洋天地

A 户型下层

复式大户型

环境氛围： 位于北京市朝阳区东四环和朝阳路交界的慈云寺桥东南，紧邻 CBD，总建筑面积 80 万平方米。

户型分析： 三室二厅三卫的 A 户型，建筑面积 209.04 平方米。该户型是位于一二层的复式重叠结构，层高 2.8 米。最大特点是面宽达 10 米，进深仅 11 米，通风、采光极为充分，几乎无灰色空间。从居室到楼梯，都有大面积的玻璃门窗，在视觉空间上将前后花园紧密联系，很有别墅的感觉。

功能布局： 起居室采用双客厅设置，挑空部分配上豪华吊灯，弥补了高度不足的缺憾。结合 8 米宽的落地玻璃门，与门外花园相呼应，形成了很有品位的会客空间。缺憾是：起居室横向太宽，放置家具不舒服。

改造重点： 隔出客卧；餐厅调整到客厅东南。

首先，将餐厅和客厅之间增加隔墙，与北侧墙取齐，分出客卧。

其次，将餐厅设置在客厅东南，充分利用拐角的面积。

再次，沙发朝向左侧，形成会客区。

隔出客卧不仅增加了实用的老人房，还缩小了过于宽阔的厅。

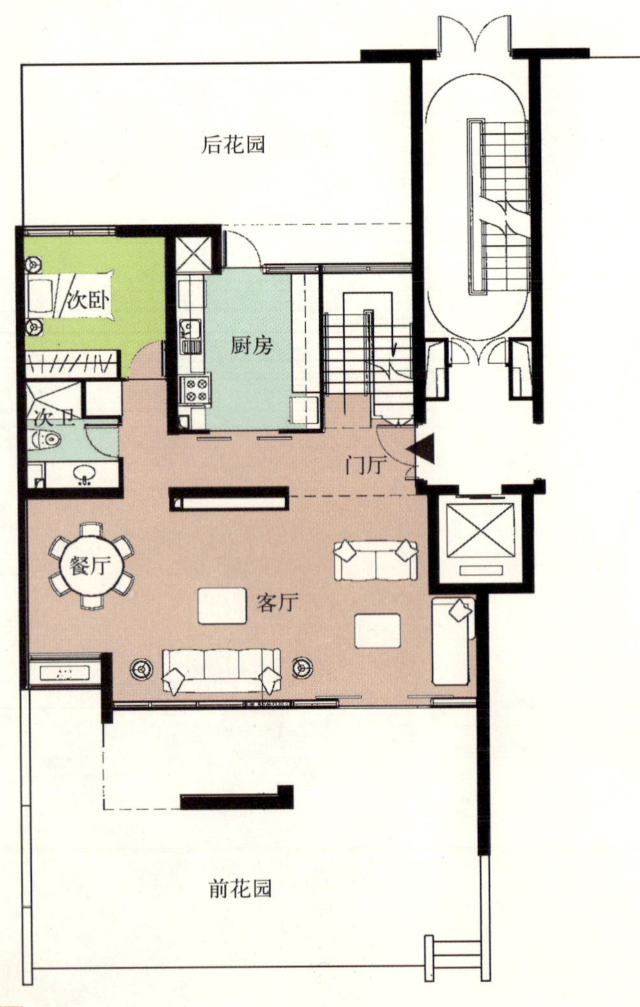

改前

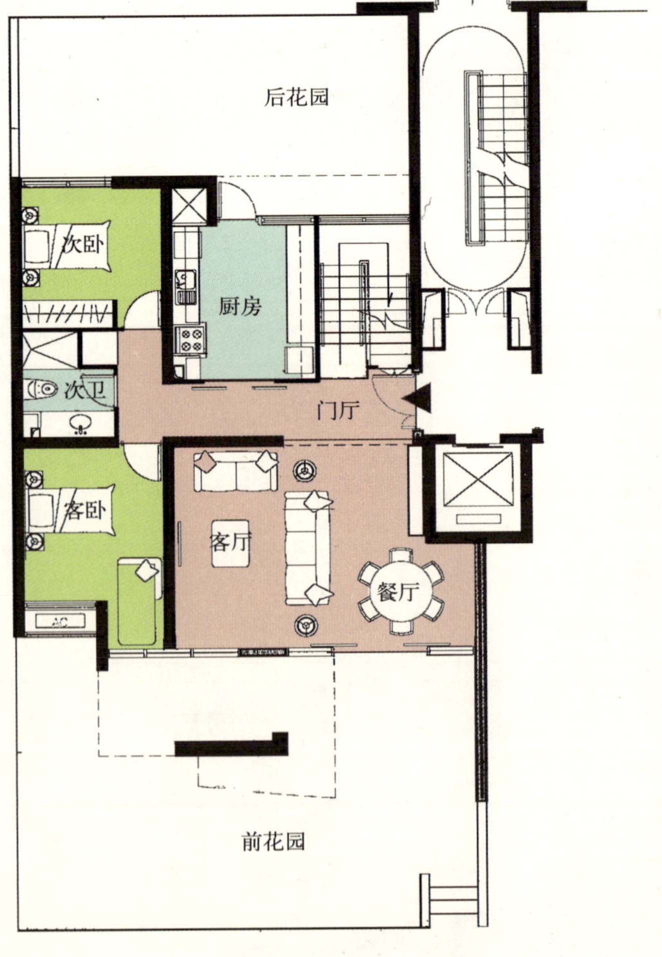

改后

北京远洋天地
A 户型下层

复式大户型

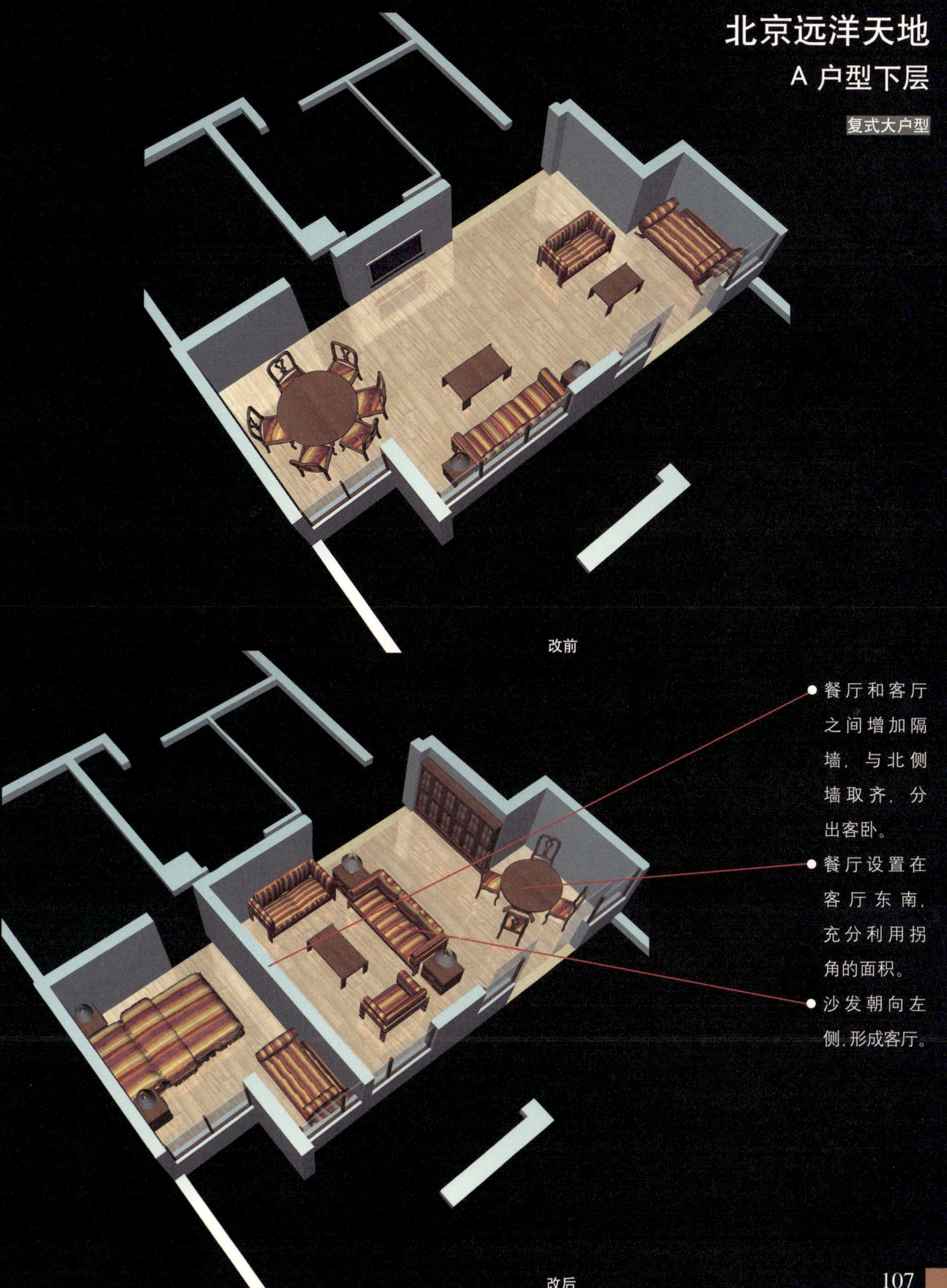

改前

改后

北京远洋天地

A 户型上层

复式大户型

功能布局： 主卧拥有 3 个采光面，非常宽敞明亮，特别是略微倾斜的角窗，形成了优雅的休闲空间。开放式拐角阳台，使视角大为开阔，与楼下的私家花园产生了密切的交流。美中不足的是，主卧空间错落，进门感觉凌乱。

改造重点： 分隔主卧衣帽间，保证电视墙的完整；增加楼板，打造家庭起居厅。

首先，将主卧中间的衣帽间和卧室分隔，在墙中部有一折角，保证各空间的方正。

其次，上层挑空部分增加楼板，设置家庭起居厅，形成上下层的交流。

家庭厅活跃空间的同时，也借用了走廊的面积。

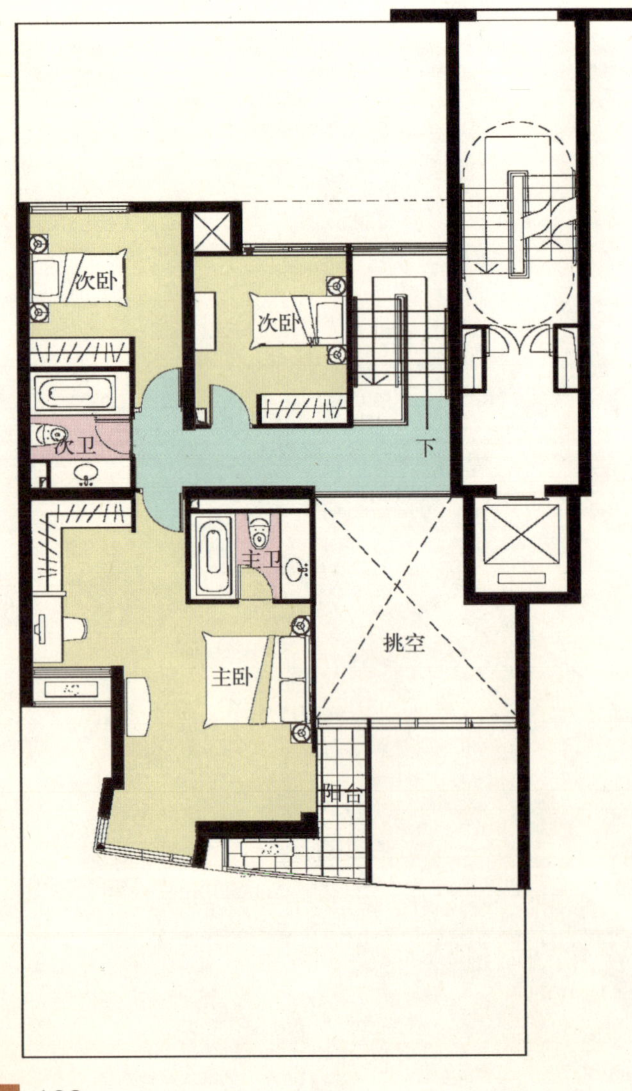

改前

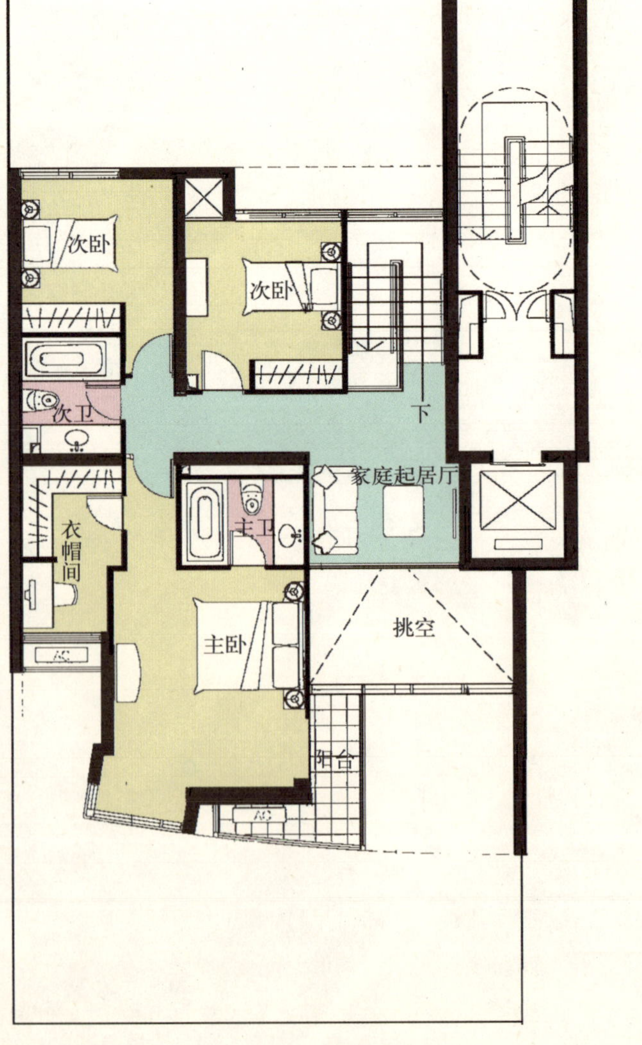

改后

改前
上层挑空部分增加楼板，设置家庭起居厅，形成上下层的交流。
主卧中间的衣帽间和卧室分隔，在墙中部有一
角，保

北京 UHN 国际村

V 户型下层

复式大户型

环境氛围：位于北京市朝阳区太阳宫地区，占地 11 万平方米，总建筑面积 30 万平方米，绿化率 31%，容积率 2.97。项目以新锐、时尚的建筑外立面而著称。

户型分析：五室二厅三卫一工人房，建筑面积 321.61 平方米，处于板楼中部。整面落地玻璃窗是户型的亮点，金属板材的运用使其具有写字楼的风范。同时 15 米的进深和 8 米的面宽，使下层空间划分比较合理，如南侧的餐厅，北侧的厨房、工人房和客卧。

功能布局：厨房和工人房占据了较大的开间，拥有一定的舒适度。虽然下层卧室解决了老人腿脚不利索的问题，但缺少阳光多少有些遗憾。

改造重点：餐厅隔出客卧；门厅设置衣柜和座椅；缩小厨房，外侧设置餐厅；改工人房卫生间为客卫；将原客卫纳入次卧专属。

一是将餐厅的位置隔成客卧，供老人居住。

二是在门厅设置衣柜和座椅。

三是将厨房推拉门上移 60 厘米，缩小面积。

四是餐厅设置在厨房外侧。

五是将工人房卫生间封闭，向下扩大面积，改开门在下端，形成客卫。

六是将原客卫纳入次卧专属，具体调整：卫生间门右移并反向开启，洗手台加大；拆除衣柜，改在洗衣间的位置；移动墙体，改侧面开门。

改造完后，增加了客卧和次主卧，充分利用了空间，提高了户型的功能。

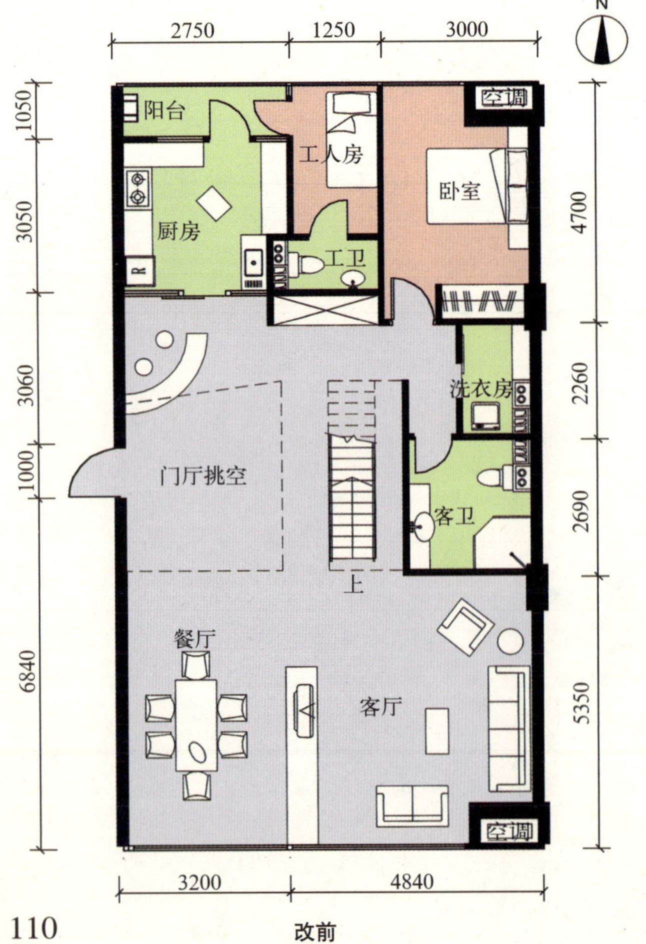

改前

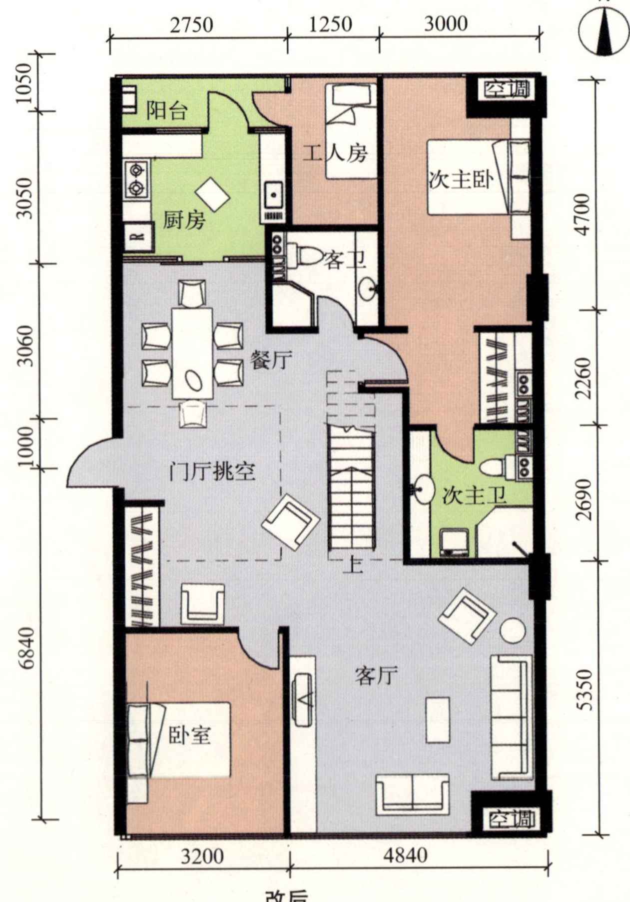

改后

改前

改后

- 工人房卫生间封闭，向下扩大面积，改开门在下端，形成客卫。
- 厨房推拉门上移 60 厘米，缩小面积。
- 餐厅设置在厨房外侧。
- 原客卫纳入次卧专属，具体调整：卫生间门右移并反向开启，洗手
拆除

北京 UHN 国际村

V 户型上层

复式大户型

功能布局：楼梯的小挑空，使得上下层的交流变得富有情趣。但受窗框机械地分割空间，使走廊、门厅等交通面积相应增加，降低了使用率，像主卧开间等同于起居室有些偏大，而两个次卧由于窗框的原因，外侧只能填入采光走廊。

改造重点：分隔书房和主卧；北侧采光走廊纳入大次卧，改成带书房的套间；改开小次卧的门，并将门口的挑空取方。

一是将书房和主卧增加隔墙和门，使其完全独立。

二是将北侧两个卧室之间的采光走廊增加隔墙和门，使其纳入右上的次卧，形成套间。

三是将挑空部分取方，加大小起居厅的面积。

四是西北次卧的门改开在下端。

充分利用走廊的采光空间做书房，提高了次卧的功能。

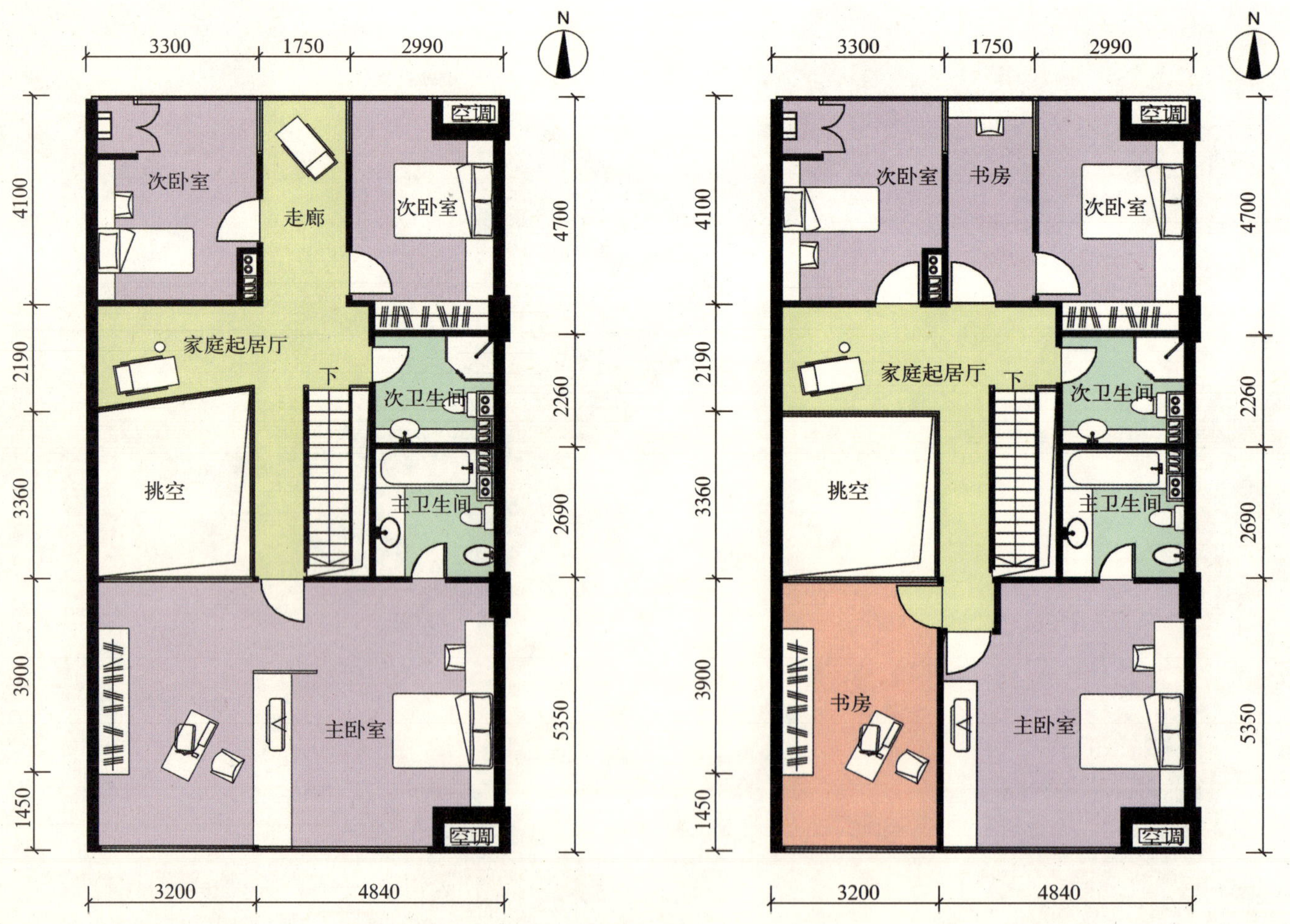

改前　　　改后

北京 UHN 国际村
V 户型上层

复式大户型

改前

- 北侧两个卧室之间的采光走廊增加隔墙和门，使其纳入右上的次卧，形成套间。
- 左上次卧的门改开在下端。
- 挑空部分取方，加大小起居厅的面积。
- 书房和主卧增加隔墙和门，使其完全独立。

改后

北京山水倾城

K 户型下层

复式大户型

环境氛围：位于北京市海淀区万柳地区，地处西山和昆玉河的“上风上水”地带，加之周边大学林立，拥有丰富的自然、人文资源。项目总建筑面积 8 万平方米，由 4 栋塔楼组成。

户型分析：四室二厅三卫的 K 户型，建筑面积 250.48 平方米。户型为重叠式布局，处于塔楼的西北。从空间分配看不太合理，客厅和餐厅部分虽然形成较大的挑空，但与上层缺乏交流，非常呆板。

功能布局：户型在动静分区上，除下层右半边为动区外，其余均为静区，空间分布比较合理，相互干扰很小。因储藏间的设置，小次卧稍小，可以合并成大卧室。

改造重点：拆除储藏间；调整次卧门。

先是将储藏间拆除，合并到小次卧，调整门的位置。

然后将次卧门改在次卫旁。

最后去掉次卫外间门。

明储藏间如果不是当作工人房的话，应该合并到卧室中，因为楼梯下还有一个储藏间。

改前

改后

北京山水倾城

K户型下层

复式大户型

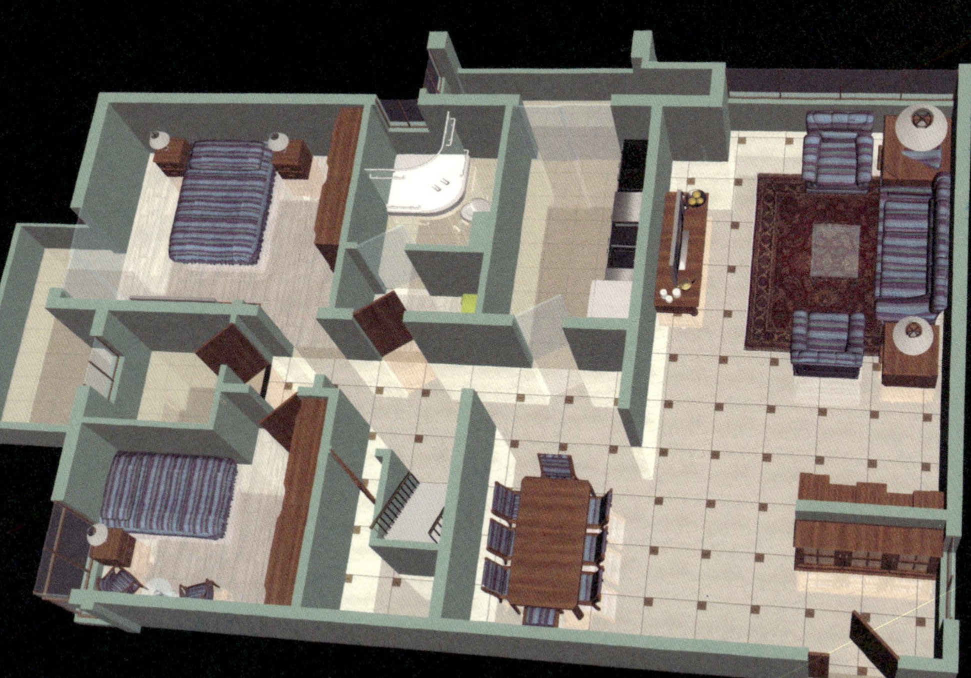

改前

- 次卧门改在次卫旁。
- 去掉次卫外间门。
- 储藏间拆除，合并到小次卧，调整门的位置。

北京山水倾城

K 户型上层

复式大户型

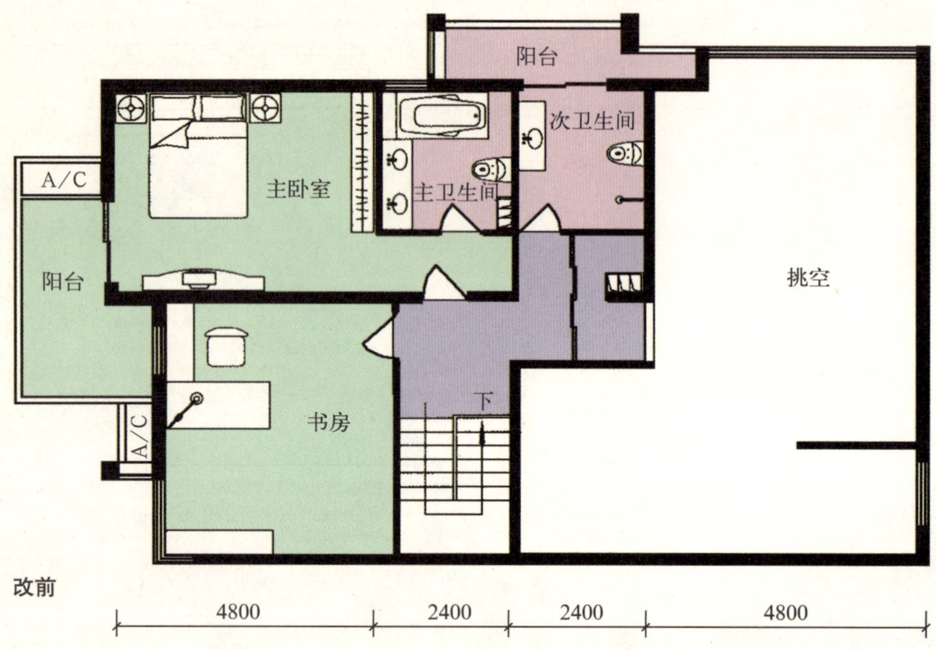

改前

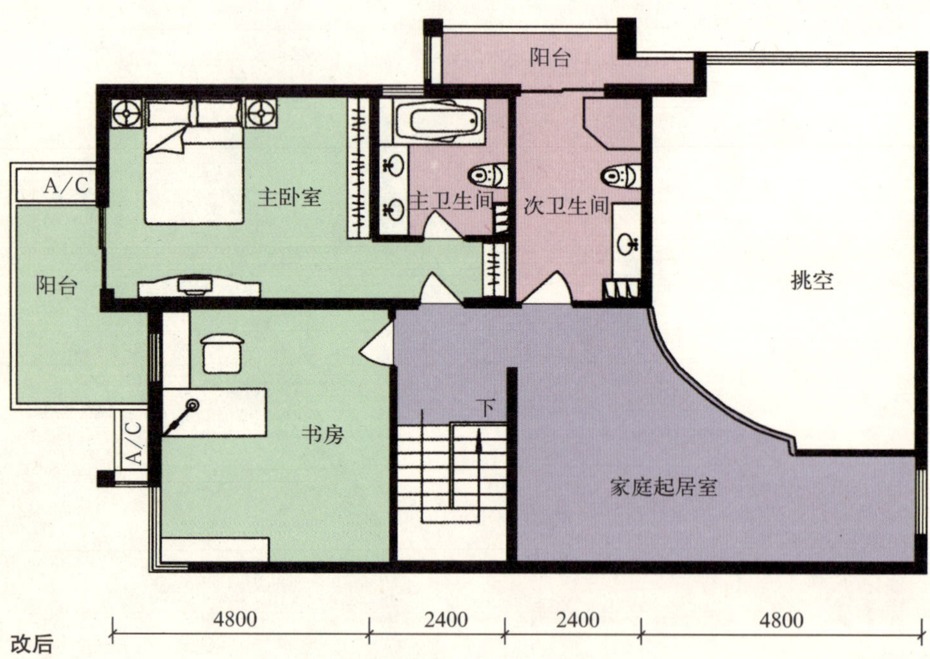

改后

功能布局：主卧朝向西南，没能充分利用拐角处设置角窗，以获取更多的阳光。北侧阳台要通过卫生间进入，交叉干扰很大。需要调整的是，将上层局部增加楼板，设置家庭起居厅，加强与下层的交流。

改造重点：拆除走廊与挑空间的隔墙；增加楼板；扩大次卫。

先是将走廊与挑空间的隔墙拆除。

然后增加弧形楼板，设置扶栏。

最后扩大次卫。

上层的家庭起居室非常重要，不仅多了个家庭生活空间，还与下层的客厅产生了交流，情趣盎然。

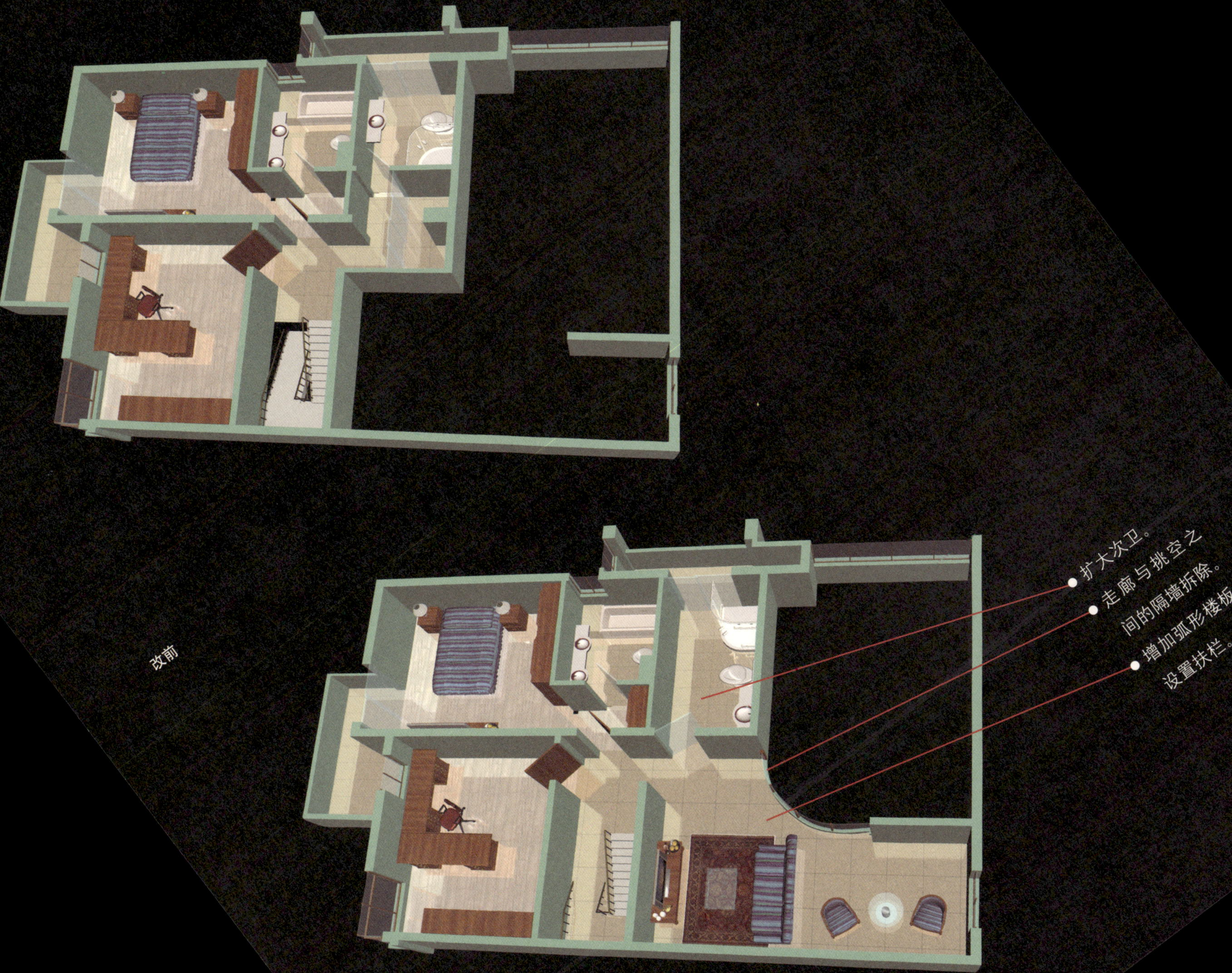
改前
扩大次卫。
走廊与挑空之间的隔墙拆除。
增加弧形楼板设置扶栏。

广州华南新城

04 户型上层

复式大户型

环境氛围： 位于广州市番禺区番禺大桥东侧，占地 210 万平方米，总建筑面积 300 万平方米，绿化率 40%，容积率 1.4。该项目拥有优越的自然生态环境，尤其缔造了 3.5 万平方米的超大型天然泳池，是一个“一江环绕，七山叠翠”的山水之城。

户型分析： 四室三厅四卫一工人房的 5–8 座 04 户型，建筑面积 246.91 平方米，使用率为 87.6%。该户型的特点是：主要空间面积宽裕，次要空间面积紧凑，形成主大次小的格局。如：客厅开间宽裕，餐厅开间紧凑；主卧宽裕，次卧紧凑；天台花园宽裕，家政阳台紧凑。这样的比例关系对于通常户型来说，显得不够均好，但充满个性，使人印象深刻。

功能布局： 上层楼梯间采用玻璃幕墙，与天台花园沟通，明亮而时尚。弧形落地大窗的上下层主卧，散发着现代气息，无论是极目远眺，还是倚榻养神，都十分惬意。上层家庭厅正对着 40 平方米的超大天台花园，坐拥在沙发间的家人，不管是看电视，还是品茗、聊天，时时刻刻都能感受到花园中弥漫的自然气息。美中不足的是：主卫的面积有些局促，一定程度上降低了舒适度。

改造重点： 打开主卫和衣帽间的隔墙；在露台隔出阳光家庭起居厅。

首先，主卫拆除与衣帽间的隔墙，扩大局促的卫生间，将衣柜设置在床的侧面。

然后，楼梯旁用玻璃幕墙隔出阳光家庭起居厅，充分利用其开放的特性，而将原家庭起居厅改成大书房。

过小的卫生间与超大的卧室会产生失衡，居住起来并不舒适，要适当调整。南方户型中超大的露台，具备了一定的改造空间，要因势利导地加以运用。

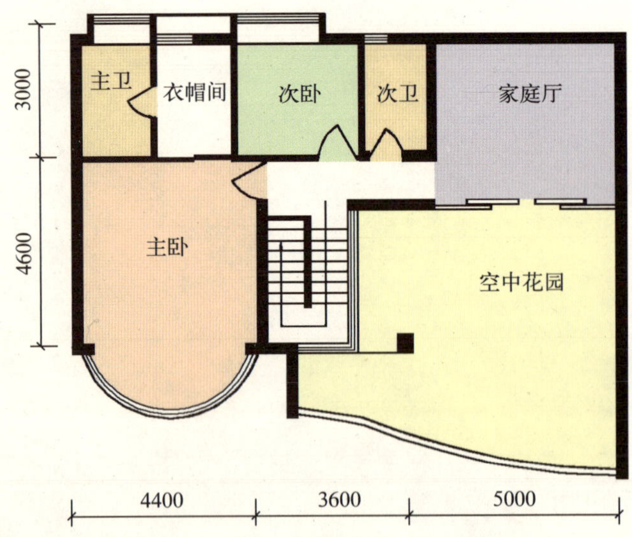

改前

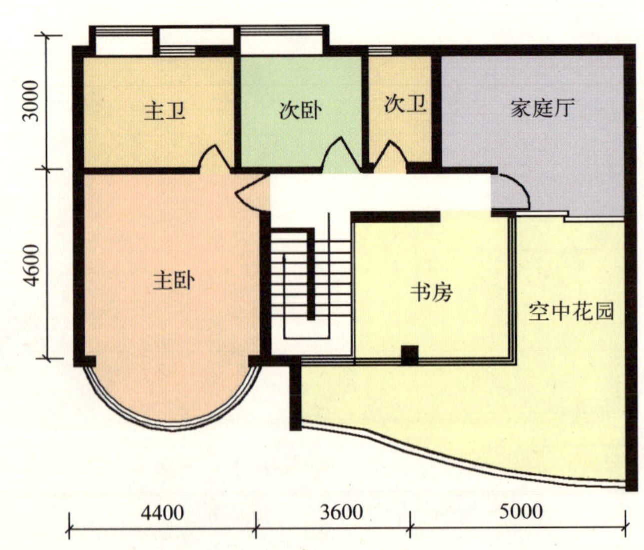

改后

广州华南新城
04 户型上层

复式大户型

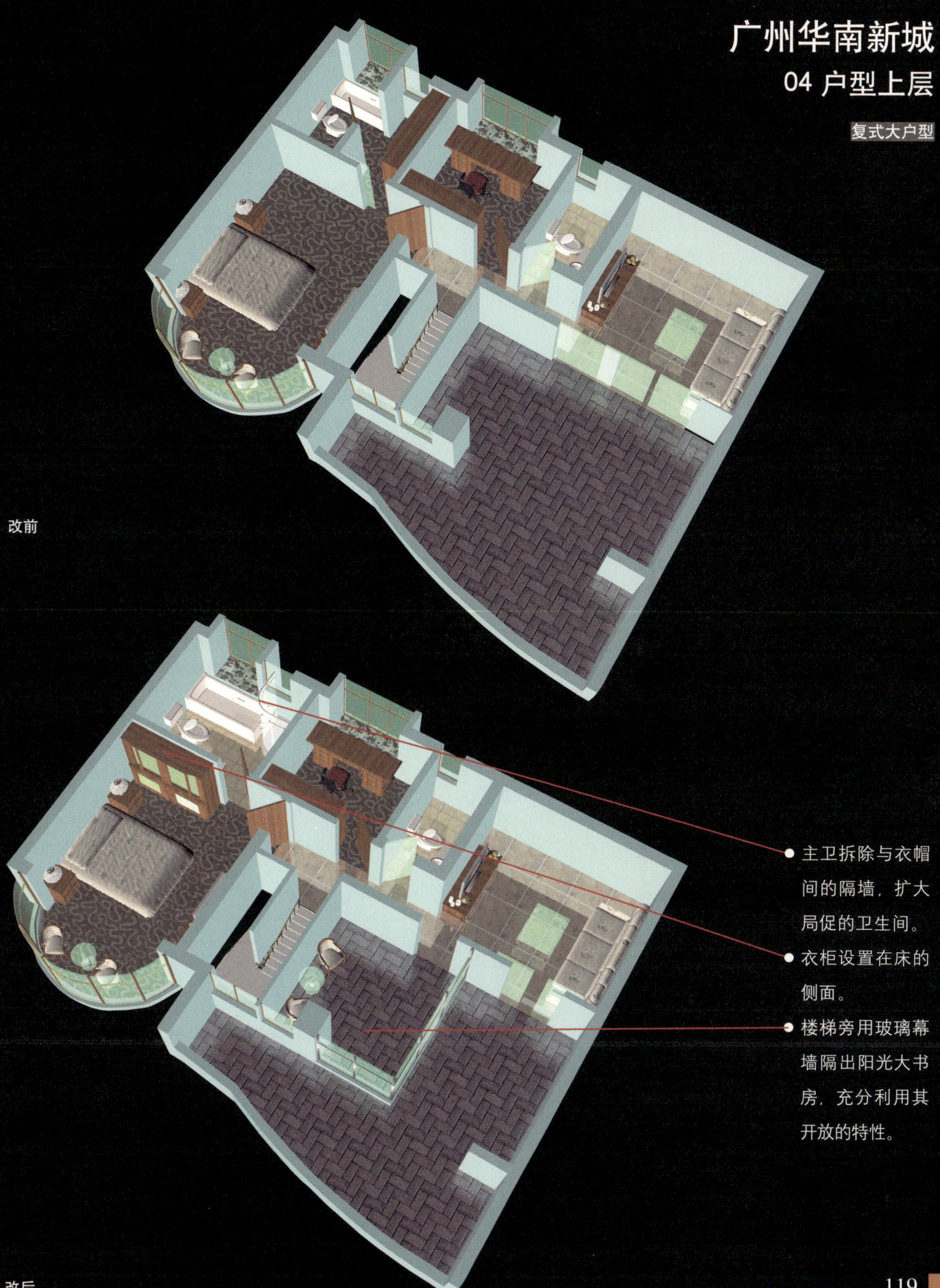

改前

改后

- 主卫拆除与衣帽间的隔墙，扩大局促的卫生间。
- 衣柜设置在床的侧面。
- 楼梯旁用玻璃幕墙隔出阳光大书房，充分利用其开放的特性。

广州华南新城

04 户型下层

复式大户型

功能布局：下层起居空间开间很大，与楼梯占用了两个采光面，有改造的余地。次主卫与上层一样，分出衣帽间后有些局促，同样需要打开。厨房可以考虑设置朝向餐厅的推拉门，以保持起居空间的通透性。

改造重点：楼梯旁隔出休闲室；打开次主卫和衣帽间的隔墙；厨房门改开在侧面。

首先，在楼梯右侧沿窗户折角设置轻型隔墙，隔出休闲室，用于茶室或棋牌室。

然后，打开次主卫和衣帽间的隔墙，合并成大卫生间。

最后，将厨房的侧门封上，改在正面开设推拉门，保持起居空间的通透性。

隔出休闲室后，不仅增加了功能空间，客厅也显得稳定，并且开间合理。同时厨房改在正面开门后，延展了起居空间。

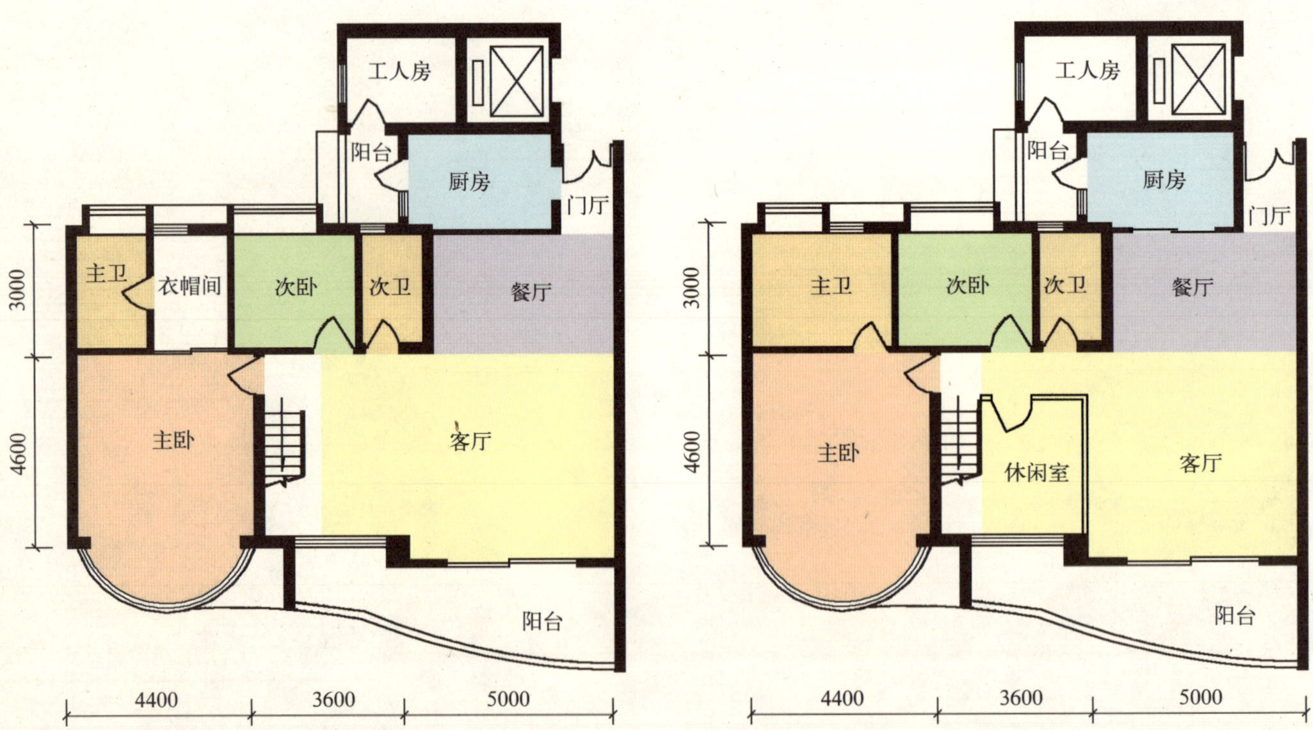

改前　　改后

广州华南新城

04 户型下层

复式大户型

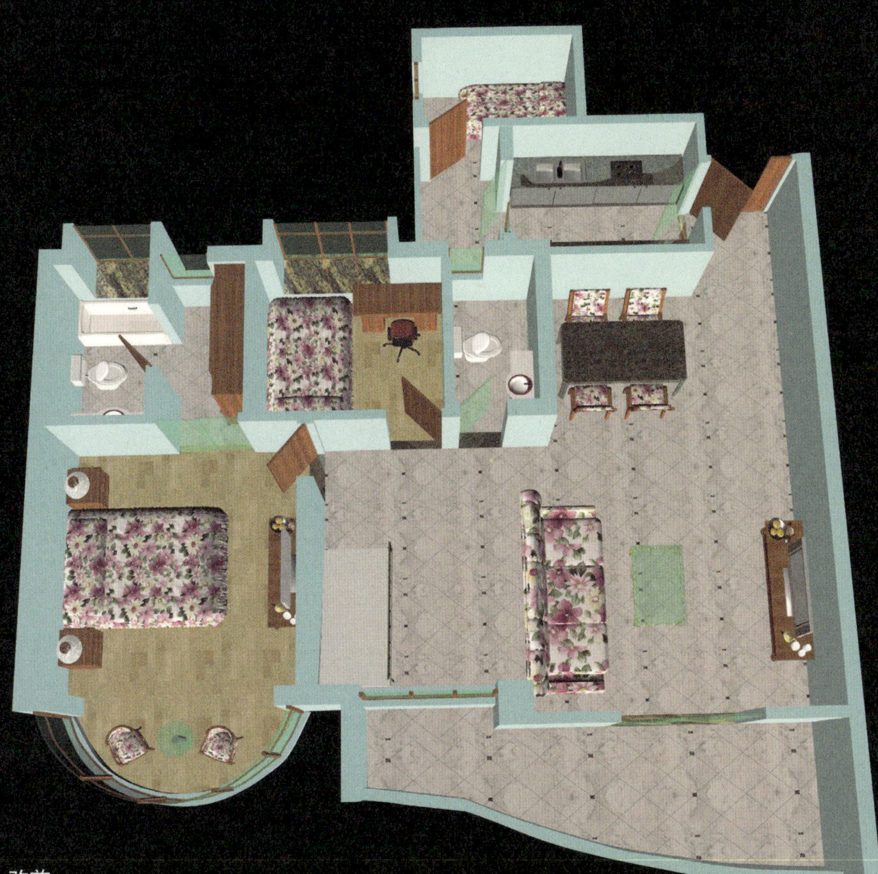

改前

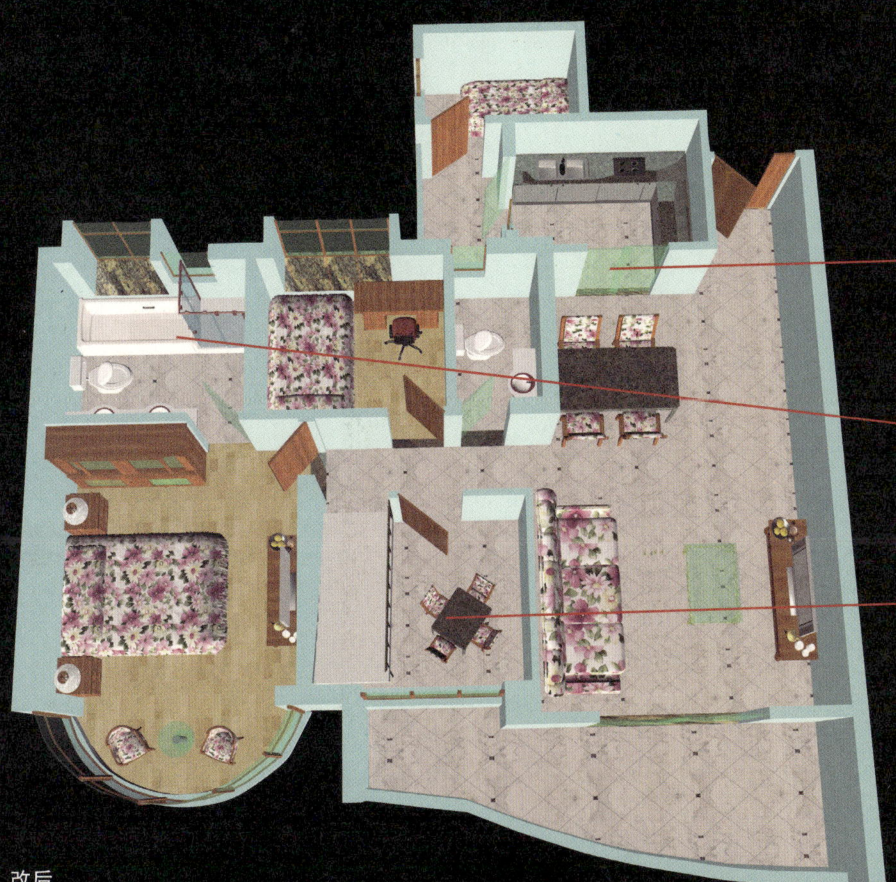

改后

- 厨房的侧门封上，改在正面开设推拉门，保持起居空间的通透性。
- 打开次主卫和衣帽间的隔墙，合并成大卫生间。
- 在楼梯右侧沿窗户折角设置轻型隔墙，隔出休闲室，用于茶室或棋牌室。

另类户型篇

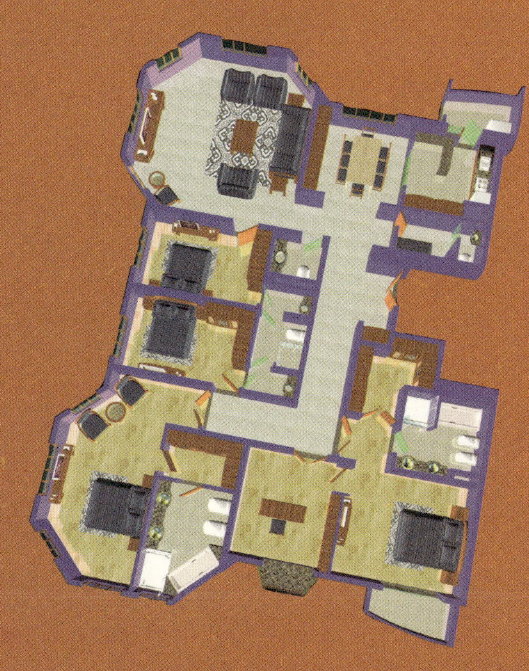

空间的另类

篇前语

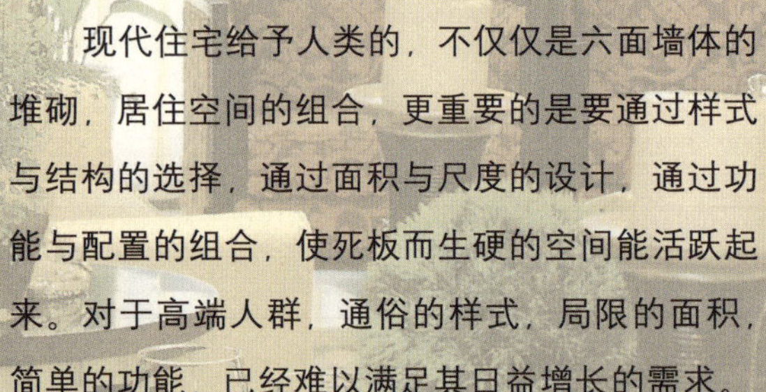

现代住宅给予人类的，不仅仅是六面墙体的堆砌，居住空间的组合，更重要的是要通过样式与结构的选择，通过面积与尺度的设计，通过功能与配置的组合，使死板而生硬的空间能活跃起来。对于高端人群，通俗的样式，局限的面积，简单的功能，已经难以满足其日益增长的需求。

样式与结构的另类

复式的结构交错而跳跃，新奇的样式梦幻而浪漫，充满着现代和时尚；别墅的构造传统而有活力，花园的植物生机盎然，展现着空阔和自然。植物和水泥的交汇，在光的作用下，使枯燥的六面墙体变得既阻隔又通融，使单调的居住空间变得既稳定又跳跃。

面积与尺度的另类

作为单独的平面，无论是墙面还是顶棚，其表情都是呆板、生硬、平淡无奇的，但经过特殊组合后，就会产生独特而生动的综合效果。大面积的窗户，可以将景观一览无余，大面积的露台，可以将星光纳入胸怀。因此，墙面和顶棚的组合，从传统的平层、跃层，扩展到现代的复式、错层，将平稳的空间千变万化，在楼梯和踏步的联系下变得错落有致。

功能与配置的另类

住宅的功能分为普通功能和特殊功能，前者主要指标准套型所配置的基本设施，而后者则是通过空间格局的营造，将社会场所的特殊功能融入家庭，达到造境和怡情的效果。像有些面积过大的套型，单纯强调增加居室，而很少讲究配置的和谐；像有些纷繁复杂的设计，单纯强调表现另类，而很少讲究功能的合理；等等，这些都是对空间另类的损伤。

另类不等于异类，豪宅不等于好宅，大的面积为营造另类住宅提供了空间，也提供了空洞的可能。

空中花园

空中花园一般设置在建筑的上部，有些是顶部，有些是中部各楼层，也有些是户型内部的半开放式空间。作为立体绿化系统的设计，一定程度上改善了处于高层的居住景观和相邻套型的空气质量，满足了人们对大自然的追求和享受。

独享的阳台花园和入户花园

有些时候，在套型内部牺牲一部分面积，埋土堆石，种植花草，形成入户花园。这类花园的面积较小，更多地出现在南方，为一户或两户享用，除了楼体周围尽量有比较好的景观外，阳台花园不但自成一体，还要与周边环境有效地结合。

一般来说有这样几种形式：

采用阳台和居室交错布局的形式。在获得特殊的室外空间时，也使得室内格局富于变化，像门厅花园，入户便享受到浓浓的春意；像双空中庭院，前后设置，使中间的居室沐浴着淡淡的春风。

采用独享阳台的形式。由于阳台的面积较大，花园可以营造多重景观，并且通过设置的防水木板台，完成户内外的过渡。

采用窗台下端设置花台的形式。层层递进，并结合开放式阳台，将家庭种植与希腊建筑风格紧密地结合起来，形成空中立体绿色景观。

需要说明的是，北方的冬季会对绿色景观产生影响。

共享的屋顶花园和楼层花园

屋顶花园的面积较大，供顶层用户独享或多层公用，可设置假山、喷泉、植物，甚至泳池、网球场和小型高尔夫练习场，通常这类设置多为大户型的楼王所拥有。

每隔几层牺牲一些建筑面积，也可以设置成楼层花园，为该层或邻层的用户享用。像在楼层公共空间的设计中，把传统的封闭电梯厅向外敞开，以满足观赏风景的需要。甚至将电梯厅平台每隔几层加大进深，设计为空中花园，使人们在繁忙的商务活动之余，有了个小憩的场所。

同样需要说明的是，这类设计会使公摊面积加大。

北京华润公元九里

F 户型下层

空中花园

环境氛围：位于北京市大兴区黄村北区，东接兴业大街，南至金星路，西靠兴盛大街，北依后高路。项目占地 12.4 万平方米，总建筑面积 31.8 万平方米，绿化率 40%，容积率 2.56，共 1000 户，为翡翠城 · 福提岛后期。

户型分析：F 户型为 2 梯 2 户的顶层复式结构，四室二厅四卫，建筑面积 284 平方米，位于 7 层板楼的边户型，三面采光。户型采用三主卧配置，获得了较高的舒适度。美中不足的是：缺少工人房，配比不够；下层北侧的阳台和上层东侧的露台都没有与室内联系的通道，使空中花园孤立无靠，有些可惜。

功能布局：下层采用三南四北格局：南部的两个次主卧尺度合理，配比到位，只是东次主卫应该调整洁具，加大洗手台；北部的客卫虽然与东次主卫相邻，可以共用管线，但不如与储藏间对调，改成明卫；同时北部的阳台也应该与室内打通。

改造重点：偏转楼梯；调整洗衣间；扩大厨房；对调储藏间和客卫；增开阳台门。

一是将楼梯偏转，改成从门厅上下。

二是将洗衣间调整到楼梯下。

三是拆掉厨房与洗衣间隔墙，扩大面积，直接采光。

四是客卫改在储藏间处，左移窗户，形成明卫。

五是储藏间改在客卫处，取直走廊，使动线集中。

六是右移次主卫门，加大洗手台，增加洁身器。

七是餐厅处增加阳台门。

调整后，楼梯朝向客厅开放，增加了上下楼梯的视觉交流，北侧走廊也变得直截了当。餐厅右侧阳台门的开设，使其成为了下层的空中花园。

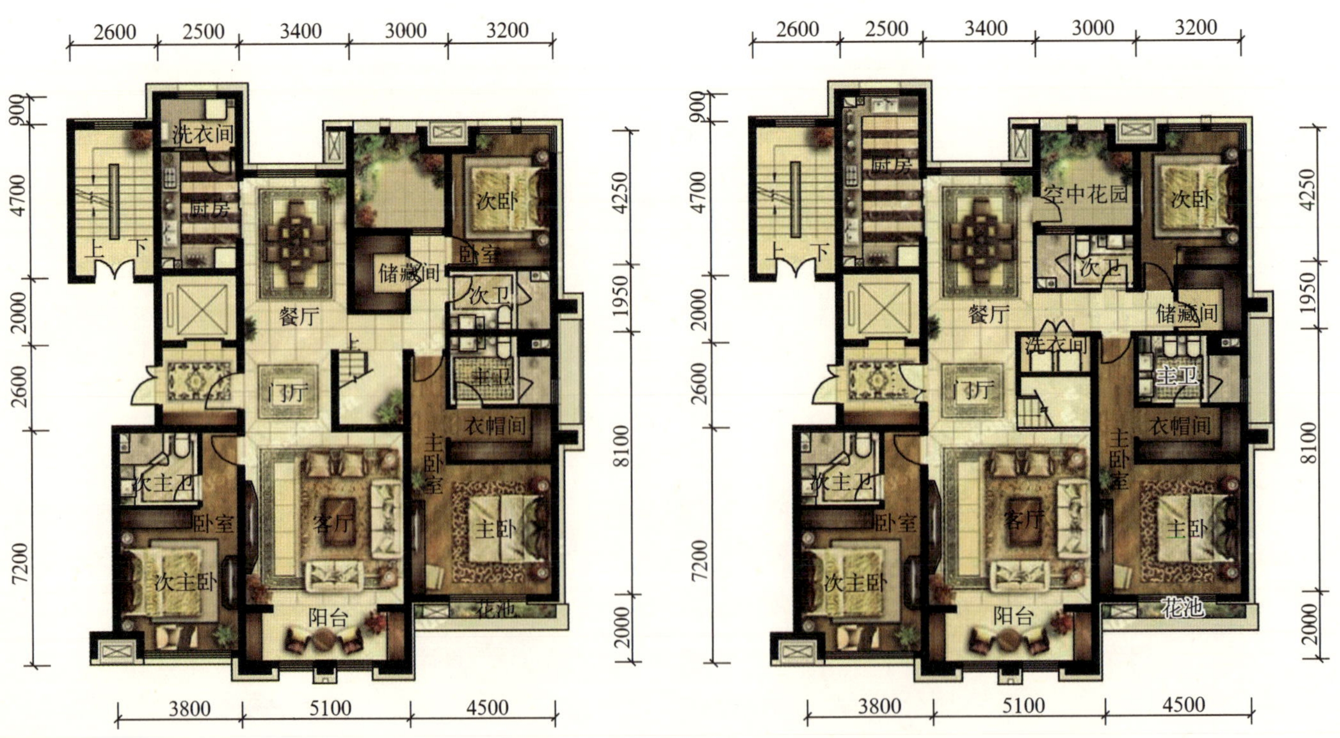

改前　　改后

北京华润公元九里
F 户型下层

空中花园

改前

改后

- 拆掉厨房与洗衣间隔墙，扩大面积，直接采光。
- 餐厅处增加阳台门。
- 客卫改在原储藏间处，左移窗户，形成明卫。
- 储藏间改在原客卫处，取直走廊，集中动线。
- 右移次主卫门，加大洗手台，增加洁身器。
- 洗衣间调整到楼梯下。
- 楼梯偏转，改成从门厅上下。

北京华润公元九里

F 户型上层

空中花园

功能布局：上层为单独主人空间，非常私密，但存在一些缺憾：主卫双淋浴设置，显得有些拥堵，并且坐便器背向设在门旁，不够合理；由于处在顶层东侧，侧面大面积的露台与室内没有交通，非常遗憾。

改造重点：偏转楼梯；增加楼板为弧形，设置茶座；左移主卧门，右侧增加衣柜；调整主卫洁具；开设露台门，增加主卧侧窗。

一是将楼梯偏转，改成从左侧上下。

二是将挑空楼板扩大成弧形，设置茶座，加强上下交流。

三是左移主卧门，右侧增加衣柜，使门口形成隐蔽的门厅，保持主卧室更加私密。

四是去掉淋浴间，调整浴缸，扩大洗手台，增加洁身器。

五是增开露台门，用活顶层露台，形成实用的空中花园。

六是主卧侧面增加窄条窗，加强与空中花园的交流。

调整后，挑空处扩展了富有趣味的休闲空间，同时楼道增加开门和主卧增设侧窗，也使得楼顶的空中花园与室内产生了联系。

改前　　改后

北京华润公元九里

F 户型上层

空中花园

改前

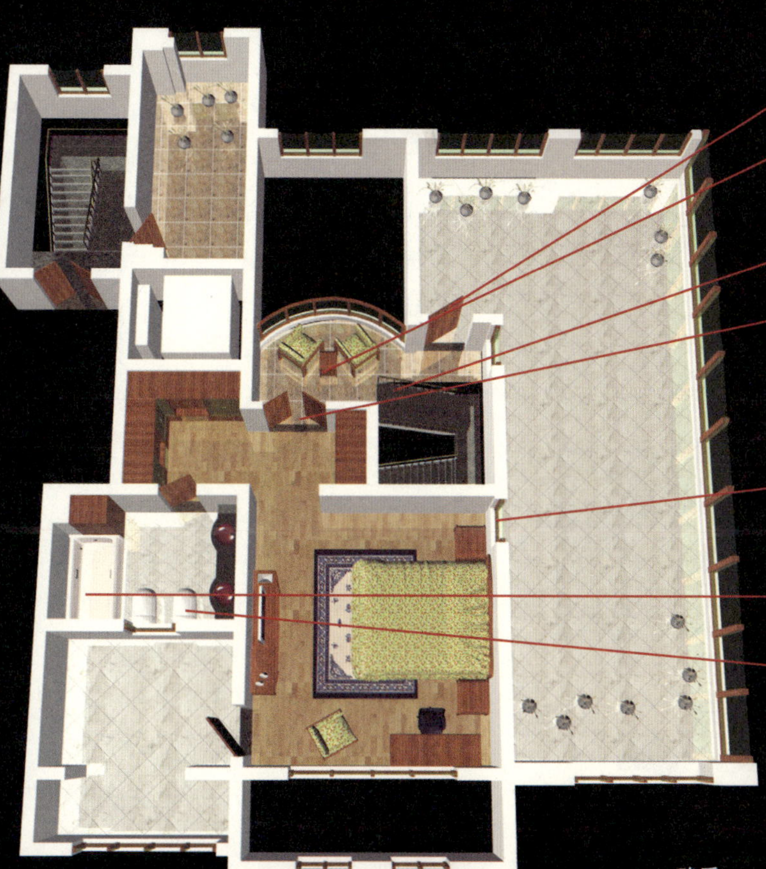

改后

- 增开通向空中花园的门。
- 挑空楼板扩大成弧形，设置茶座，加强上下交流。
- 楼梯偏转，改成从左侧上下。
- 左移主卧门，右侧增加衣柜，使门口形成隐蔽的门厅，保持卧室更加私密。
- 主卧侧面增设窄条窗，加强与空中花园的交流。
- 去掉淋浴间，调整浴缸，扩大洗手台。
- 增加洁身器。

厦门水晶森林

A 户型

空中花园

环境氛围：位于福建省厦门市东部新区五缘湾区域西侧。项目分为晶尚名苑、晶尚名居两个地块，占地 6.2 万平方米，总建筑面积 18.8 万平方米，容积率 3.0，绿化率 43%，由 22 栋 11 ～ 13 层小高层组成，共计 935 户。

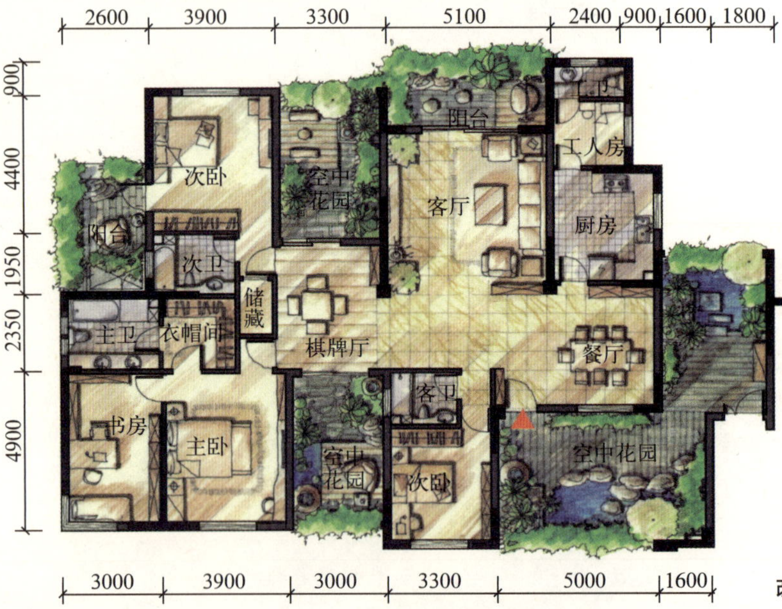

户型分析：该户型为四室三厅三卫一工人房，建筑面积 253 平方米。由于面宽达 21 米，进深仅 13.6 米，加上三面的 16 个采光窗面，整体非常通透。与众不同的是，户型拥有 5 个阳台，面积近百平方米，为营造空中花园打下了良好的基础。

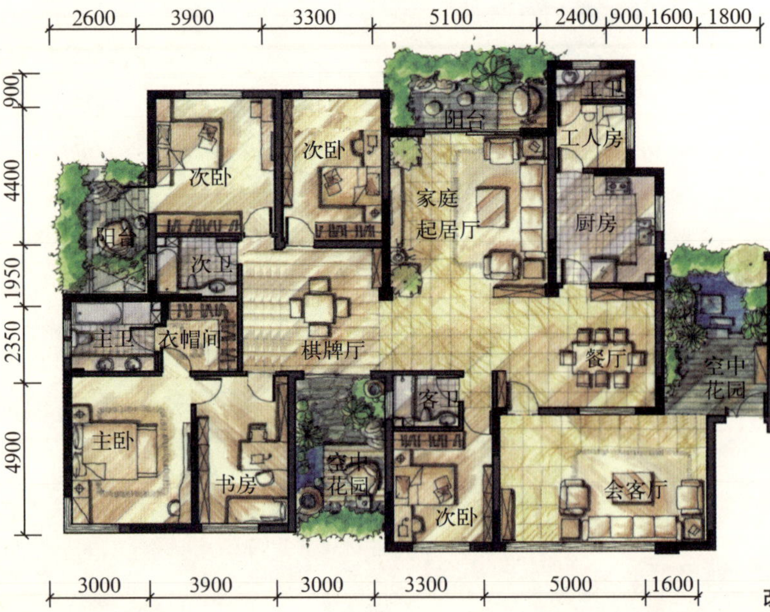

功能布局：户型采用阳台和居室交错布局的形式，在获得特殊的室外空间时，也使室内格局富于变化：像 40.2 平方米的门厅花园，入户便享受到浓浓的春意；13.3 平方米和 12.3 平方米的双空中庭院，前后呼应，使中间的棋牌厅沐浴着淡淡的春风。

户型各空间的尺度控制得非常到位，家具的摆放恰到好处。如果说有什么不足的话，那就是主人空间的书房和卧室倒置，没能形成传统意义上的套房。另外，棋牌厅前后的阳台都可以封上窗户改造成居室，为空间的可变埋下了伏笔。建议将南北卧室间的储藏间拆掉，使两卧室的门相对，保证通风更为顺畅，同时也使棋牌厅有个稳定的夹角。

改前

改造重点：对调主卧和书房；扩大中间棋牌空间；增设卧室和会客厅。

一是将主卧左墙右移，对调主卧和书房，同时调整衣帽间门，并改变开启方向。

二是将储藏间去掉，扩大棋牌空间，使南北的书房和次主卧的门相对。

三是将上侧阳台封闭，变成卧室。

四是将入门旁的阳台封闭，改成大会客厅。

该户型过多的阳台有蛇足之嫌，封闭其中两个变成居室提高了整体的档次，同时作为主人空间的套间，也应该是静区的卧室在里，动区的书房在外。

改后

厦门水晶森林

A 户型

空中花园

改前

- 上侧阳台封闭，变成卧室。
- 将储藏间去掉，扩大棋牌空间，使南北的书房和次主卧的门相对。
- 调整衣帽间门，并改变开启方向。
- 原主卧左墙右移，并对调主卧和书房。
- 入门旁的阳台封闭，改成大会客厅。

改后

北京维多利亚花园

B8 户型

空中花园

环境氛围：位于北京市朝阳区朝阳公园西里南区 15 号。项目占地 11 万平方米，总建筑面积 4.8 万平方米，绿化率 30%。建筑形态为独栋环形楼，共计 217 户，其中配有 18 套带超大豪华露台、电梯直接入户的屋顶空中花园。

户型分析：四室二厅三卫，建筑面积 303.92 平方米，花园面积 268 平方米。与通常空中花园单面布局不同的是，该户型采用了同层半居室半花园的双面布局，这样做既使得花园南北通透、敞亮，也使得户型南北直接通风，保证了户内对外观景。

功能布局：户型与标准的板楼相似，入户电梯左侧为静区，宽大的主人区占据了一半面积。有所不足的是，衣帽间占据了宝贵的阳光面，过于浪费，不如设计为书房，而将衣帽间移至洗衣间处。右侧的动区的一半为超大厨房和餐厅，另一半为客厅和家庭起居厅，以及通往空中花园的大门。

由于花园的面积较大，可以营造多重景观，并且通过设置的防水木板台，完成户内外的过渡。需要指出的是，虽然采用了双厅设计，但中间的卫生间将原本宽大的客厅分割，显得零碎，不如把客厅隔出客房或书房，将餐厅结合厨房设计到一起，左移前扩大有些局促的客厅，彰显气派。

改造重点：调整主卧用具方向，改造衣帽间；取直洗衣间；缩小厨房，增设餐厅；规矩客卫；移动家庭起居厅，增设书房。

第一，将主卧的床 90° 偏转，平行于窗户摆放。

第二，将衣帽间改成"U"形，使电视墙面稳定。

第三，将洗衣间的弧形墙面取直，保持风格的统一。

第四，将餐厅移入厨房内，并增加推拉隔断。

第五，将客卫圆形墙面拆除，改成矩形。

第六，沿客卫左墙下延，增加书房。

高端住宅的主要标志就是功能细分，像将餐厅和家庭起居厅分离，设立书房等。另外，在整体表现为矩形空间的户型里，弧线的设计有些不伦不类，应注意避免。

改前

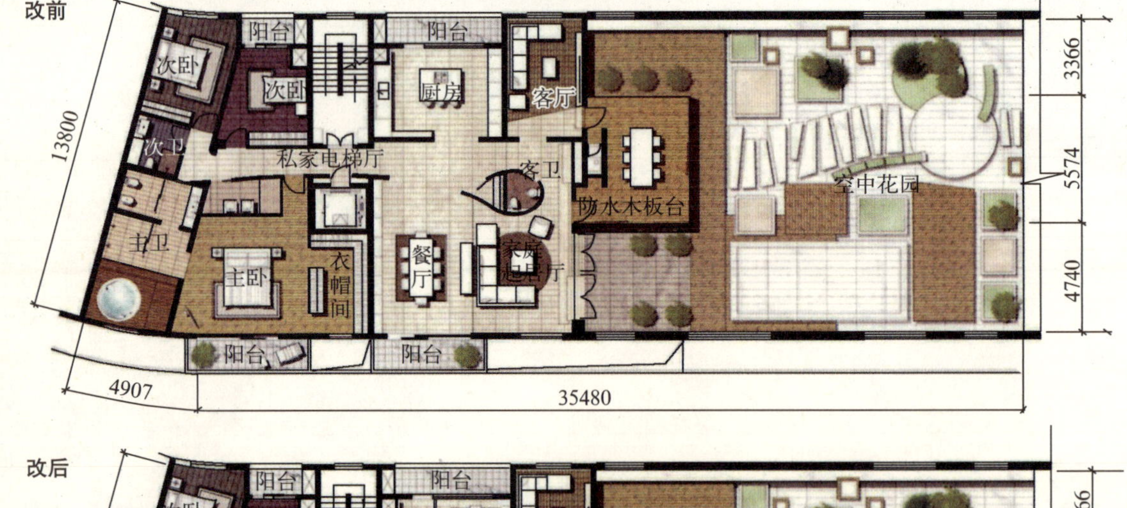

改后

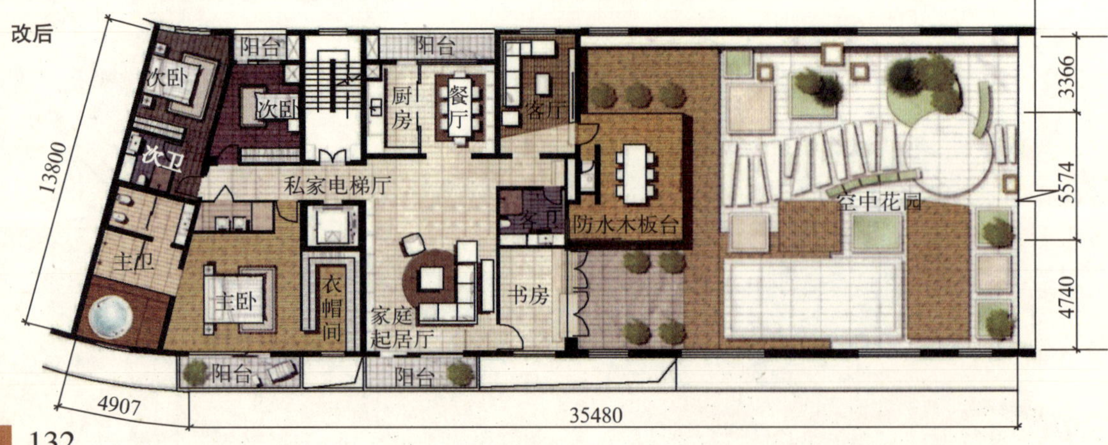

北京维多利亚花园

B8 户型

空中花园

改前

改后

- 将客卫圆形墙面拆除，改成矩形。
- 餐厅移入厨房内，并增加推拉隔断。
- 客卫左墙下延，增加书房。
- 家庭起居厅调整到阳台位置，显得更加明亮。
- 洗衣间的弧形墙面取直，保持风格的统一。
- 衣帽间改成"U"形，使电视墙面稳定。
- 主卧的床 90° 偏转，平行于窗户摆放。

北京瀛海名居

多情岛屿户型

空中花园

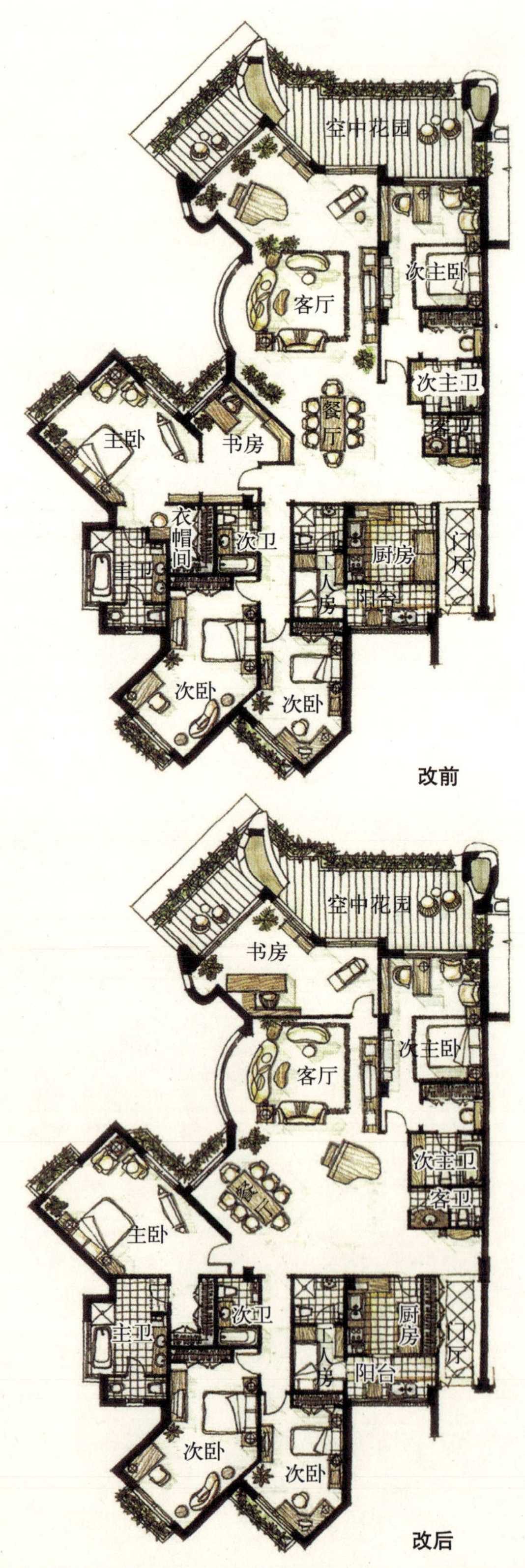

改前

改后

环境氛围：位于北京经济开发区南部新区内，地处凉水河百米生态走廊以西，三海子东路以南。项目占地 22.6 万平方米，水景面积 1.46 万平方米，总建筑面积 19.43 万平方米，绿化率 55%，容积率 0.88。建筑形态以花园洋房为主，另有独栋别墅 16 套，双拼别墅 14 套，共计 698 户。

户型分析：该户型为五室二厅四卫一工人房，建筑面积 329.44 平方米，使用率 88.9%。其中露台面积 47.10 平方米，花台面积 34.79 平方米。起居部分的餐厅挡在了客厅外面，交通显得拥堵，不如将餐厅改在书房的位置，独立出来，这样功能空间划分会变得更为合理。

功能布局：除了餐厅旁的次主卧、厨卫和服务空间比较方正外，其余居室均为不规则的异型空间。主卧为两面采光，通透、明亮，尤其是主卫隔离出的坐便区，单独配有通风窗，是个人性化的设计；相反，工人房配备卫生间本来是个高品质的设计，但因完全封闭，反而显得异常憋气。另外，户型面积浪费偏大：如门厅过于狭长，无法放置衣柜，露台过于宽大对于北方未必适用，两个次卧变形影响家具摆放等。

在窗台下端设置花台，层层递进，并结合开放式阳台，将家庭种植与希腊建筑风格紧密地结合起来，形成空中立体绿色景观。需要说明的是，北方的冬季会对绿色景观产生影响。

改造重点：分隔客厅，独立出大书房；分离书房，改成餐厅；调整主卫和客卫；增设门厅衣柜。

首先，客厅增加隔墙，设立大书房，使空间看起来规矩些。

其次，主卧外的书房打开变成餐厅。

再次，起居厅借用厅内的交通通道，看起来更宽阔、大气。

接着，主卫扩大，使门对着衣帽间，相对隐蔽。

然后，取直大门入口的客卫墙面，扩大面积。

最后，调整厨房右墙，增加门厅衣柜。

对于过于混乱的异形空间，通过改造尽可能达到规矩，同时在增加功能空间的同时，要消化交通面积，化零为整。

北京瀛海名居
多情岛屿户型

空中花园

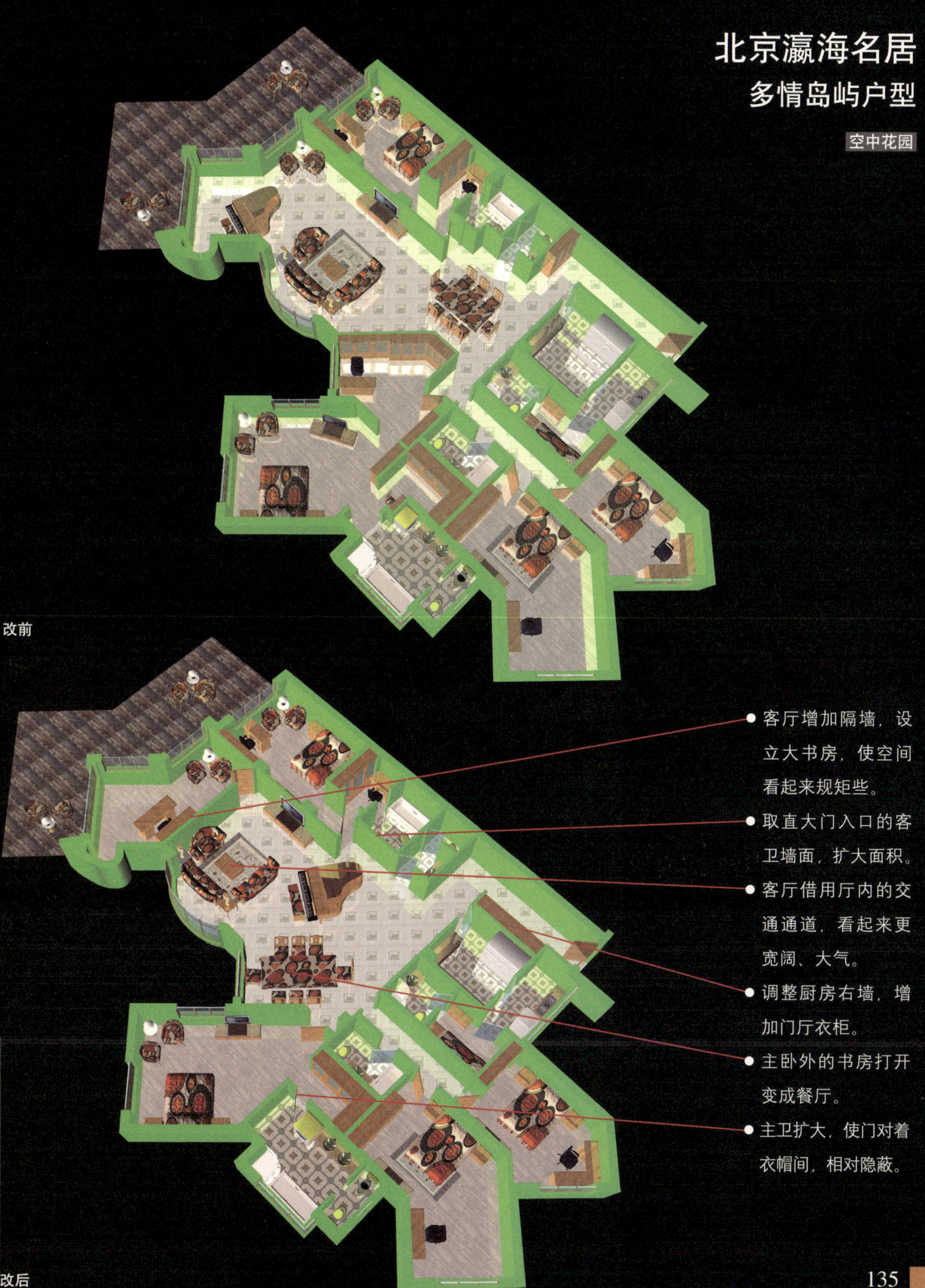

- 客厅增加隔墙，设立大书房，使空间看起来规矩些。
- 取直大门入口的客卫墙面，扩大面积。
- 客厅借用厅内的交通通道，看起来更宽阔、大气。
- 调整厨房右墙，增加门厅衣柜。
- 主卧外的书房打开变成餐厅。
- 主卫扩大，使门对着衣帽间，相对隐蔽。

广州中信君庭

B2 户型

空中花园

环境氛围：位于广州市滨江东路，北临珠江一线江景，占地 1.4 万平方米，总建筑面积 9.6 万平方米，组团由 1 栋 37 层、2 栋 43 层和 2 栋 33 层高层板楼组成，所有套型均可 180° 观赏珠江美景。同时，3 层设置的会所坐拥江景，通透的玻璃幕墙将河岸风光尽收眼底。

户型分析：四室二厅二卫一工人房的 B2 户型，建筑面积 241.11 平方米。户型为三面采光，北侧江景部分安排了客厅、主卧和书房等主要居室，西侧则为次卧和卫生间。整个户型面宽大、进深小，通风、采光良好，不足的是南侧窝在楼体中间，观景受到一定的遮挡。另外，餐厅处于交通中心，不够稳定。南向 30 平方米的空中花园与餐厅结合，使用餐平添了许多乐趣。但由于窝在楼体里侧，相邻套型的互视会使坐在花园中的消闲多少感到有些不自在。

功能布局：该户型充分利用江景优势，将书房与主卧窗户打通，充分展宽窗景。可改进的是：主卧虽然还留有侧窗，并能欣赏到江景，但若做成角飘窗，观景的角度就能从 180° 扩展到 270°；主卫有些局促，与这样大面积的套型不相匹配；厨房采光窗狭窄，感觉比较灰暗；虽然有四个居室，但若能将南侧卧室设计成带卫生间的次主卧，居住档次还能进一步提高。

改造重点：扩大主卫和次卫；调整主卧衣帽间；改造厨房，移动餐厅，扩大起居空间；扩大小次卧，消除大次卧的“刀把”，增加会客厅。

一是将主卫、次卫和小次卧的右墙右移 30 厘米，扩大这些居室的面积。

二是拆掉主卧衣帽间，并将书房的衣柜纳入，门口形成一个小门厅。

三是将厨房扩宽并缩短，增加采用窗口的同时，使起居厅变大，同时将餐厅纳入，保证其稳定性。

四是将大次卧变成方正的格局，并和小次卧一起调整家具的摆放位置。

五是将原餐厅的位置变成会客厅，并将门封成窗户，改开在侧面。

改造后的优势在于：起居室面积变大的同时，又增加了会客厅，成为了别墅类住宅才拥有的“双厅”；两个卫生间和小次卧的面积得到了放大；更重要的是，门厅和主卧都有了“影壁墙”，增加了私密性。

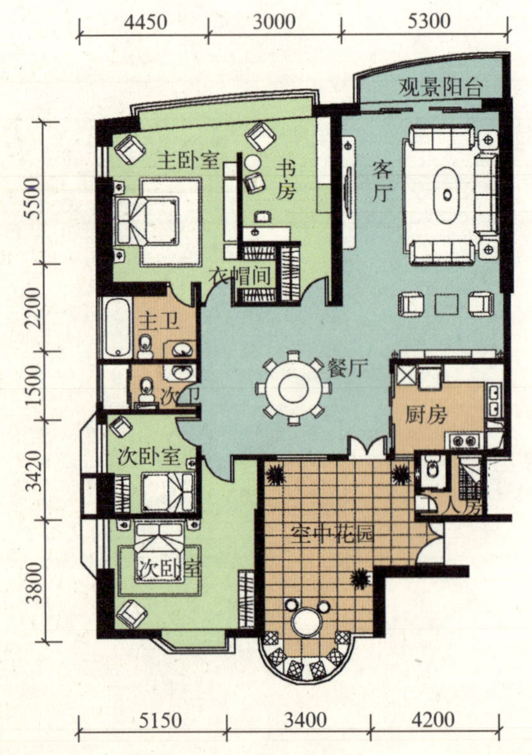

改前

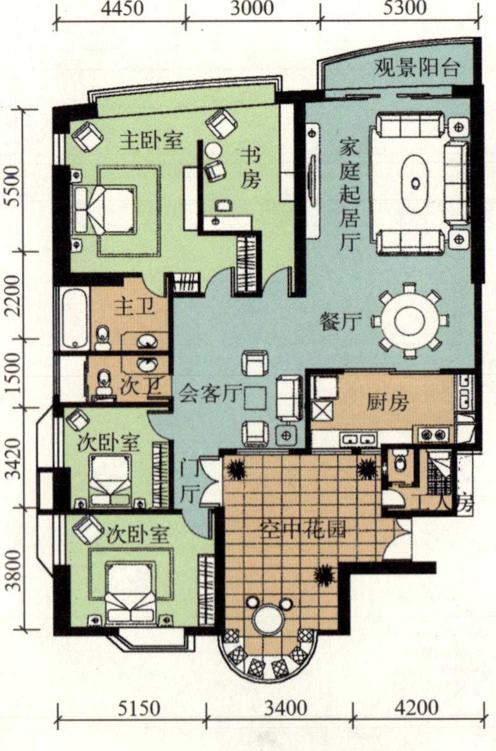

改后

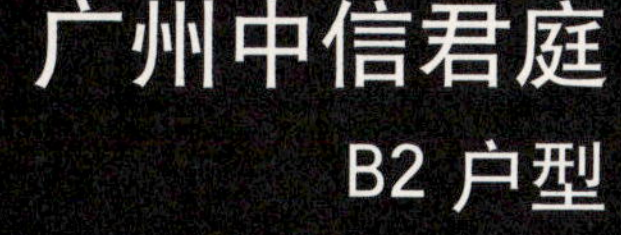

广州中信君庭

B2 户型

空中花园

改前

改后

- 主卫、次卫和小次卧的右墙右移30厘米，扩大这些居室的面积。
- 拆掉主卧衣帽间，并将书房的衣柜纳入，门口形成一个小门厅。
- 大次卧变成方正的格局，并和小次卧一起调整家具的摆放位置。
- 原来的门封成窗户，改开在侧面。
- 原餐厅的位置变成会客厅。
- 餐厅纳入客厅，保证其稳定的夹角。
- 厨房扩宽并缩短，增加采用窗口的同时，使家庭起居厅变大。

空中别墅

空中别墅，又称为 Penthouse，发源于美国，以“第一居所”和“稀缺性的城市黄金地段”为特征，是建在高层顶端具有别墅形态的复式住宅，是一种把繁华都市生活推向极致的物业类型。

空中别墅的消费层是属于金字塔最顶端的那部分人，促使其购买的是一种成功者的心理优势。因此，该类物业在依托市区繁华生活的同时，将户型标准大幅提升，并占据了社区的重要位置，形成了多种优势。

位置、配套具备优势

一个是地理位置。因其市场规模非常小，对城市的繁荣程度和周边环境依赖性非常高，包括商务中心区、重要景观地带等。另一个是社区位置。既处于社区优良的景观中心，又处于楼层的顶端，以保证享受充分的景观和采光。

在各种配套上，也要显现出独特的优势，如：南方地区一般在楼顶配有私人泳池，独享屋顶花园，电梯入户等等。

面积、价格处于顶端

空中别墅之所以称为别墅，其面积也应该是很大的，至少应在 200 平方米以上，以保证户型的空间奢侈程度。

同时，因为其比较独特，在楼盘中应具有很高的单价和很高的总价。

户型、套型极为稀缺

因处在顶层，户型的设计上可以处理得非常独到，比如超大的观景玻璃幕墙、直通屋顶花园的专有通道、通天玻璃顶棚的阳光房等，以显示出与众不同。并且同类套型极少，以体现出稀缺性。

深圳港湾丽都

A 户型下层

空中别墅

环境氛围：位于深圳市南山区南山桃园路与前海路交汇处，占地面积 2 万平方米，总建筑面积 10 万平方米，由 9 栋 16 ～ 18 层建筑组成，呈 L 型由南向北依次排列。项目绿化率 50%，容积率 5.0。

户型分析：六室三厅四卫一工人房一泳池的 A 户型，建筑面积 308.37 平方米。户型采用跃层设计，下层为次主卧、客卧和起居部分，上层为三个卧室的居住空间和泳池、屋顶平台上的休闲空间。三面采光和客厅的挑空，使得户型通透、明亮。而 18 层上的泳池，既私密又浪漫。

功能布局：起居部分的三厅错落，布局连贯，但餐厅和客厅都出现缺角格局。对于这样大的面积，有些空间处理得比较拘谨，像旋转楼梯显得局促，厨房尺度不够宽大等等。同时功能空间也不太完备，两个卫生间布局也需要调整。

改造重点：次主卫上墙延长，规矩餐厅和客厅；调整主卫和衣帽间；调整次卧和次卫。

一是将次主卫上墙延长，稳定餐厅，门开向侧面。

二是次主卫门右移并调整洁具。

三是调整衣帽间。

四是次卧门右移并反向。

五是调整次卫洁具。

卫生间洁具的摆放非常重要，要尽可能加大洁具的尺度，缩小交通转换面积。

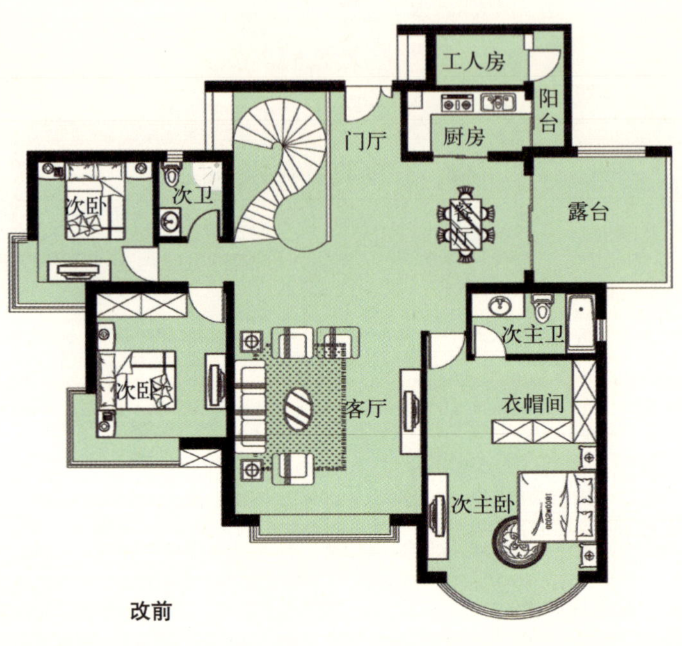

改前

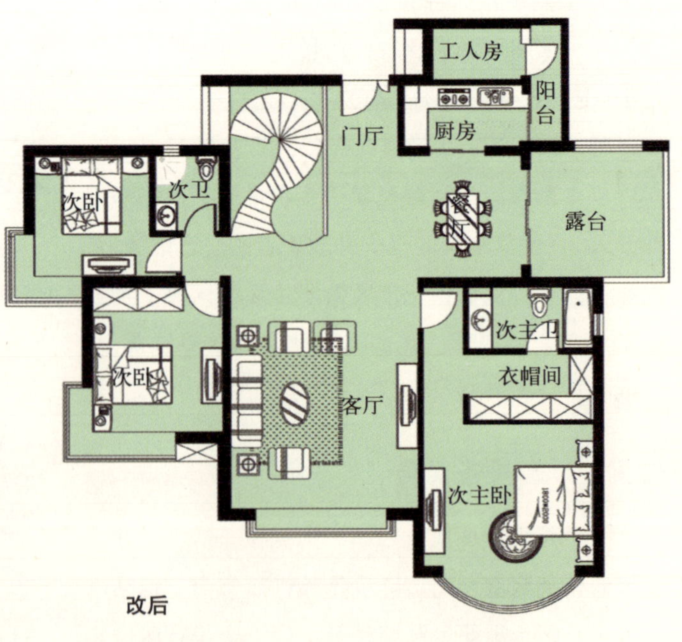

改后

深圳港湾丽都
A 户型下层

空中别墅

改前

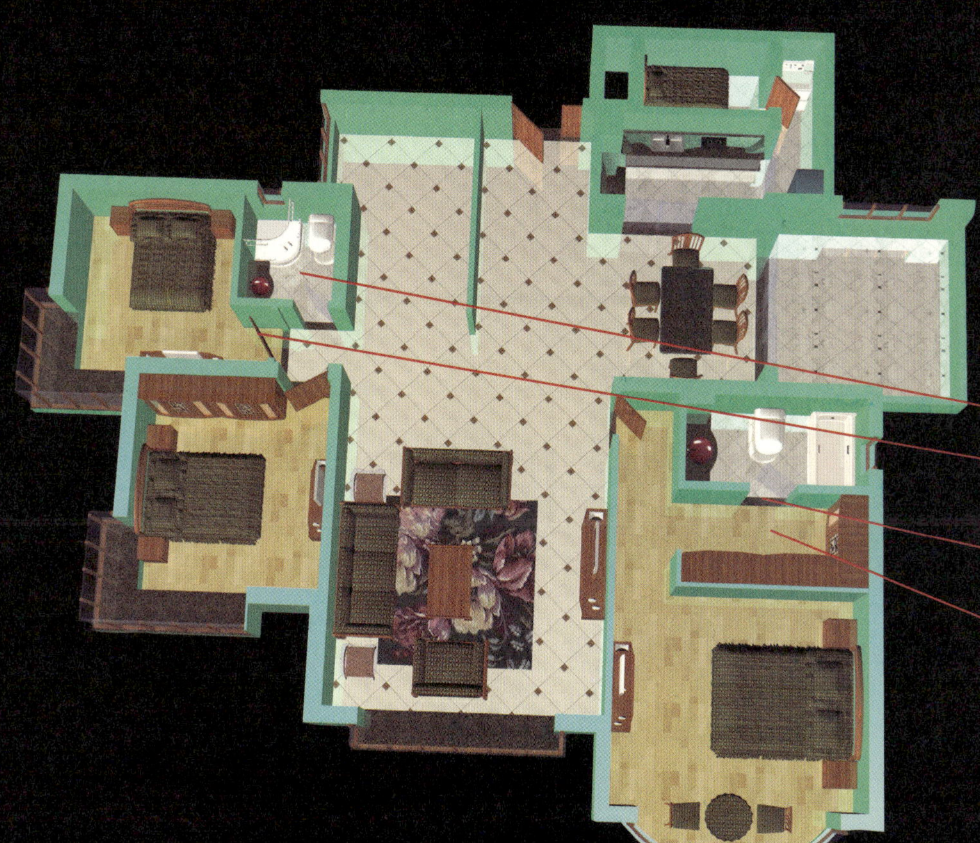

改后

- 调整次卫洁具。
- 次卧门右移并反向开启。
- 次主卫门右移并调整洁具。
- 缩窄衣帽间。

深圳港湾丽都

A户型上层

空中别墅

功能布局：上下两个主卧的弧形落地窗，充分展宽了视角，但两个主卫相对于主卧来说有些偏小，显得不够气派。上层电梯基本为独家享用，舒适度较高。但对于这样大的面积，有些空间处理得比较拘谨，像旋转楼梯显得局促，并且无法利用下侧设置储藏间。

改造重点：加大楼板，设置休闲区；改开主卧门，稳定家庭起居室；调整主卫和衣帽间；调整次卫和次卧。

一是将楼板向下延长，设置休闲座椅，加强上下层的联系。

二是将主卫上墙延长，主卧门改开在侧面，稳定家庭起居室。

三是将主卫门右移，偏转洗手台，增加洁身器。

四是调整衣帽间。

五是次卧门右移。

上层的家庭起居部分最好与下层产生交流，活跃空间。

深圳港湾丽都
A 户型上层

空中别墅

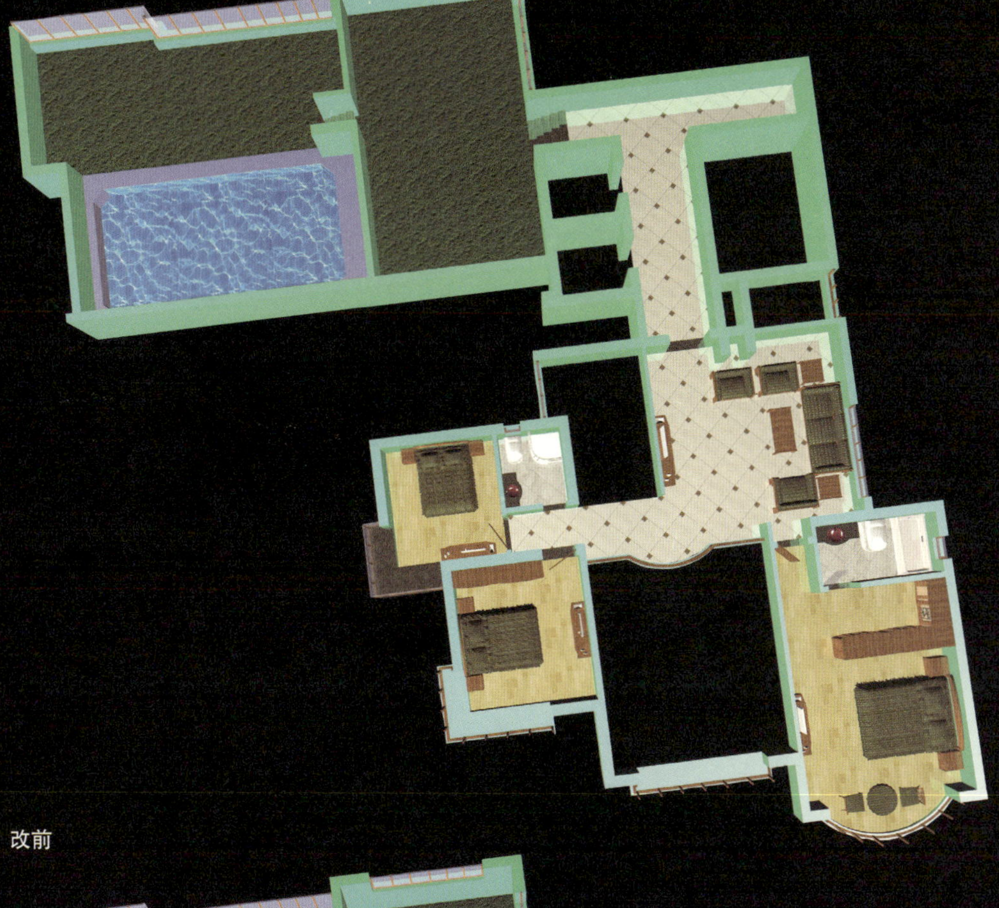

改前

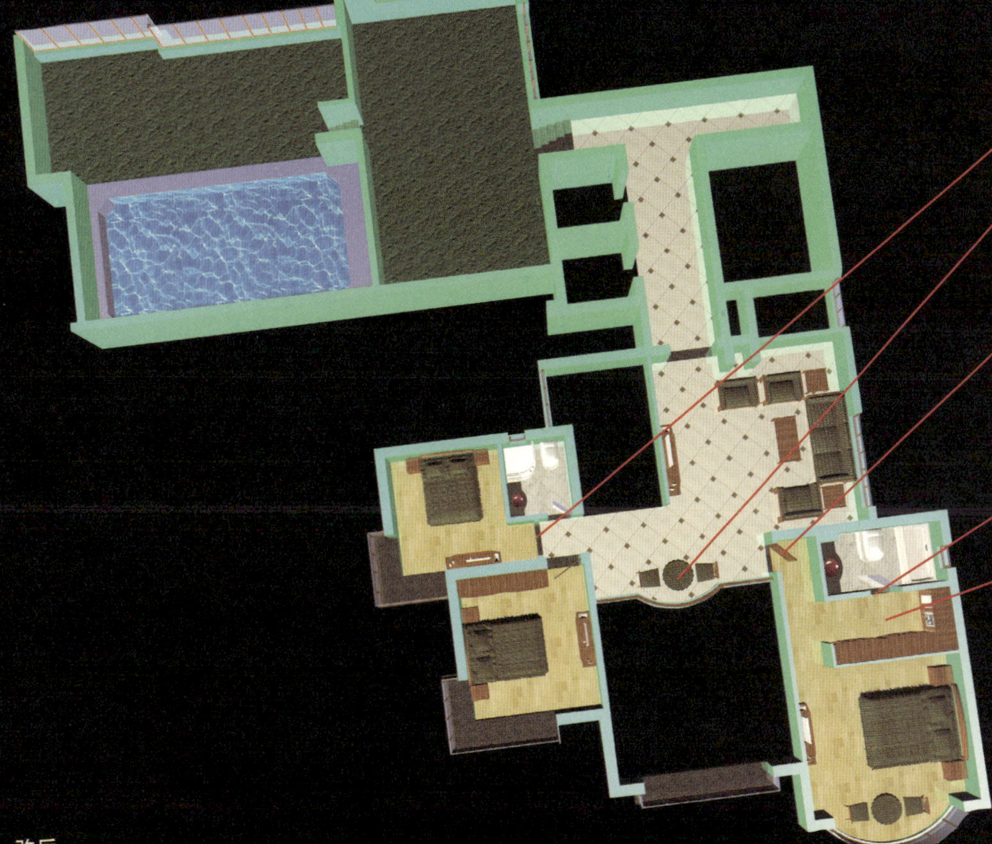

改后

- 次卧门右移。
- 楼板延长，设置休闲座椅，加强上下层的联系。
- 主卫上墙延长，主卧门改开在侧面，稳定家庭起居室。
- 主卫门右移，偏转洗手台。
- 缩窄衣帽间。

北京公园 1872

A1 户型

空中别墅

环境氛围：位于北京市朝阳区东四环外，紧邻红领巾城市公园的东侧，占地约 12.7 公顷，总建筑面积 31 万平方米，其中住宅面积约 26 万平方米，办公面积约 2 万平方米，配套公建面积约 3.4 万平方米，绿化率 34%，容积率 2.6。社区主要由 3 栋板楼和板塔楼，以及 2 栋塔楼组成，同时容纳了酒店式公寓、高档写字楼、休闲商业广场、运动型精英会所、双语幼儿园和中小学等多种物业形态。

户型分析：A1 户型为五室二厅四卫一工人房，建筑面积 390 平方米。由于采用两个户型合并，基本呈现对称格局，因而造成了交通动线过长，区域过分分散。

功能布局：南侧为主人空间、客厅和次卧，北侧为餐厨、次主卧和客卧。存在问题是：门厅过长；动区的餐厅和客厅分隔在户型的对角，与静区的卧室产生了交叉干扰；居室多呈现“刀把”形拐角，像客厅、次卧和次主卧。

改造重点：对调客厅和次主卧；调整客卧和次卧；扩大门厅；缩小客卫。

一是将次主卧调整到客厅位置，使静区集中。

二是将次主卧衣帽间重新布局，形成步入式。

三是调整次主卫洁具。

四是对称设置客卧和次卧，消除“刀把”形。

五是采用贯通式公用卫生间。

六是扩大门厅，缩小狭长的通道。

七是缩小客卫，去掉淋浴。

集中设置动区和静区，缩短动线，规矩空间格局，进一步提升品质。

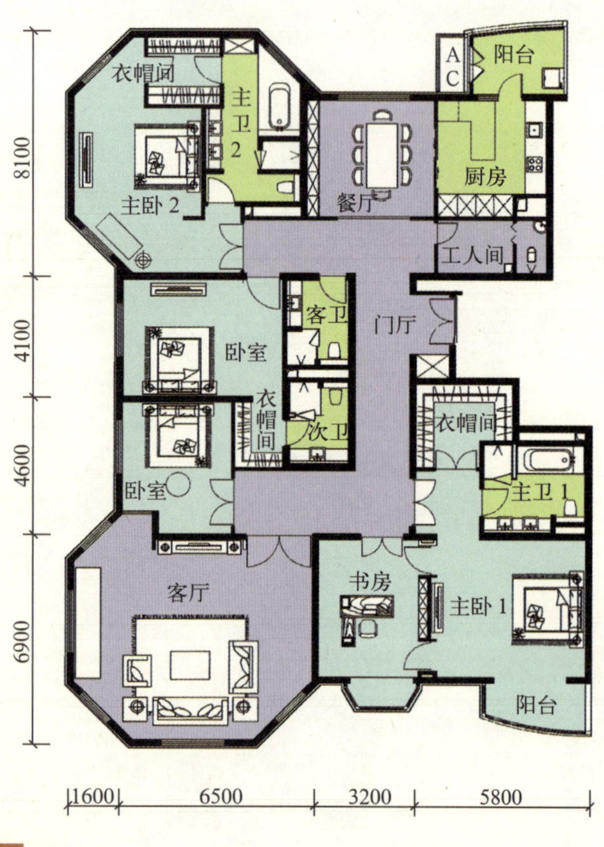

改前

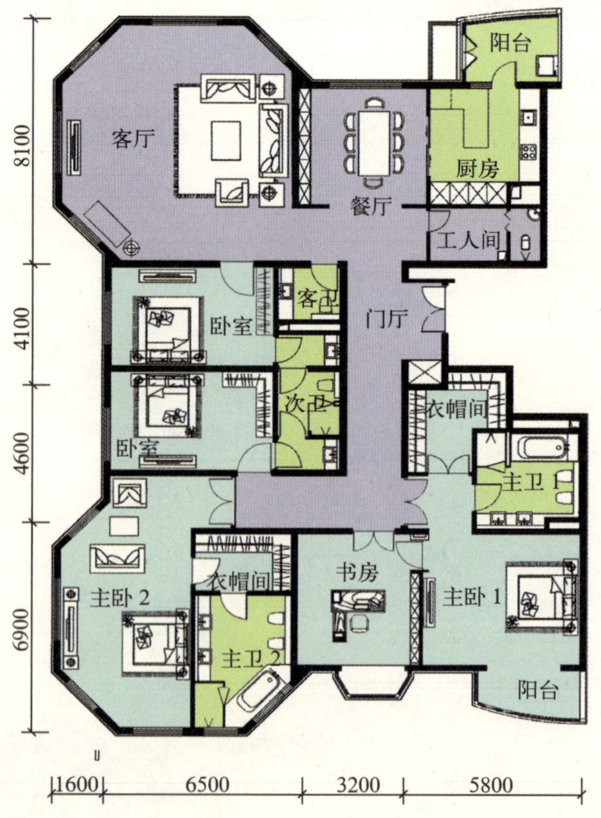

改后

北京公园 1872
A1 户型

空中别墅

改前

改后

- 缩小客卫，去掉淋浴。
- 对称设置客卧和次卧，消除"刀把"形。
- 扩大门厅，缩小狭长的通道。
- 采用贯通式公用卫生间。
- 主卧 2 衣帽间重新布局，形成步入式。
- 主卧 2 调整到客厅位置，使静区集中。
- 调整主卫 2 洁具。

北京昆仑公寓

东塔 8F 户型

空中别墅

环境氛围：位于北京市朝阳区昆仑饭店西侧，华都饭店东侧，矗立于亮马河北岸、新源南路南侧，俯瞰第二使馆区茂盛的绿色走廊，远眺朝阳公园大片的城市绿带。项目占地 0.56 万平方米，总建筑面积 3 万平方米，绿化率 30%，容积率 5.4，对称双塔建筑，共 23 户。公寓东距东三环不足 200 米，既处于北京最繁华的商圈燕莎商圈的中心，又没有交通堵塞的困扰，是北京少有的交通便利的商务与高档居住中心。

户型分析：三室二厅四卫，建筑面积 439.92 平方米。户型每层 2 梯 1 户，为国内罕见的四面采光公寓，加上南部为绿荫环绕的使馆区和商务核心区，环境非常优越。户型为框架结构，全玻璃幕墙，交通分出主次通道，四角因建筑造型需要，设计成锐角或多边，使主要空间呈现异形。

功能布局：户型动静分离明确，左侧静区为两个卧室和书房，右侧为动区的客厅、餐厅和厨房。虽然空间非常宽大，晶莹剔透，但分隔过于细碎，造成动线狭窄、曲折，浪费了面积，如：餐厅右侧留出了通道，没能使其直接观景；厨房过于宽大，却没设计出工人房；主卧面积不小，但衣帽间衣柜偏少；次主卫入口设在了里侧，使用很不方便；书房在配比上，面积也应该大一些才合适；另外，门厅缺少衣柜，次主卫没有浴缸，也使得舒适度打了折扣。

改造重点：餐厅直接观景并包上柱子；增加工人房；门厅增加衣柜；主卫巧用柱子内的空间分隔坐便和淋浴区；扩大衣帽间；次主卫巧用柱子内的空间设置淋浴区；扩大书房。

一是餐厅横向直接观景，并利用柱子设置西厨。

二是将厨房增加隔墙，设置工人房。

三是主卫巧用柱子内的空间分隔坐便和淋浴区。

四是扩大衣帽间。

五是次主卫巧用柱子内的空间设置淋浴区。

六是次主卫门设置在卧室外侧，方便使用。

七是次主卧利用柱子空隙设置梳妆台。

八是扩大书房。

大户型也要善于将通道融入居室，以获得更大的空间感，达到足够奢侈度。同时，设置工人通道就要有工人房。

改前

改后

北京昆仑公寓
东塔 8F 户型

空中别墅

改前

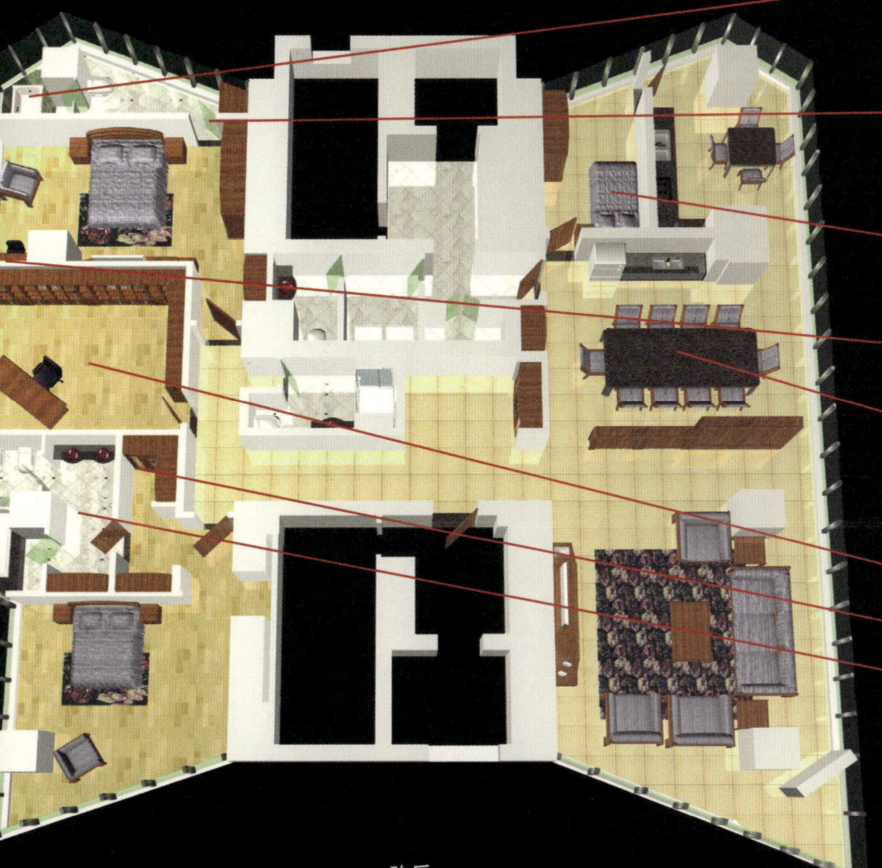

改后

- 次主卫巧用柱子内的空间设置淋浴区。
- 次主卫门设置在卧室外侧，方便使用。
- 厨房增加隔墙，设置工人房。
- 次主卧利用柱子空隙设置梳妆台。
- 餐厅横向设置，直接观景，并利用柱子设置西厨。
- 扩大书房。
- 扩大衣帽间。
- 主卫巧用柱子内的空间分隔坐便和淋浴区。

北京合生 · 霄云路 8 号

盛景华府户型

空中别墅

环境氛围：位于北京市朝阳区燕莎商圈和第三使馆区。项目占地 108 公顷，1 期总建筑面积 70 万平方米，绿化率 80%，容积率 1.2，共 1000 套超大户型。项目紧邻朝阳公园，俯瞰 288 公顷绿地和 68 公顷水系，收纳了四环内百万平方米包括 40 多年珍藏的原生森林。

户型分析：盛景华府户型为五室三厅五卫一工人房，建筑面积 520 平方米。由于处在楼体西侧，虽然三面采光，但进深达 23 米，中部采光、通风稍差。户型中双电梯、双通道入户，所有卧室带卫生间，家庭起居厅和客厅分置等，使各功能区域配备完善，具备了别墅气韵。

功能布局：主人空间采用了书房和衣帽间出入的双通道，富于灵动，同时主卧的西侧双窄条窗和主卫的大角窗，使通风、采光、观景变得良好，但主卫的大角窗因为朝向西北，冬季寒冷、夏季西晒是个致命的弱点。家庭起居厅利用了户内中枢的转换区域，但周边交织着交通动线，可用面积极为有限。

改造重点：调整门厅；拆掉衣帽间，扩大家庭起居厅；偏转客卫洗手台；调整主卧门，独立书房；改开次主卧门；改造厨房，增加早餐厅；改开后门。

一是将门厅影壁墙和大门两侧墙面拉出，设置成两个对称垭口。

二是将门厅外设置一排衣柜。

三是将主卧门外的衣柜和储藏间拆除，扩大家庭起居厅的面积。

四是将客卫衣柜拆除，偏转并加大洗手台。

五是封闭次主卧门，延长起居厅电视墙面的长度。

六是将书房门封闭，形成小门厅，分别进入主卧和次主卧。

七是将中厨的门封闭，改开在西厨，形成早餐厅。

八是集中储藏间的设置。

扩大家庭起居厅的同时，南北的对流也变得良好。同时，门厅和早餐厅的功能也得到了强化。

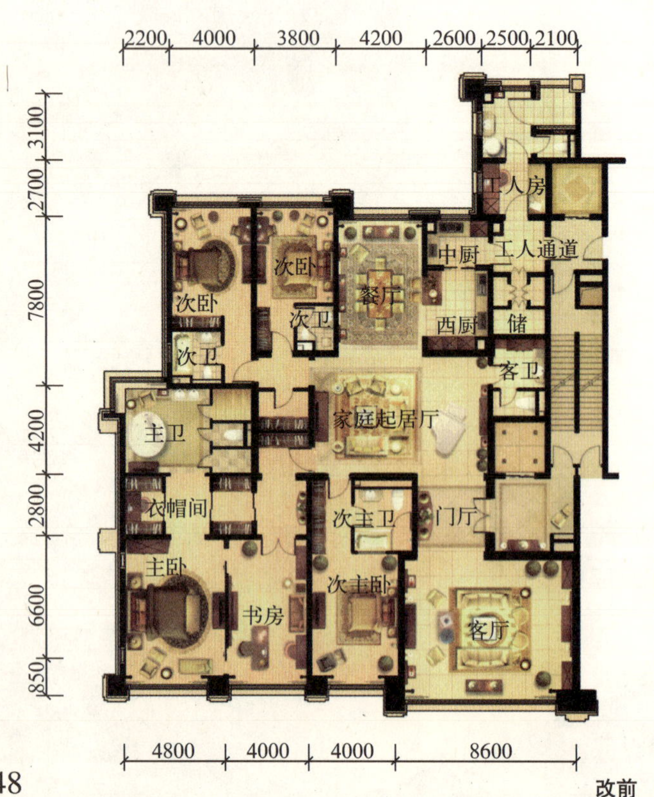

改前

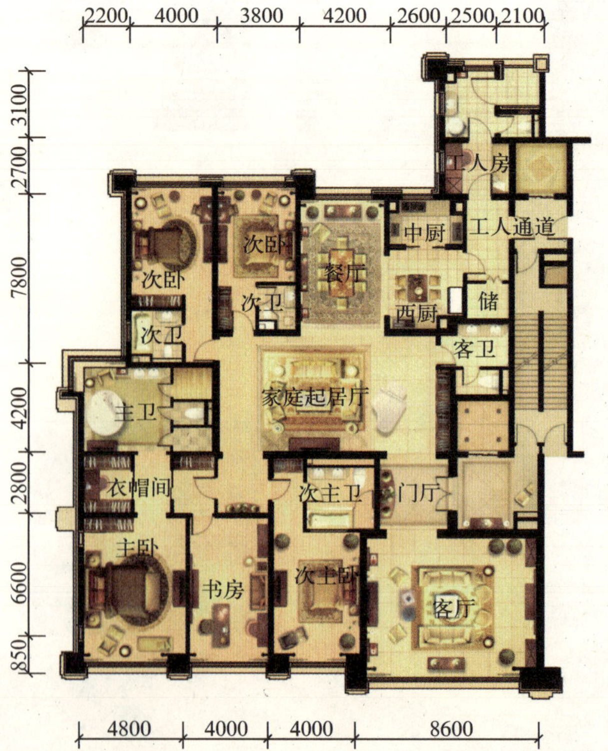

改后

北京合生 · 霄云路8号
盛景华府户型

空中别墅

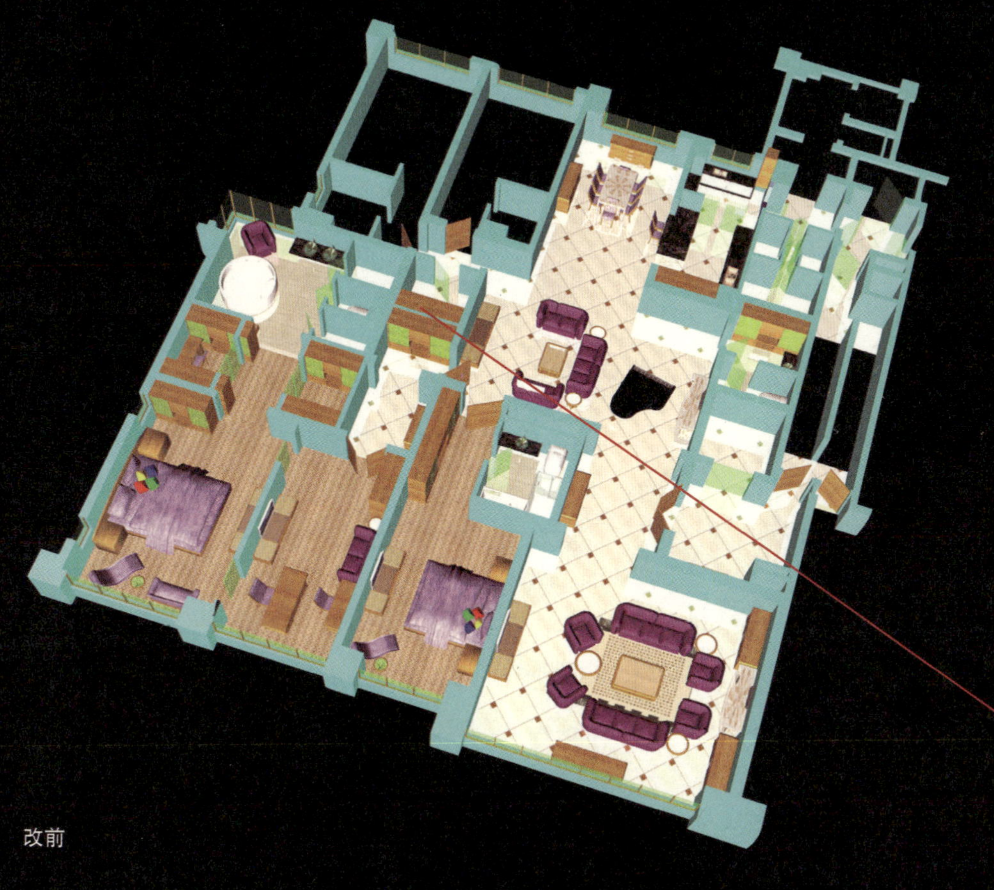

改前

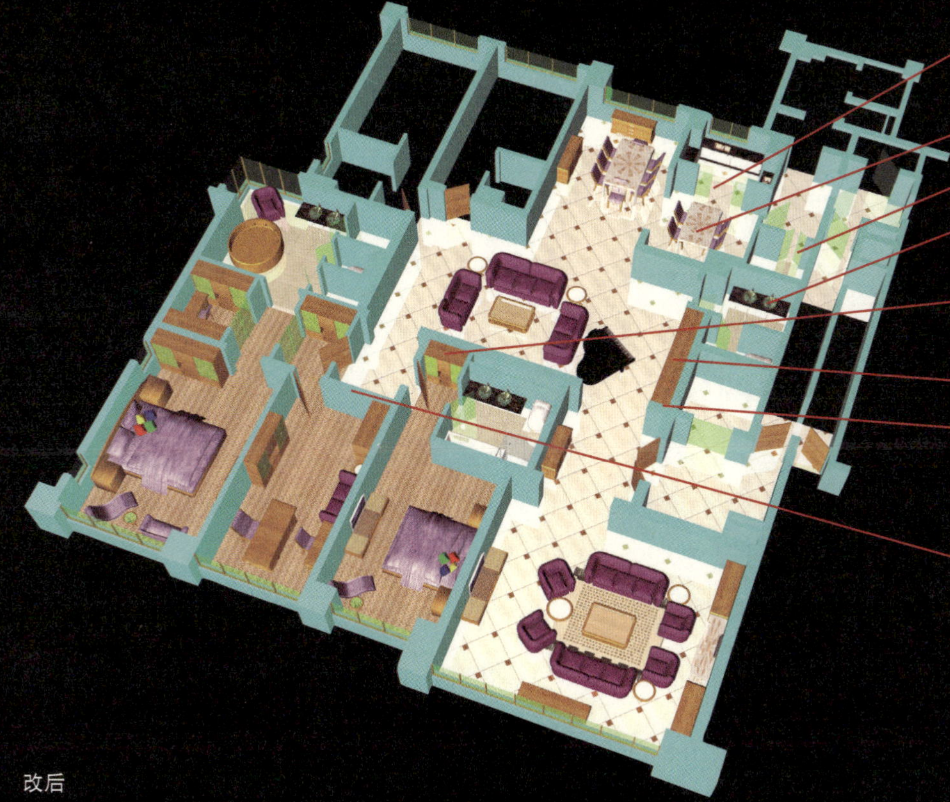

改后

- 主卧门外的衣柜和储藏间拆除，扩大家庭起居厅的面积。
- 中厨的门封闭，改开在西厨。
- 西厨形成早餐厅。
- 集中储藏间的设置。
- 客卫衣柜拆除，偏转并加大洗手台。
- 次主卧门封闭，保持起居厅电视墙面的长度。
- 门厅外设置一排衣柜。
- 门厅影壁墙和大门两侧墙面拉出，设置成两个对称垭口。
- 书房门封闭，形成小门厅，分别进入主卧和次主卧。

北京国悦府

S6–2 户型

空中别墅

环境氛围：位于北京市海淀区万寿路。项目占地 2.4 万平方米，总建筑面积 16 万平方米，绿化率 30%，容积率 6.67，建筑为独栋框架结构，采用铝塑板与玻璃幕墙装饰的外立面，共 715 套。公寓分南北两栋，底座相连，成双子座分布。

户型分析：S6–2 户型为六室三厅五卫一工人房，建筑面积 571 平方米，处在楼体东部，三面采光，由于弧形玻璃幕墙面积较大，整体明亮，拥有了写字楼的气韵。户型通过一道门一分为二，外侧由三厅组成的起居厅、休闲阳光室、小会客厅、酒窖和厨卫服务空间组成，内侧由卧室和书房组成，动静分离明确。

功能布局：主人空间占用了最东侧的三个采光面，通透、明亮。起居厅纵向过长，同时有两个黑空间的小会客厅和酒窖，灰暗、动线偏长；主卧三角形布局，缺乏稳定性；起居厅比例狭长，缺乏气势。

改造重点：分隔出小书房，调整衣帽间；扩大次卧开间；拆除酒窖，移动小会客厅；扩大客厅；调整大书房。

一是将主卧增加隔墙，分出小书房。

二是合理偏转主卧床，增加电视墙。

三是将主卫门左移，与主卧门相对。

四是将次卧左墙左移，与结构取齐。

五是拆除酒窖，设置小会客厅，并且门朝向走廊。

六是拆除休闲阳光室和原小会客厅，扩大客厅开间。

超大的面积应有超大的客厅，才能彰显气派，但超大的主卧未必舒服，重要是开间和进深比例要和谐。

改前

改后

北京国悦府

S6–2 户型

空中别墅

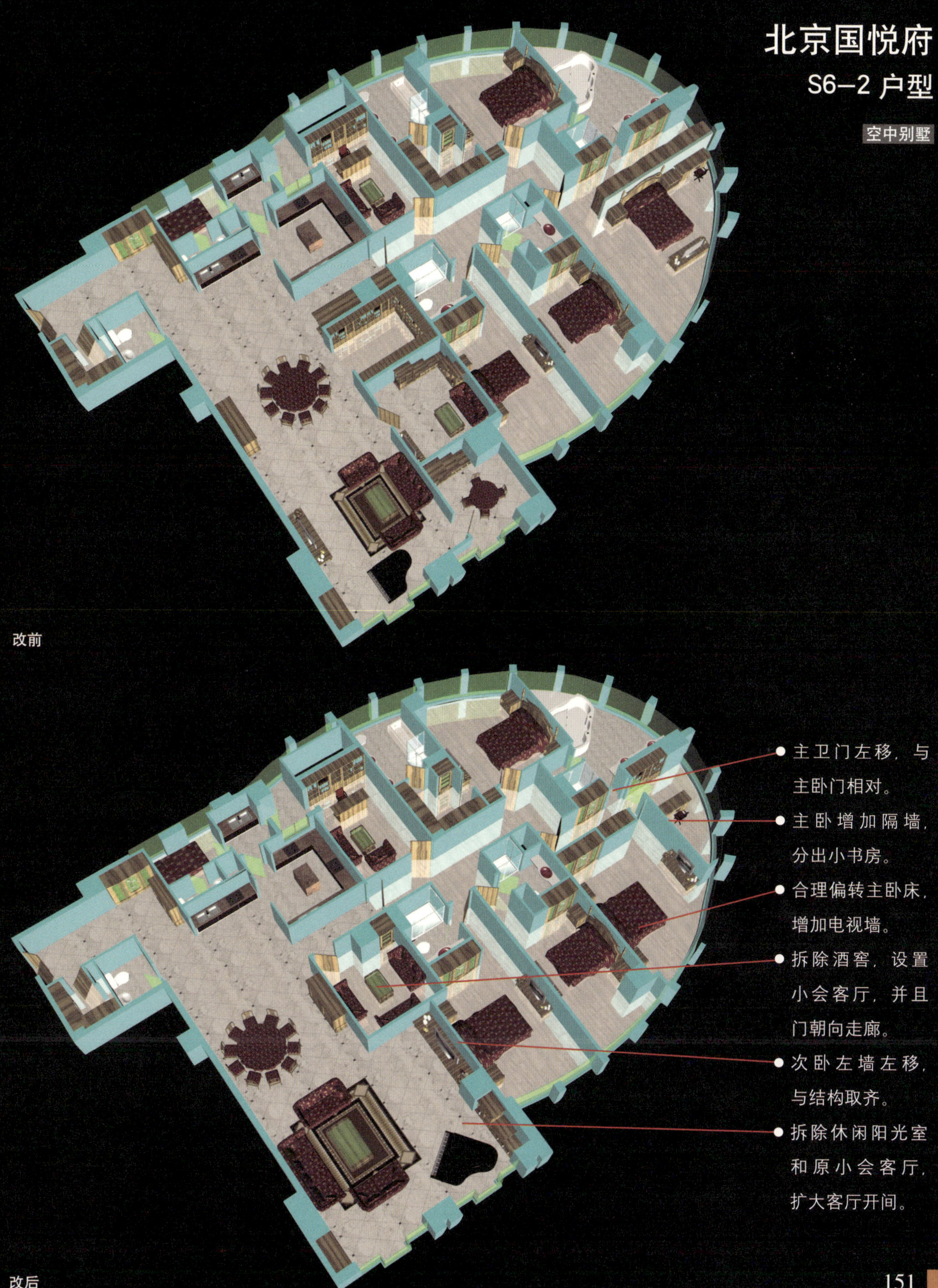

北京 Peking House 首府

J 户型顶层

空中别墅

环境氛围：位于北京市朝阳区西大望路，距国贸仅 2 公里，社区内拥有一批 3.45 米首层层高、6.6 米局部挑空，以及私家观光电梯的联排别墅。项目占地 9.2 万平方米，总建筑面积 16.5 万平方米，容积率 1.8，共 19 栋 4 层叠拼别墅 168 套，以及部分公寓。

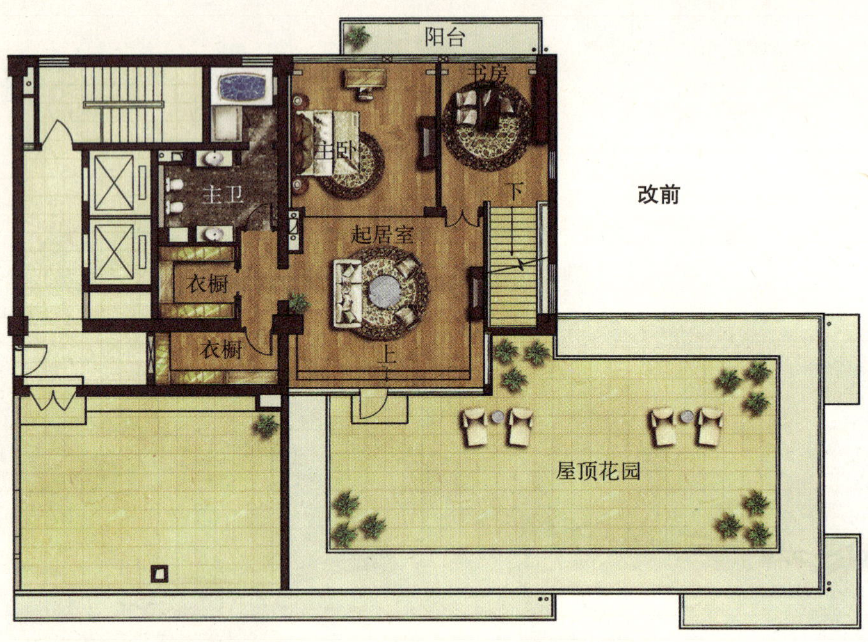

改前

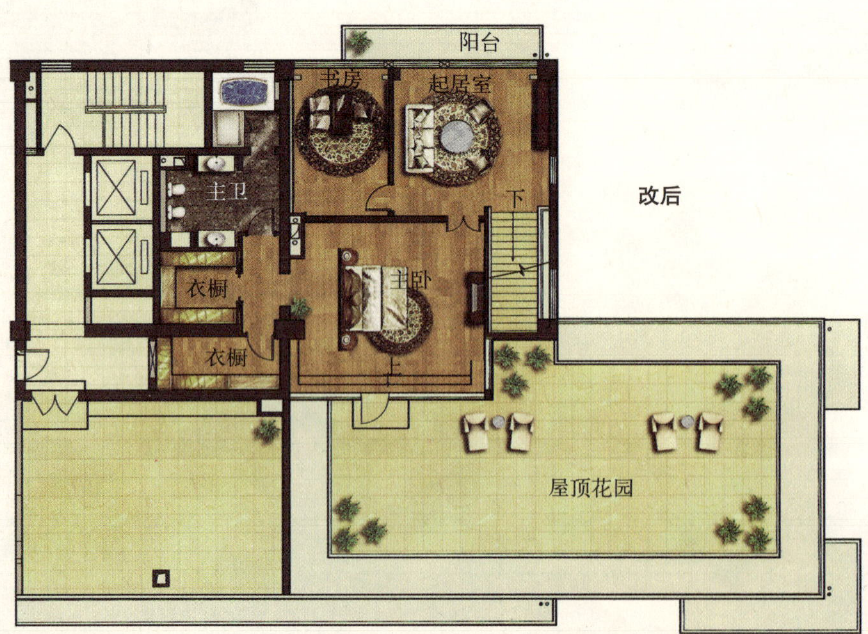

改后

户型分析：该户型为顶层复式大户型，五室四厅四卫一工人房，建筑面积 555.05 平方米，赠送 152 平方米的顶层花园。由于面宽大，进深小，加上三面采光，整体非常通透。

功能布局：顶层为主人区，保持了绝对的私密，并且配备了超大的露台，使户外空间富有再造余地。存在问题是：顶层的主卧室在阴面，缺乏阳光，同时书房设在了楼梯口。

改造重点：顶层主卧调整到起居室，保证阳光的照射；上侧变成书房和起居室。

先是将主卧调整到起居室，保证充分享受阳光和空中花园景观，同时床头增加遮挡墙面，避免对着卫生间。

然后将书房的左墙左移，里侧为书房，外侧为起居室。

阳光面和景观面是主要居室的必然选择，同时书房也应保持相对的安静。

北京 Peking House 首府

J 户型顶层

空中别墅

改前

书房的左墙左移，里侧为书房，外侧为起居室。

床头增加遮挡墙面，避免对着卫生间。

主卧调整到原起居室，保证充分享受阳光和屋顶花园景观。

北京 Peking House 首府

J 户型下层

空中别墅

功能布局：首层的卧室集中在东侧和北侧，动静分离不错，而就餐区则分布在靠近大门的一侧，使用比较方便。存在问题是：双厅的设置比较符合国外别墅的定制样式，但客厅和起居室仅用一屏风隔离，似乎有些隔而不分，应该调整到门厅处，设计为会客厅，才能使功能得到真正的发挥。

各居室面积宽大，保证了足够的奢侈度，但有些地方过于浪费，像首层的客房，开间过大并不舒服，不如将其一分为二，改成两个客房，这样的面积住起来反而温馨。首层的次主卧也可以考虑将起居区和书房对调，并将新的书房与卧室分开，保持相对的安定，以符合日常动静分离的习惯。

改造重点：缩小工人卫生间，扩大门厅；分隔次卧。

先是将门厅上墙上移，扩大面积。

然后将工人卫生间右墙右移，里侧变成淋浴间。

最后将次卧中间增加隔墙，分成两个卧室。

大户型的门厅不仅仅是脱帽换衣的过渡空间，增加一组沙发后，就形成了小小的会客区。另外，过大开间的卧室不见得舒适，况且超过了主卧的开间也失去了均好性。

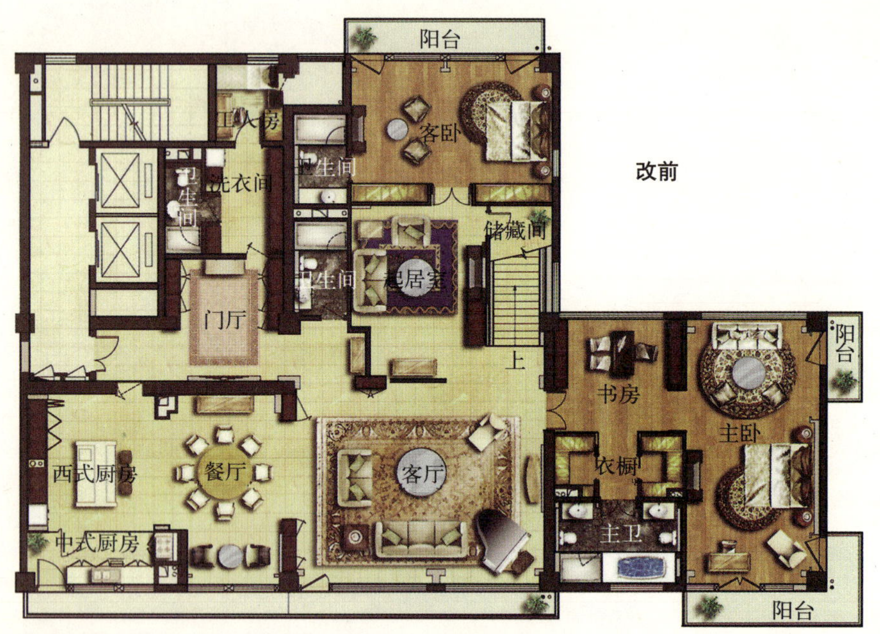

改前

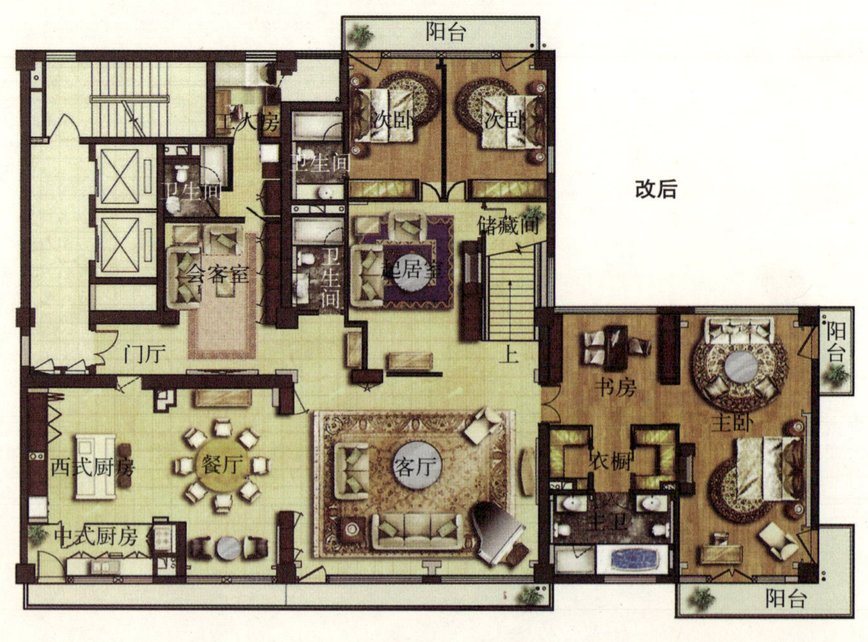

改后

北京 Peking House 首府

J 户型下层

空中别墅

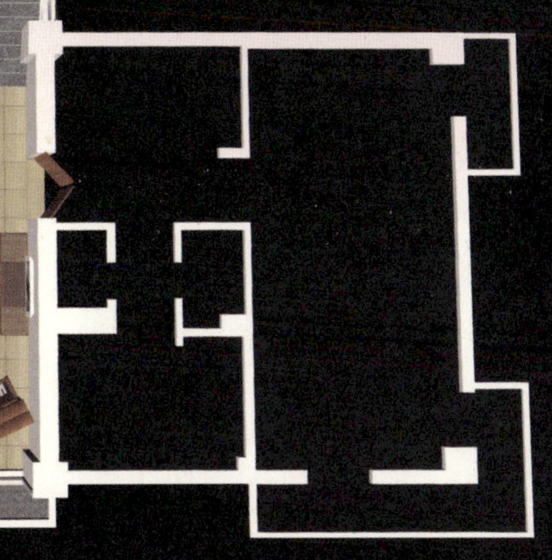

改前

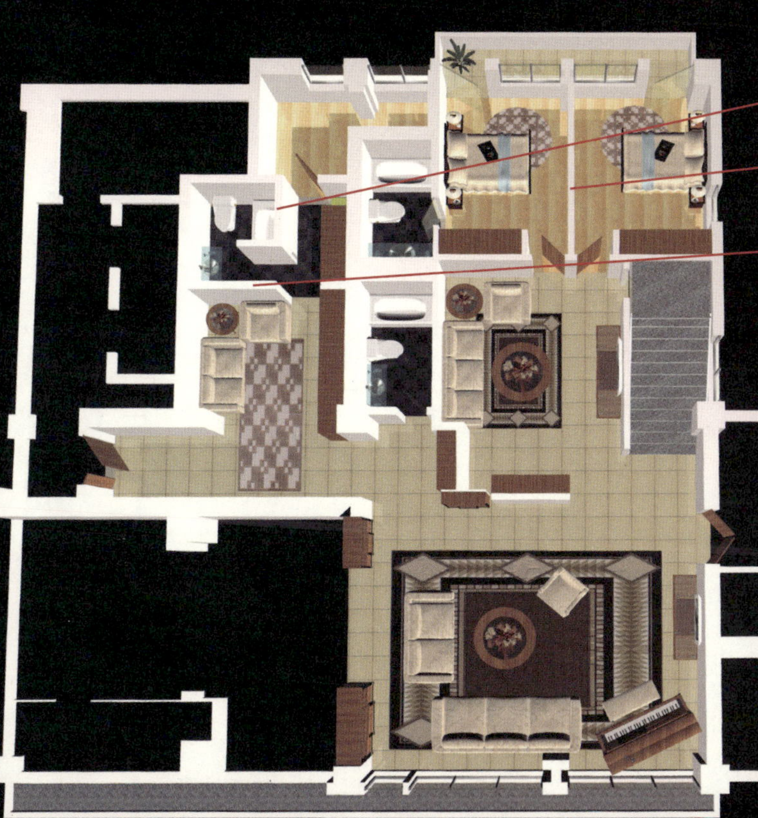

改后

- 工人卫生间右墙右移，里侧变成淋浴间。
- 客卧中间增加隔墙，分成两个卧室。
- 门厅上墙上移，扩大面积。

北京凯德华玺

E 户型

空中别墅

环境氛围：位于北京市东城区朝阳门内大街国务院新闻办公室正南面。项目占地 2.5 万平方米，总建筑面积 6.8 万平方米，绿化率 30%，容积率 2.72，建筑为独栋框架结构，采用石材与玻璃幕墙装饰的外立面，共 313 套。

户型分析：E 户型为三室三厅四卫一工人房，建筑面积 428.17 平方米，使用率 73.3%。由于处在楼体西南和东南，两面采光，加之进深偏大，整体采光、通风较差。由于面积较大，虽然社区无花园等景观支撑，但户型中各功能区域配备完善，独立电梯入户，具备了别墅气韵。

功能布局：静区集中在西南两面采光的区域，并设置了家庭室，私密性很强。动区设置在了东侧，单面采光，由于进深太大，灰色空间偏多。同时餐厅设在中间，过于空荡。

三主卧、双起居厅和带卫生间的工人房，以及三个入户门，使各空间比较活跃、但也造成了面积的浪费，同时餐厅旁的大门没有屏风，有些直露。建议将厨房和洗衣房打通，扩大面积，避免操作台面过短。另外，结合西厨设计出宽大些的主门厅，而将小门厅与工人房之间的墙拆除，扩大工人房面积的同时改造出工人专用通道。

改造重点：调整门厅，改造工人房和客卫；缩小中厨，扩大书房。

一是将门厅和工人房对调，把电梯入口和步行梯入口合二为一，扩大门厅面积，形成气势。

二是将工卫和客卫对调，方便使用。

三是将洗衣房改成中厨，拉直墙面，洗衣房移到工人房门口。

四是将书房上墙上移，保证拥有采光门，达到直接通风、采光。

五是西厨摆放大冰箱，并在右侧增加影壁墙，形成第二个入户门厅。

六是主卧衣帽间增加衣柜。

该户型有三个入户门厅，有两个还在一条线上，比较凌乱，改造后集中其中两个在中部形成主通道，便于直接到达各个区域，而另一个门厅则变成了副入口。另外，原书房是暗空间，扩大后获得了一个宝贵的通风、采光窗口。

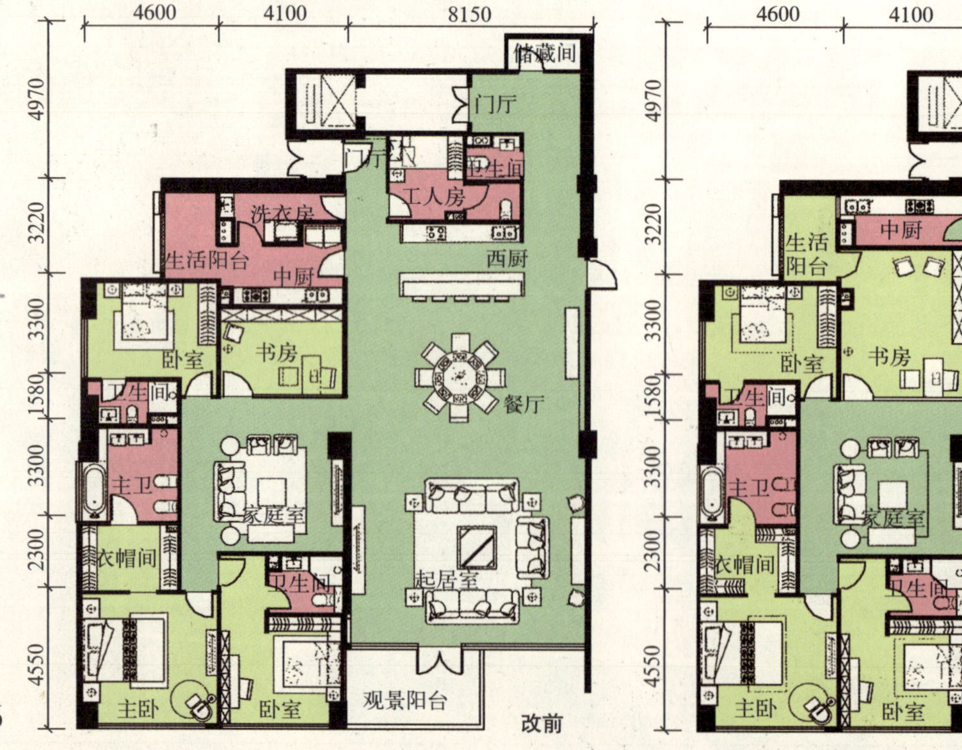

改前

改后

北京凯德华玺

E 户型

空中别墅

改前

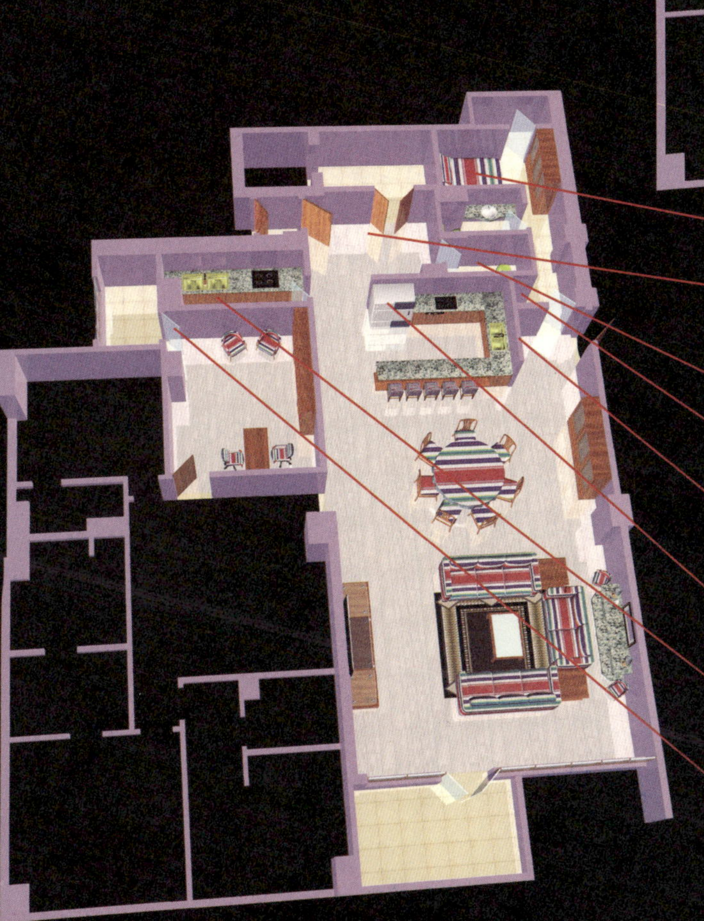

- 工人房调到原门厅处。
- 电梯入口和步行梯入口合二为一，扩大门厅面积，形成气势。
- 工卫和客卫对调，方便使用。
- 洗衣房移到工人房门口。
- 右侧增加影壁墙，形成第二个入户门厅。
- 西厨摆放大冰箱。
- 原洗衣房拉直墙面，改成

广州南国奥林匹克花园

A 户型下层

空中别墅

环境氛围：位于广州市番禺区，占地（66.7 万平方米），总建筑面积 75 万平方米，规划人口 2.5 万人，以多层和小高层花园洋房和公寓为主，社区内配有 7 万平方米的高尔夫球场和占地 0.4 万平方米的幼儿园。

户型分析：五室三厅四卫一工人房一泳池的 A 户型，建筑面积 315 平方米。户型两面采光，虽然拥有大面积的落地窗和落地角窗，但全部有阳台阻隔，观景并不是很好。客厅采用整开间设计，用沙发分割出两个区域，十分宽敞明亮；与餐厅、厨房等区域有 50 厘米的错坪，丰富了空间的变化。

功能布局：玻璃的阳光楼梯和观光电梯使公共设施具备了较高的舒适度，只是上下 4 个阳台占用了过多的面积，多少影响了室内直接观景。

改造重点：隔出餐厅为棋牌室。

沿楼梯左墙和踏步增加隔墙，分出棋牌室。

餐厅移至客厅处。

客厅调整到左侧。

客厅设在大门口多少有些拥堵，同时也要尽可能充分利用大开间设置餐厅。

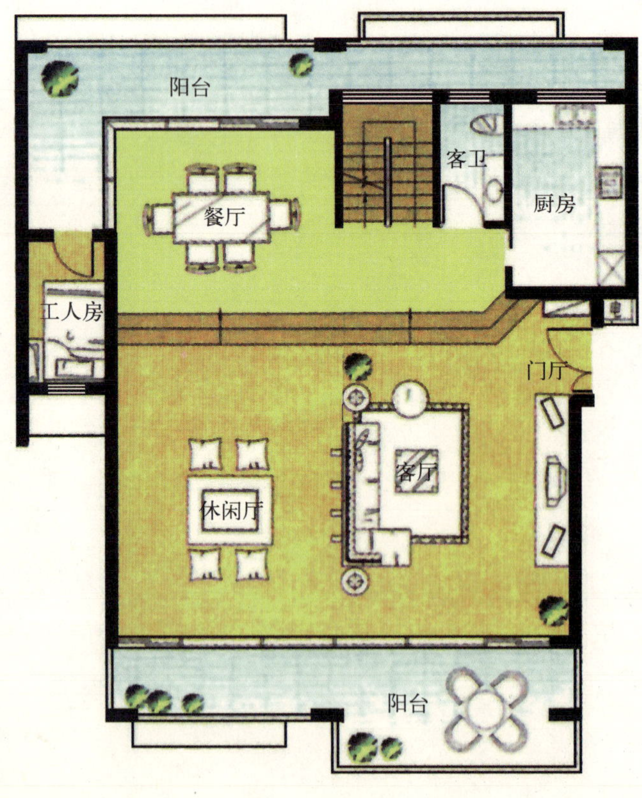

改前

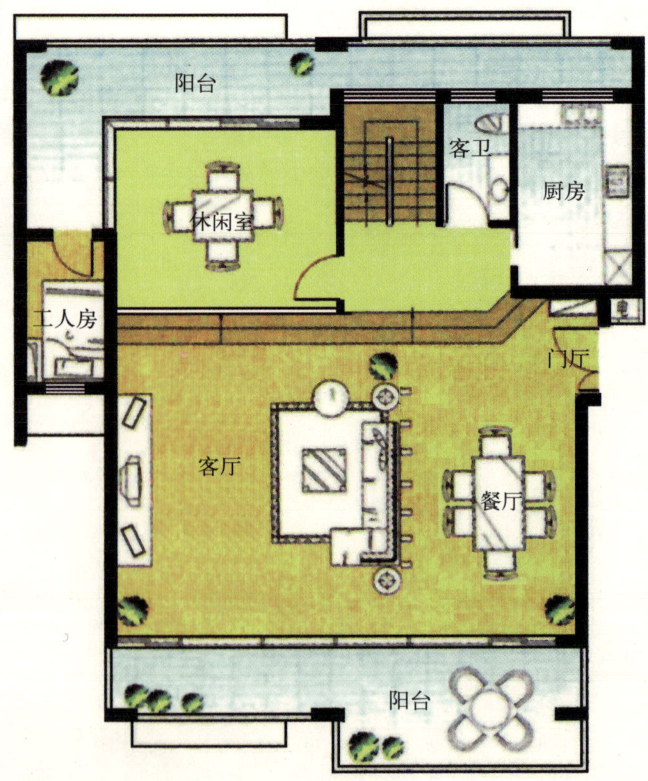

改后

广州南国奥林匹克花园
A 户型下层

空中别墅

改前

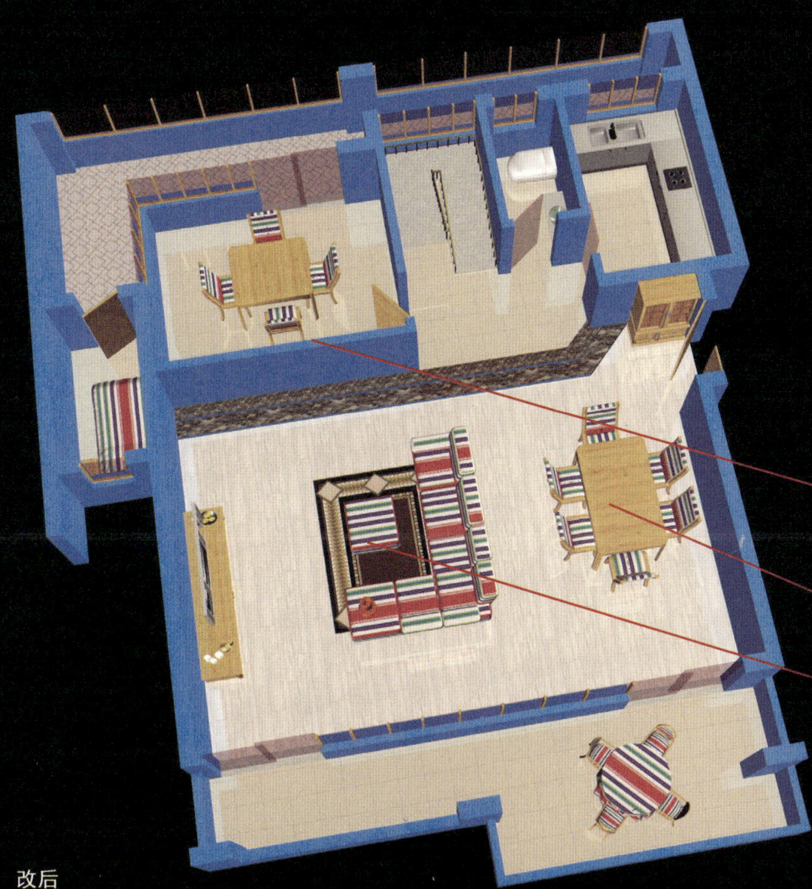

改后

- 沿楼梯左墙和踏步增加隔墙，分出休闲室。
- 餐厅移至客厅处。
- 客厅调整到左侧。

广州南国奥林匹克花园

A 户型上／顶层

空中别墅

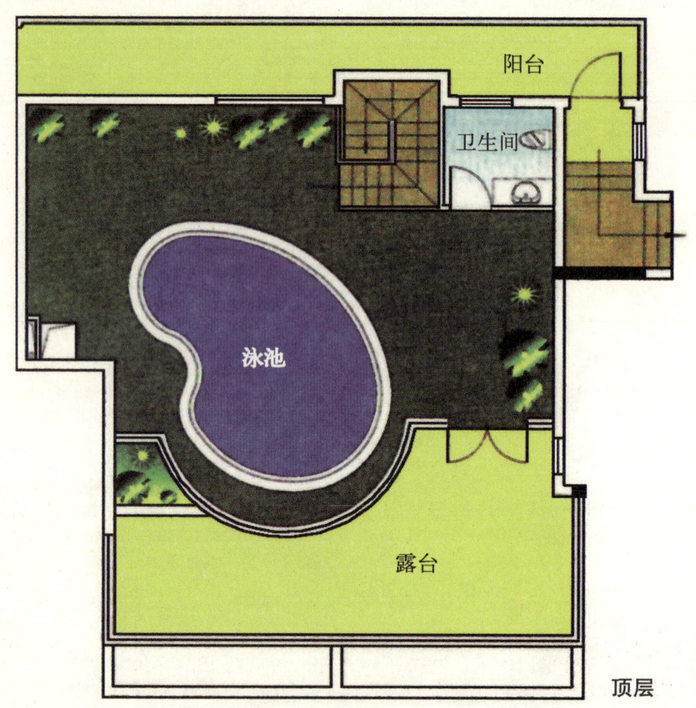

顶层

功能布局：上层家庭起居室部分偏小，不如将主卧上侧的墙上移，去掉家庭起居室并入衣帽间。同时将书房原有的衣帽间拆除，扩大面积。顶部配有大玻璃采光窗和专用的卫生间的室内泳池更是极具奢华，使日常的休闲生活显得更加随意。

改造重点：增加主卧衣柜，拆除书房衣柜。

首先，将主卧上墙取齐，增加衣柜。

其次，将次卧衣柜拉直。

再次，去掉书房衣帽间。

最后，主卫侧向开门并加大洗手台。

面积不足干脆去掉，如家庭起居室；面积稍差尽量加大，如书房。

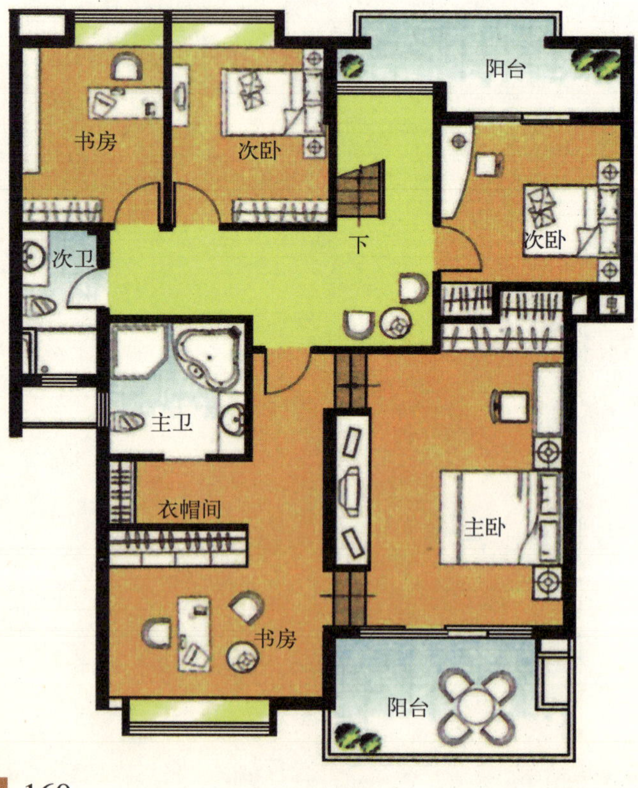

上层改前

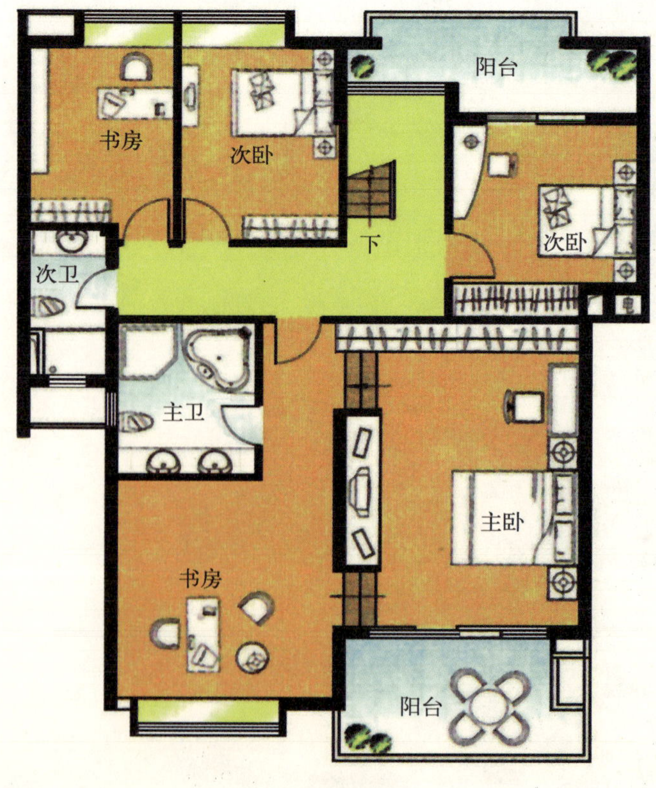

上层改后

广州南国奥林匹克花园

A 户型上层

空中别墅

改前

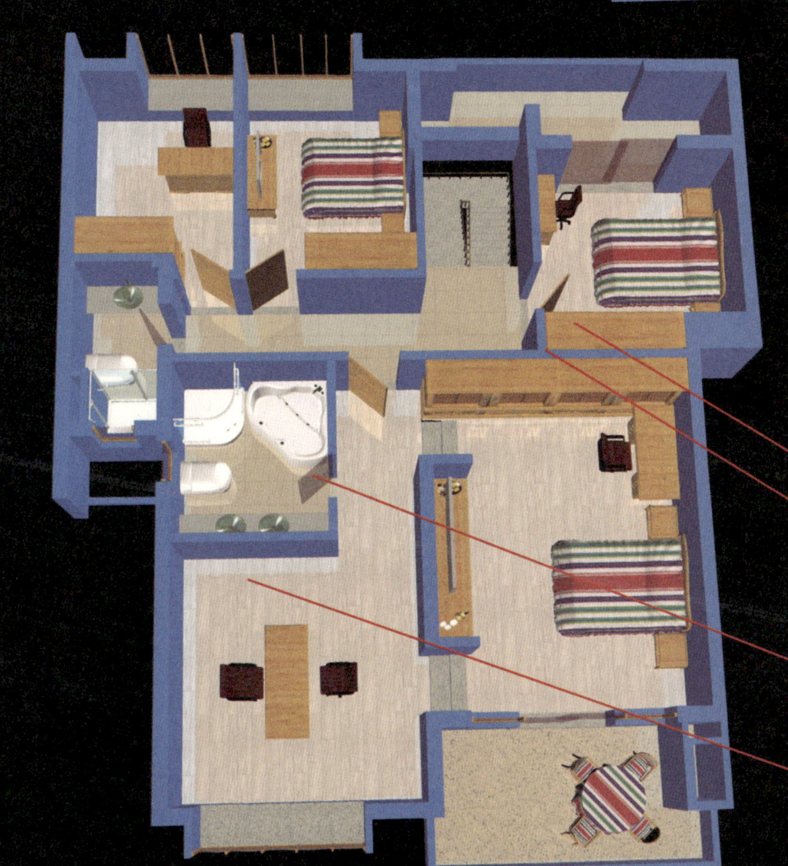

改后

- 次卧衣柜拉直。
- 主卧上墙取齐，增加衣柜。
- 主卫侧向开门并加大洗手台。
- 去掉书房衣帽间，

北京枫林绿洲

E 户型下层

空中别墅

环境氛围：位于北京市朝阳区大屯路，地处奥运商圈的黄金地带，毗邻奥运场馆、中科院科学园区、奥林匹克公园。南接北四环，西临京昌高速路，交通顺畅。项目占地 11.1 万平方米，总建筑面积 34 万平方米，绿化率 37%，容积率 3.06。建筑外墙采用橘红色高级面砖，充满着明快、热情、奔放的气息。

户型分析：五室二厅四卫一工人房的 E 户型，建筑面积 289 平方米。户型为项目中的空中别墅，分上层、下层和顶层，重叠结构，两面采光，异形部分朝向东南。最大的缺憾是，各空间拐角偏多，尺度怪异，浪费偏大。

功能布局：下层为起居空间，南部为大开间的客厅，两面采光，非常明亮；中部为厨房和客卫，存在问题是客卫的斜角虽然方便了外部交通，但形成了内部的挤压；北部为餐厅和门厅，圆形餐桌容易适应异形格局。

改造重点：规矩客卫，分隔餐厅和门厅。

先是将客卫右墙取直，将门移到北侧并反向开启。

然后将餐厅与阳台平行设置一道墙和门，使餐厅独立。

最后在门厅旁布置会客区。

对于过于变形的空间，保留主要居室的规整，而将异形部分留给次要的空间。

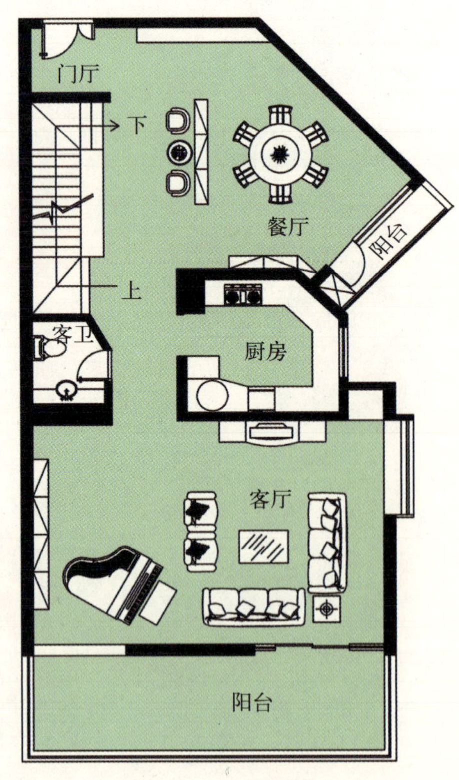

改前

改后

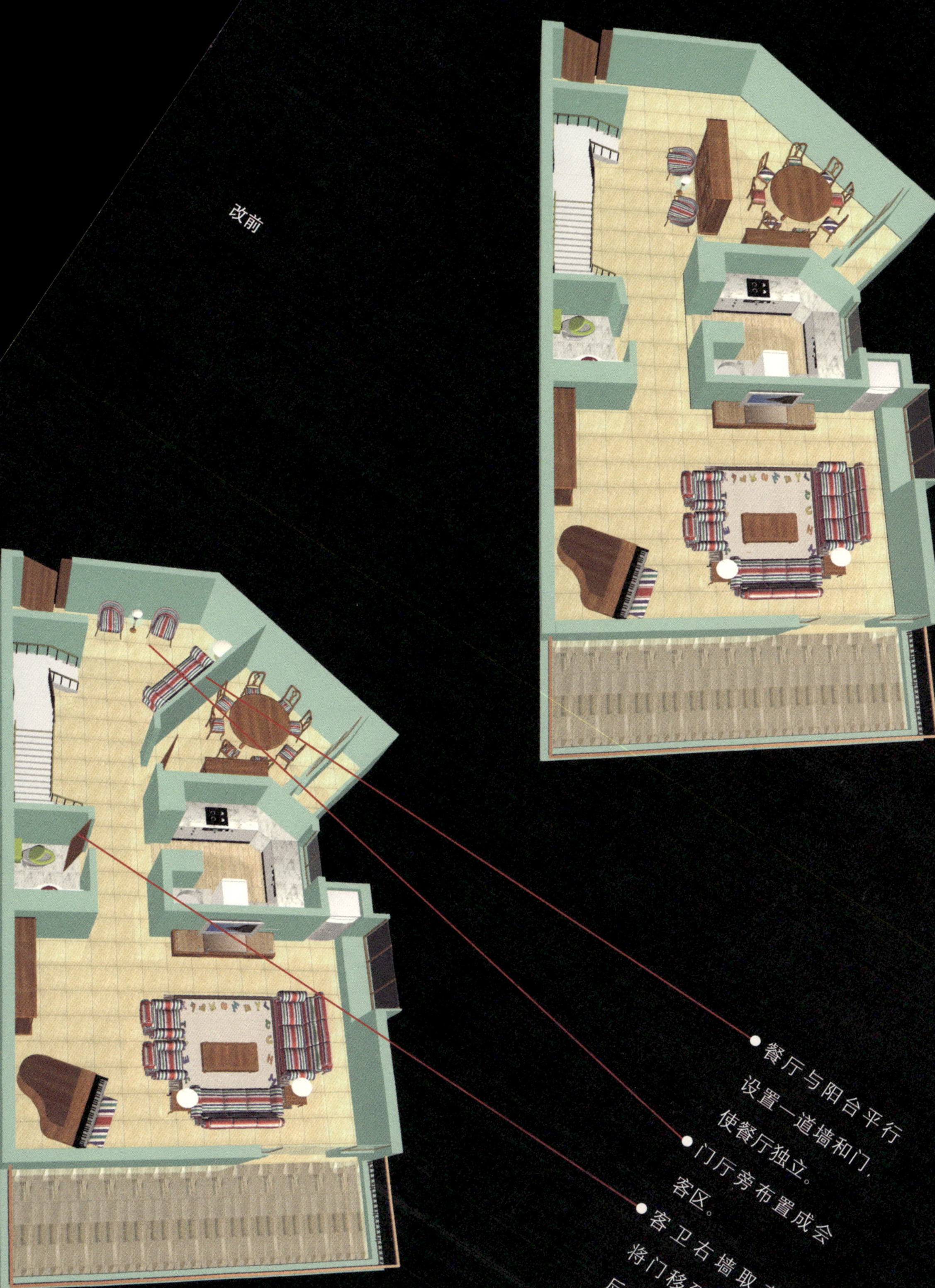

改前
餐厅与阳台平行设置一道墙和门，使餐厅独立。
门厅旁布置成会客区。
客卫右墙取
将门移

北京枫林绿洲

E 户型上／顶层

空中别墅

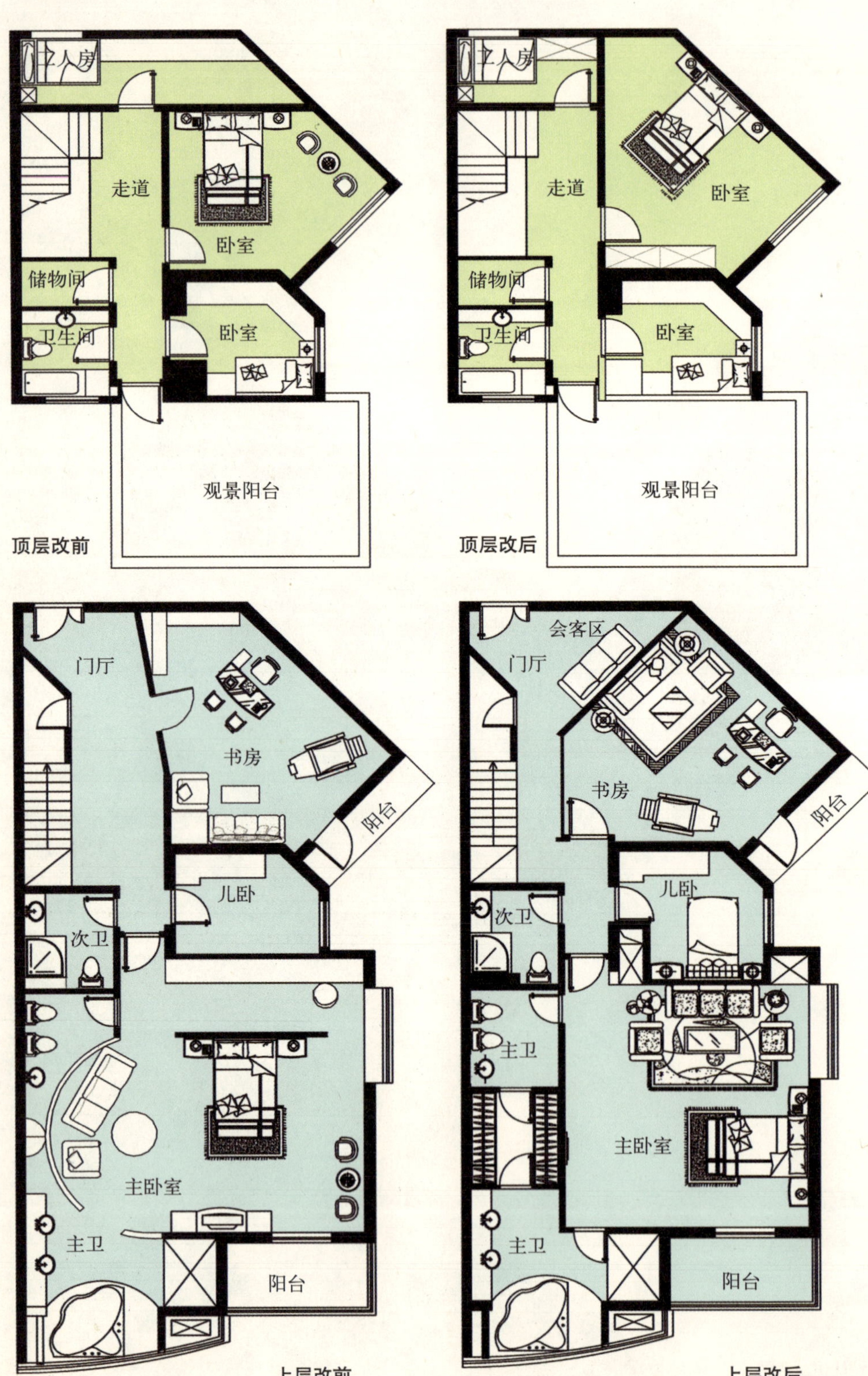

功能布局：上层为主人空间，有书房和主卧，但中间夹杂着儿童房，显得有些突兀。虽然主卧中的弧形显得另类，但与整体的风格不相和谐，同时也破坏了主卫的格局。

改造重点：规矩上层主卧，分隔书房和门厅；

先是将上层主卧左墙取直，中间增加贯通式衣帽间。

然后将书房与阳台平行设置一道墙和门，并拆除左上部分墙面。

接着在门厅旁布置第二会客区。

最后扩大顶层卧室，缩小工人房。

主卧过于变形并不舒服，并且衣帽间也是重要的配置，不应缺少。床平行窗户设置是最理想的布局。

北京枫林绿洲
E 户型上／顶层

空中别墅

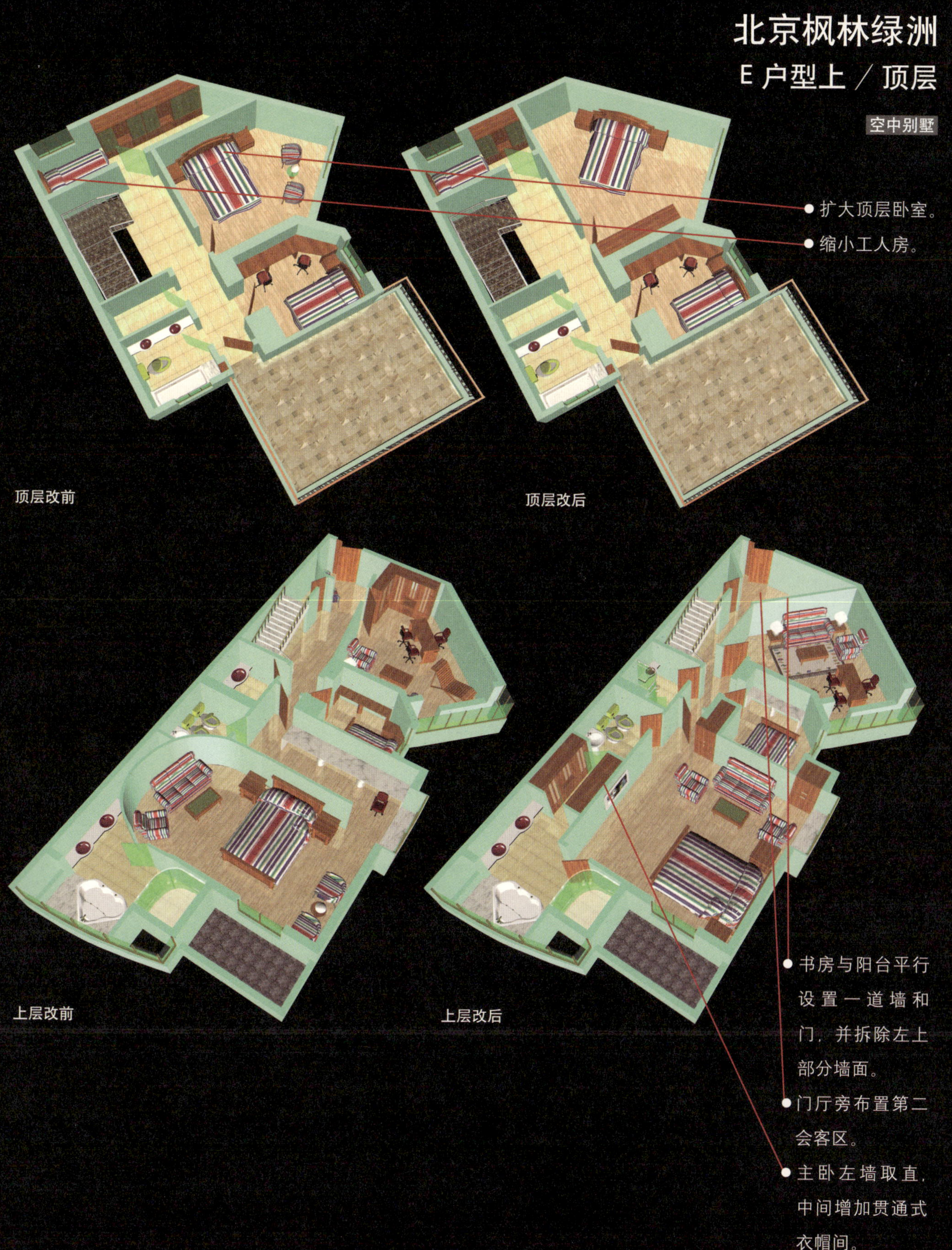

广州帝景苑

E 户型下层

空中别墅

环境氛围：位于广州市天河区天河北路与龙口西路的交汇处，占地 2.6 万平方米，总建筑面积 2.3 万平方米，绿化率 30%，由 6 栋 33 层 "井" 字形塔楼组成。

户型分析：四室三厅三卫一工人房一泳池的 E 户型，建筑面积 230.75 平方米。户型采用跃层加顶层的设计，下层为次卧、客卧和起居部分，上层为主卧、次卧和家庭起居部分，顶层为泳池和空中花园。虽然户型整体呈三角形，但异形部分基本消化在储藏间，居住空间无影响。

功能布局：四个卧室的弧形落地窗，充分展宽了视角，在近百米的高度俯瞰都市，激情荡漾。客厅挑空了两层，时尚而明亮。各空间尺度把握得比较到位，动静分离处理得也很合理，需要改进的是：客厅开间偏窄，若能将墙向左上方移动 40 ～ 70 厘米，仅仅缩小了储藏间的面积，却扩大了客厅的开间，非常实用；另外，厨房门若对着餐厅打开，并改成推拉门，既回避了直对客厅，又方便了就餐，显得更为实用。

改造重点：大次卧门右移，取直墙面；储藏间独立；增加门厅影壁墙；改开厨房门；工人房增加窗户。

首先，将大次卧门右移，取直右墙面，上端埋入三门衣柜。

其次，储藏间独立设置。

再次，门厅增加影壁墙，遮挡客厅。

接着，厨房改开推拉门朝向餐厅。

最后，工人房增加窗户。

调整后的空间关系更为紧密，客厅和门厅进行了有效的分离。

改前

改后

广州帝景苑
E 户型下层

空中别墅

改前

改后

- 厨房改开推拉门朝向餐厅。
- 门厅增加影壁墙，遮挡客厅。
- 工人房增加窗户。
- 大次卧门右移，取直右墙面，上端埋入三门衣柜。
- 储藏间独立设置。

广州帝景苑

E户型上／顶层

空中别墅

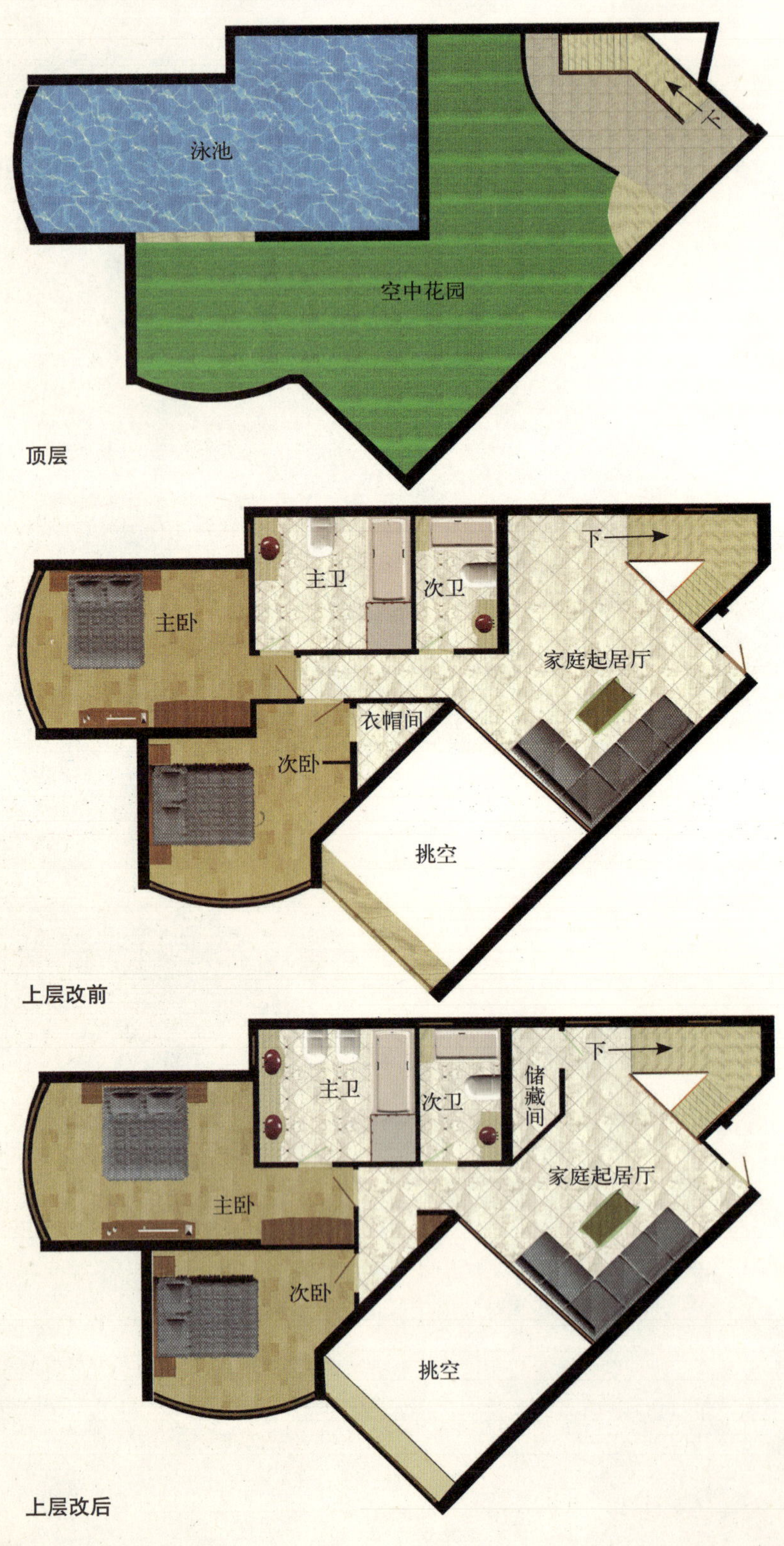

功能布局：家庭起居厅与下层的客厅相互交流，增加了生活情趣。上层的入户大门，方便了家具的搬运。尤其是顶层的泳池和宽大的空中花园，在繁华的市区中鹤立鸡群，形成了豪宅中的亮点。需要改进的是：主卧缺少独立的衣帽间，舒适度略低，建议将次卧的门右移，在主卧的走道里增加一排衣柜。

改造重点：主卧门右移，增加衣柜；调整主卫洁具；改开次卧门，取直墙面；增加储藏间。

首先，主卧门右移，增加一组三门衣柜。

其次，右移主卫门，调整洁具。

再次，取直墙面，改开次卧门。

最后，增加储藏间，保证家庭起居厅的电视墙面。

广州帝景苑
E 户型上层

空中别墅

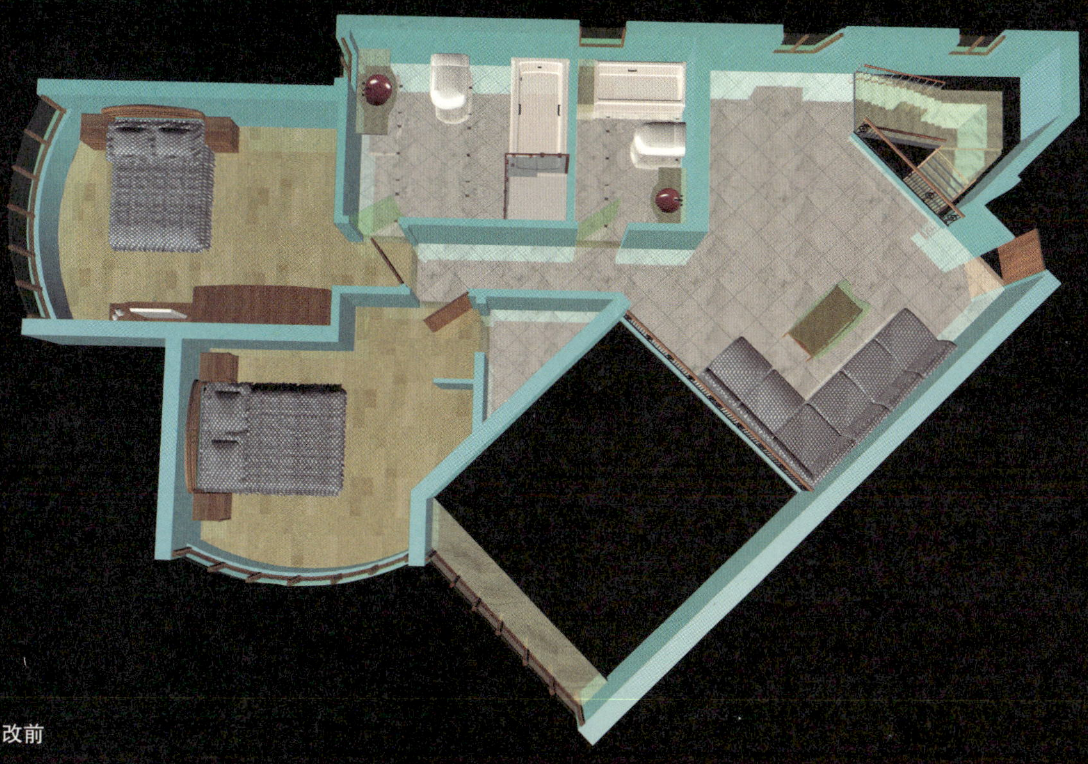

改前

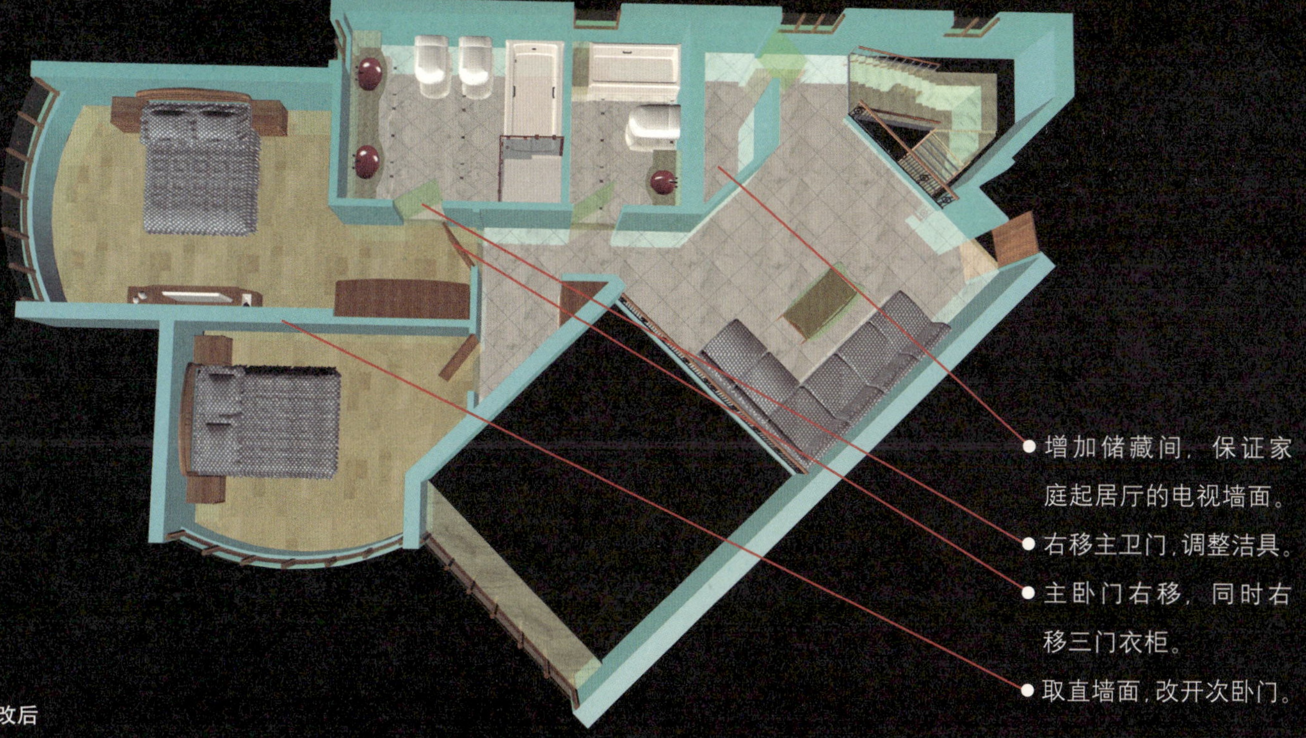

改后

北京星河湾

A1 户型下层

空中别墅

环境氛围： 位于北京市朝阳区东四环路外朝阳北路四季星河路，占地 34.7 万平方米，总建筑面积 60 万平方米，绿化率 60%，容积率 1.73，计 1600 套。项目北临得天独厚的 106.7 万平方米森林公园，东傍 133.4 万平方米的绿化隔离带。约 11 万平方米的生态公园环湖而建，景致如画。

户型分析： 七室三厅四卫一工人房的 A1 户型，建筑面积 510 平方米，使用率 90%。户型为复式结构，基本采用以客厅为中心的布局：下层客厅与餐厅贯通，中间有两个踏步，形成空间落差；上层部分挑空，扶栏内宽大的过廊、主卧独有的起居厅，以及纵贯两层的落地窗，显得气派非凡。

功能布局： 客厅、餐厅、门厅、几个次主卧和工人房的空间尺度控制得比较合理，在保证了舒适度的同时，尽可能地减少了面积的浪费。而下层次主卧旁的会客室和上层次主卧旁的书房，由于在楼体开槽内开窗，通风、采光非常不好。同时，次主卧的床头对着门，不太合理。

改造重点： 对调楼梯和会客厅；对调次主卧和次主卫。

先是调整会客厅，使会客厅直接采光。

然后楼梯设置在里侧，相对隐蔽。

接着次主卫调整到外侧。

最后次主卧设置在里侧，保持安静。

动区的会客室一定要保证优良的采光，而静区的次主卧一定要保持安静。

改前

改后

北京星河湾

A1 户型下层

空中别墅

改前

- 次主卫调整到外侧。
- 次主卧设置在里侧，保持安静。
- 楼梯设置在里侧，相对隐蔽。
- 调整会客室到外侧，使其直接采光。

改后

北京星河湾

A1 户型上层

空中别墅

功能布局：上层次主卧旁的书房，由于在楼体开槽内开窗，通风、采光非常不好；与主卧连通的衣帽间和书房，因为没有窗户，基本属于储藏空间，很不实用。而挑空的扶栏区域，应该考虑设置家庭起居室，与下层产生交流。

改造重点：对调楼梯和小书房；分隔主卧和小客厅成套房；将原书房改成衣帽间；增加家庭起居室。

先是对调楼梯和小书房，使小书房直接采光。

然后分隔主卧和小客厅，外间为大书房。

接着将原书房改成衣帽间。

最后增加家庭起居室，加强上下层的交流。

书房一定要保证优良的采光，而挑空空间一定要加强上下沟通。

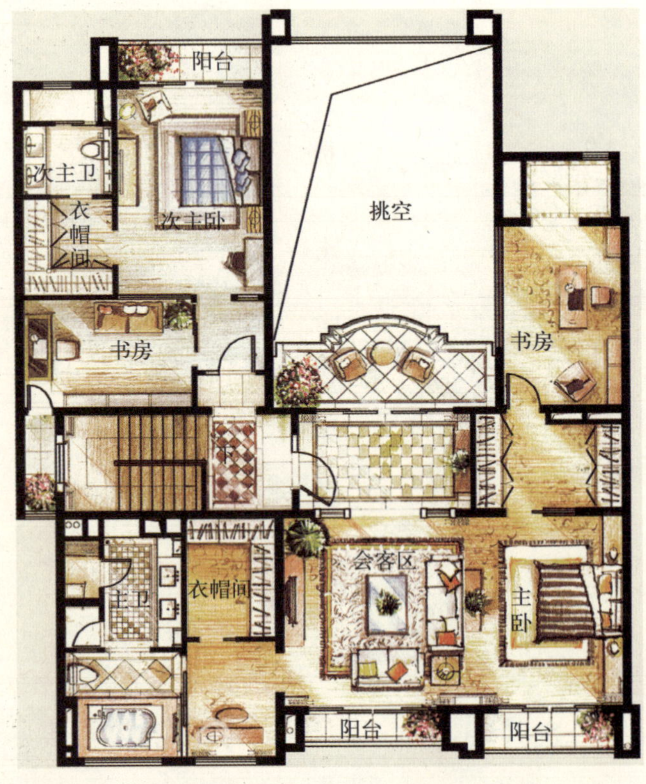

改前

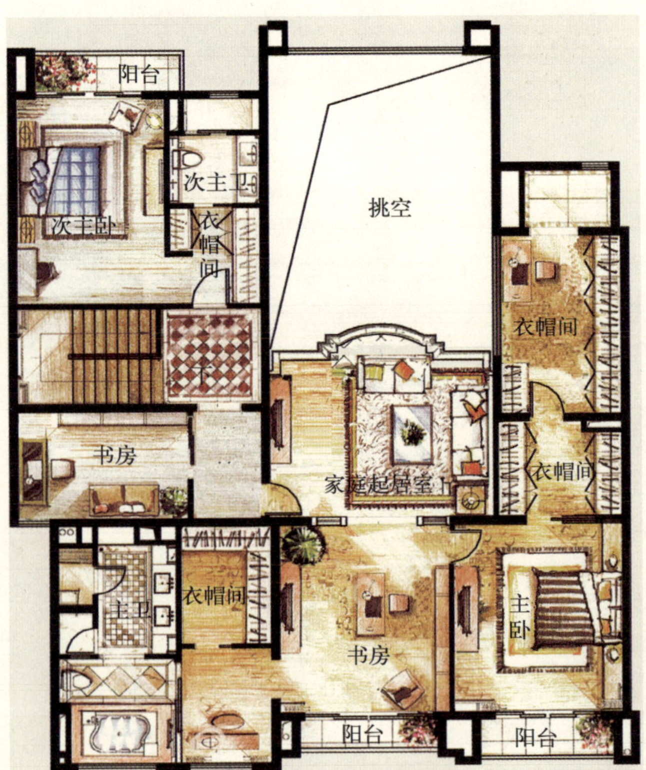

改后

北京星河湾
A1 户型上层

空中别墅

改前

- 原书房改成衣帽间。
- 增加家庭起居室，加强上下层的交流。
- 对调楼梯和小书房，使小书房直接采光。
- 分隔主卧和小会客区，外间为大书房。

改后

北京康斯丹郡
海德堡 E 户型

空中别墅

环境氛围：位于北京市朝阳区北苑路，东靠武警指挥学院，南邻鸿华、馨叶、灯光三大高尔夫球场，加之 50 米宽北苑路城市绿化带与小区相连，奥林匹克公园、万亩国家森林公园隔街相望，自然美景浑然天成。项目占地 2.3 万平方米，总建筑面积 7.9 万平方米，绿化率 35%，容积率 3.4，由 4 栋 6 ～ 9 层板式小高层围合而成。

户型分析：三室三厅二卫，建筑面积 390 平方米。户型为三面采光，从中间结构墙分隔动区和静区，相互干扰极小。由于注重了大面积、多功能的设计，使其拥有了奢华的气质。

功能布局：户型虽然居室不多，但比较偏重功能配置：像超大客厅分出休闲、就餐和会客的三个区域；厨房分出早餐厅和烹饪区域；主卫分出夫妻分用的座便和洗浴区域；主卧分出夫妻分用的衣帽间。可改进的是：这样大的户型，餐厅与客厅应该分开，并且与厨房相邻，方便使用；另外，大次卧的开间过大，不好使用。

改造重点：分隔客厅，独立出书房；扩大早餐厅，变成独立餐厅；拆除储藏间，连成会客厅；分割大次卧，改成两个卧室。

首先，在客厅折角处增加一道玻璃隔墙，分出独立书房，同时门厅处设置一个实用的衣柜。

其次，拆掉洗衣间，将早餐厅改成餐厅，并在厨房增加推拉门，避免油烟的干扰。同时把洗衣间设置在厨房下端。

再次，拆掉储藏间，将会客室扩大。

最后，将大次卧一分为二，同时缩小小次卧的开间，使三个次卧的尺度和面积协调。

调整完后，将主卧的家具对调方向，保证会客区对着门口。

调整的结果，在各空间面积均衡的同时，又增加了书房、卧室等功能区域，并且避免了餐厅与客厅混杂的局面。

改前

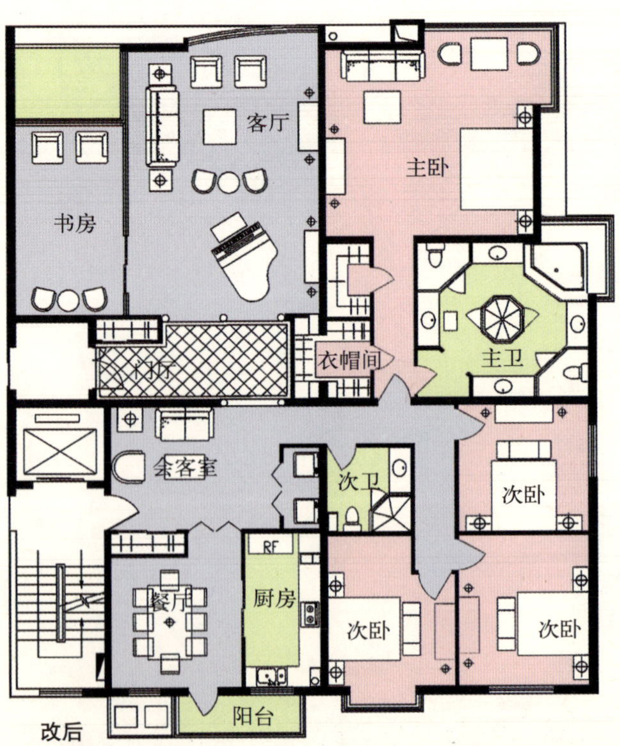

改后

北京康斯丹郡
海德堡 E 户型

空中别墅

改前

- 客厅折角处增加一道玻璃隔墙，分出独立书房。
- 门厅处设置一个实用的衣柜。
- 主卧的家具对调方向，保证会客区对着门口。
- 拆掉储藏间，将会客室扩大。
- 把洗衣间设置在厨房上端。
- 拆掉洗衣间，将早餐厅改成餐厅。
- 厨房增加推拉门，避免油烟的干扰。
- 缩小小次卧的开间，使三个次卧的尺度和面积协调。
- 大次卧一分为二。

改后

杭州绿城蓝色钱江

1–A 户型下层

空中别墅

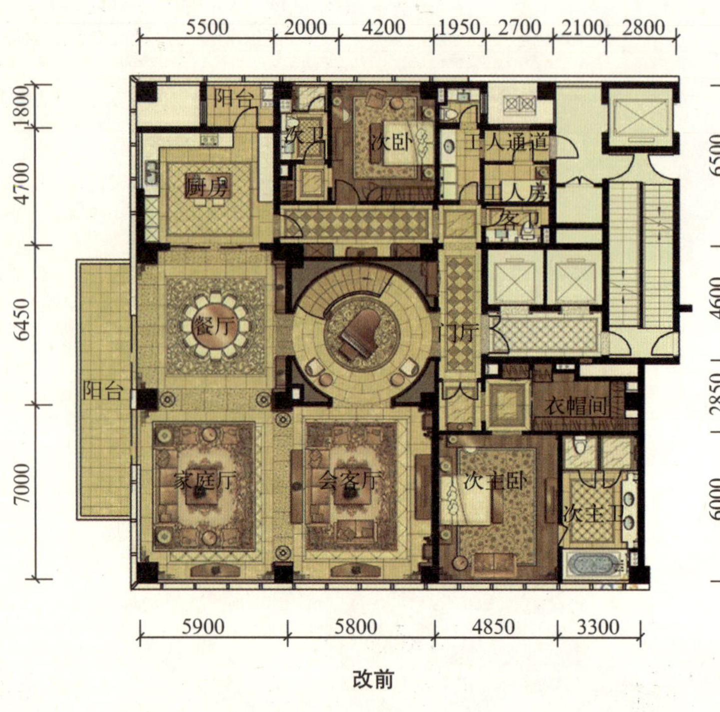

改前

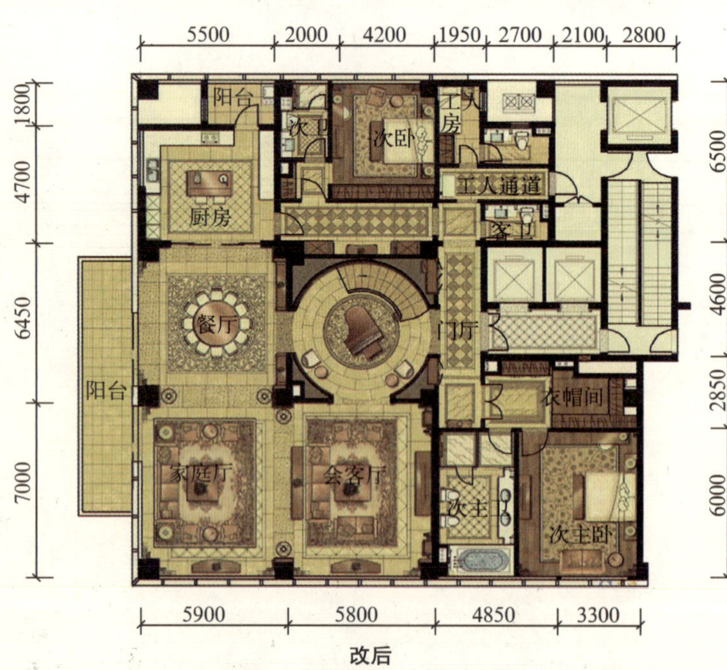

改后

环境氛围：位于浙江省杭州市上城区望江路，南向钱塘江，东与望江公园相邻，西接闻潮路与城市绿地，北傍新塘河及景观绿化带。项目占地8.4万平方米，总建筑面积30万平方米，绿化率30%，容积率3.52，共1500户。

户型分析：1–A户型为六室三厅六卫一工人房，建筑面积713平方米，占据顶层，三面采光。楼体为框架结构加全玻璃幕墙，通透明亮，现代感十足。圆形楼梯形成了交通转换空间，从门厅处便彰显了豪宅的气势，但不足的是，反向上楼使楼梯肚子暴露在门厅，影响视觉的同时，上楼须反向绕行，同时，半边楼梯的布局也使得圆形厅中心不够平衡。

功能布局：下层次主卧入门经过两个过渡空间，有些重复，并且次主卫门开在卧室里侧，有些绕行，应该对调，将门设在里侧。另外，北次卧的门应该充分利用卫生间外侧的过渡空间，以保持卧室的私密。同时，工人空间也要适当调整，下移工人通道，减少与工人房的交叉干扰。

改造重点：对调次主卫和次主卧；调整次主卫洁具；缩小次主卧衣帽间和门厅；左移次卧门，形成次卧门厅；工人房调整到上端直接采光；工卫变成明卫；工人通道下移，缩短动线；客卫垂直反转。

一是将次主卫移至左侧，门开在上端，同时调整洁具。

二是将次主卧移至右侧。

三是次主卧门开在里侧，避免直对着门厅。

四是左移次卧门，形成间接入室，同时延长衣柜。

五是工人房调整到上端直接采光。

六是工卫变成明卫。

七是工人通道下移，缩短动线，避免与工人房交叉干扰。

八是客卫垂直反转。

调整后，入户上楼直截了当，同时次主卧和次卧的门厅成了入卧室、卫生间的转换空间，很显档次。另外，工人空间的调整，进一步提高了舒适度。

杭州绿城蓝色钱江

1–A 户型下层

空中别墅

改前

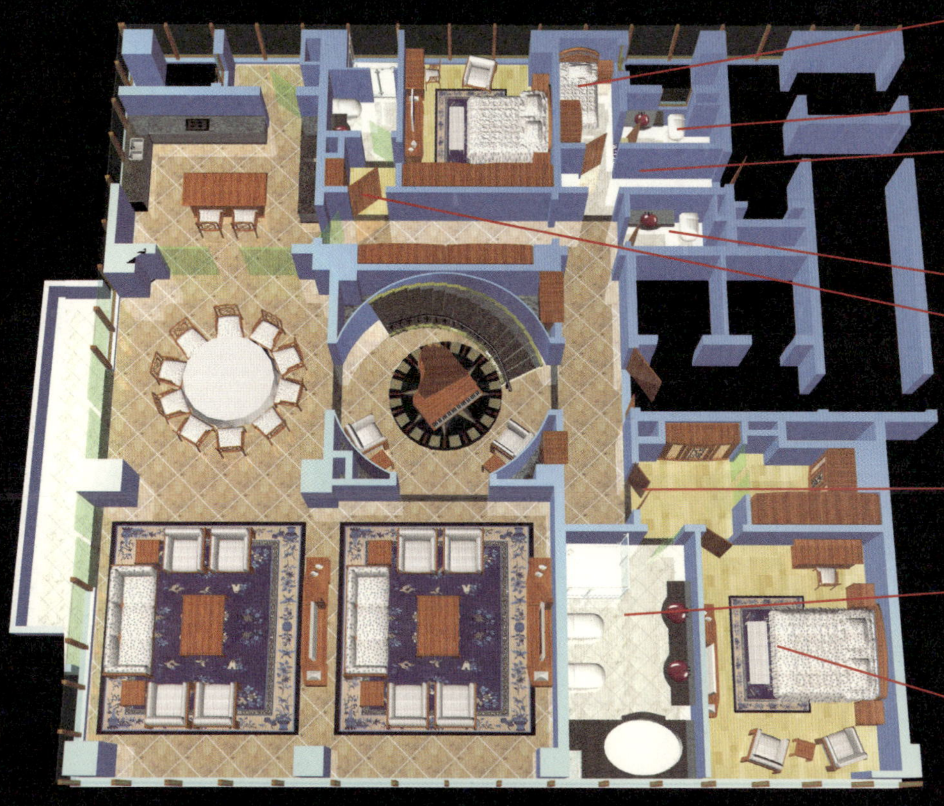

- 工人房调整到上端直接采光。
- 工卫变成明卫。
- 工人通道下移，缩短动线，避免与工人房交叉干扰。
- 客卫垂直反转洁具。
- 左移次卧门，形成间接入室，同时延长衣柜。
- 次主卧门开在里侧，避免直对着门厅。
- 次主卫移至左侧，门开在上端，同时调整洁具。
- 次主卧移至右侧。

改后

杭州绿城蓝色钱江

1–A 户型上层

空中别墅

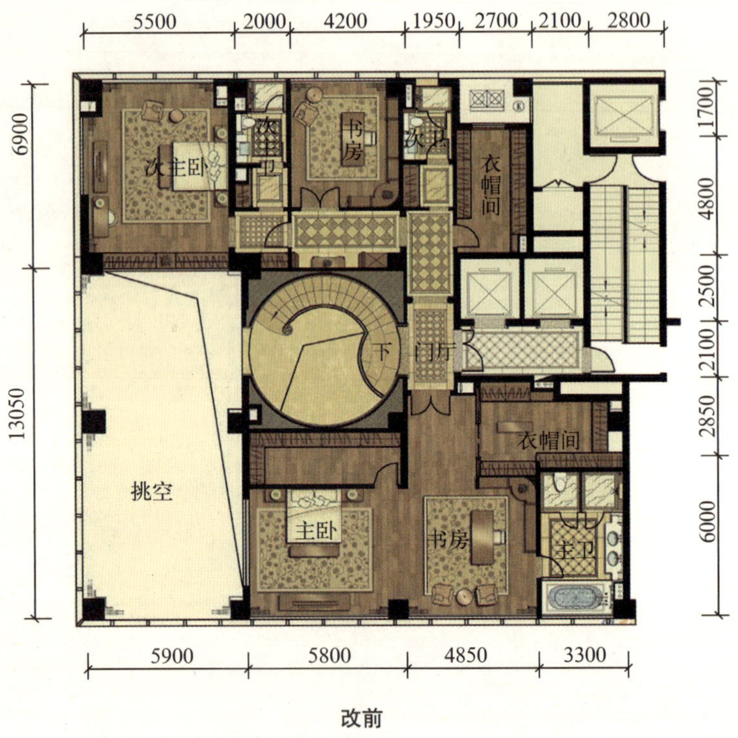

改前

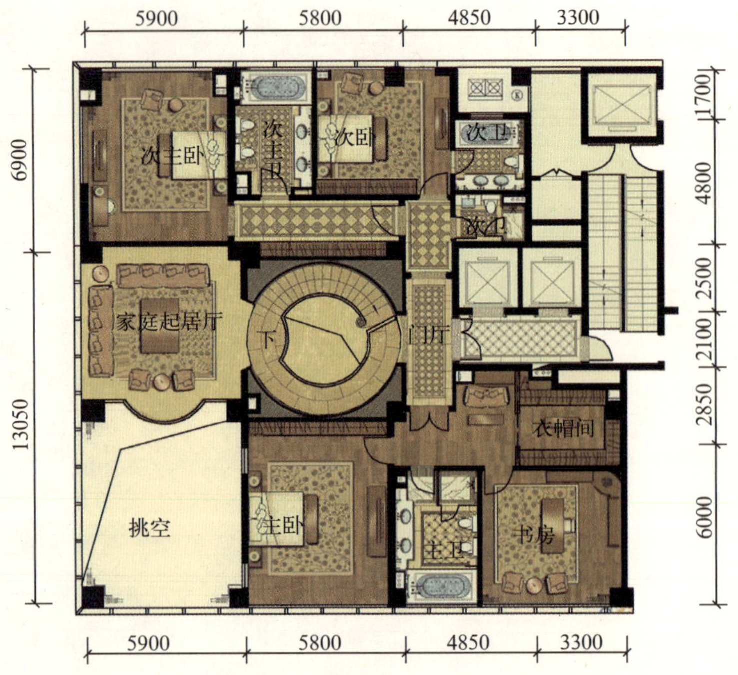

改后

功能布局：上层餐厅和家庭起居室挑空，形成了一定的气势，但不足的是，挑空部分有些偏长，并且没有与上层其他空间和楼梯形成交流，显得呆板。主人空间布局过于凌乱：主卧床尾对着窗户，不符合正常的摆放；书房与门厅直对，形成了“刀把”型，很不稳定；主卫门开在里侧，出入绕行书房，不太方便；同时两个衣帽间也显得有些重复。北次主卫开间偏小，与卧室不相匹配。书房面积局促，同时功能有些重复。建议将衣帽间改成两个卫生间，以便扩大书房为卧室。

改造重点：增加隔层，设置上层家庭起居厅；偏转主卧家具，增加隔墙，去掉衣帽间；对调书房和主卫，并调整洁具；扩大次主卫，调整洁具；扩大书房，改成卧室；衣帽间改成两个卫生间。

一是将餐厅上端增加隔层，并将北墙北移，去掉衣柜，设置上层家庭起居厅。

二是将反转的楼梯南侧增加走廊，与楼梯对称，同时便于通向家庭起居厅和下楼。

三是拆掉衣帽间，隔出主卧并偏转床。

四是主卧通向挑空大厅的窗改成窄条窗。

五是左移主卫，并调整洁具。

六是次主卧门调整到右侧，增加衣柜。

七是拆掉次卫，扩大书房成卧室。

八是衣帽间改成两个卫生间。

调整后，消化了交通空间，实用率大大提高。增加的上层家庭起居厅，不仅增加了实用的空间，还加强了与下层的交流，活跃了空间。主人空间的卧室和书房的分离，不仅减少交叉干扰，还可以体验夫妻分居的新时尚。同时书房扩大改成卧室，也使空间变得更为实用。

杭州绿城蓝色钱江

1-A 户型上层

空中别墅

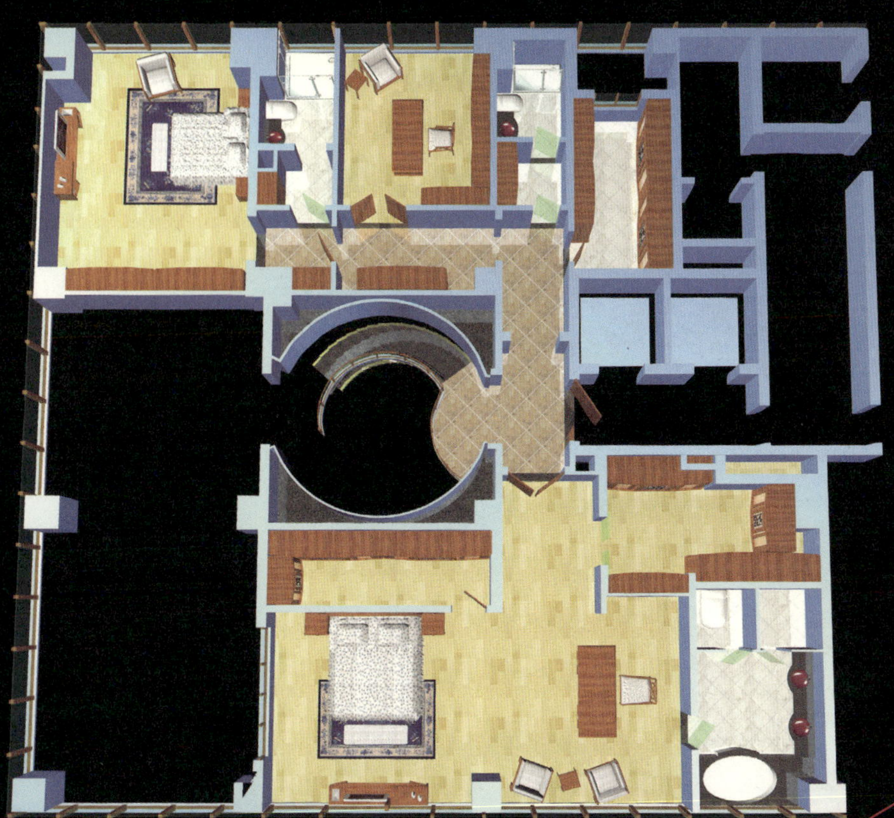

改前

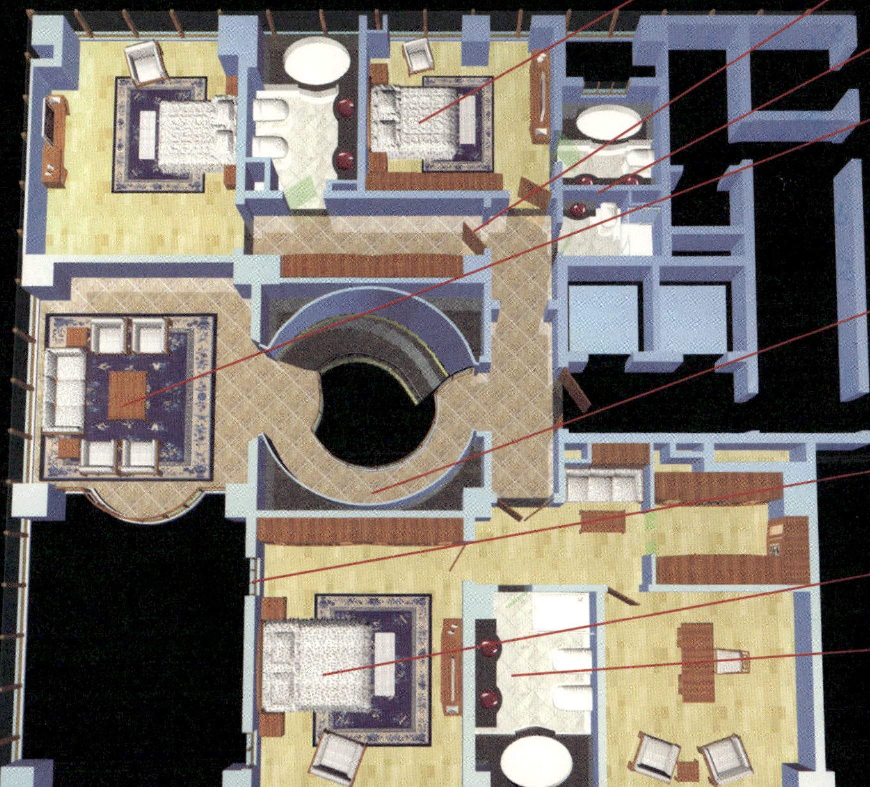

改后

- 拆掉次卫，扩大书房成卧室。
- 次主卧门调整到右侧，增加衣柜。
- 原衣帽间改成两个卫生间。
- 餐厅上端增加隔层，并将北墙北移，去掉衣柜，设置上层家庭起居厅。
- 反转的楼梯南侧增加走廊，与楼梯对称，同时便于通向家庭起居厅和下楼。
- 主卧通向挑空大厅的窗改成窄条窗。
- 拆掉衣帽间，隔出主卧并偏转床。
- 左移主卫，并调整洁具。

北京长安 8 号

A 户型

空中别墅

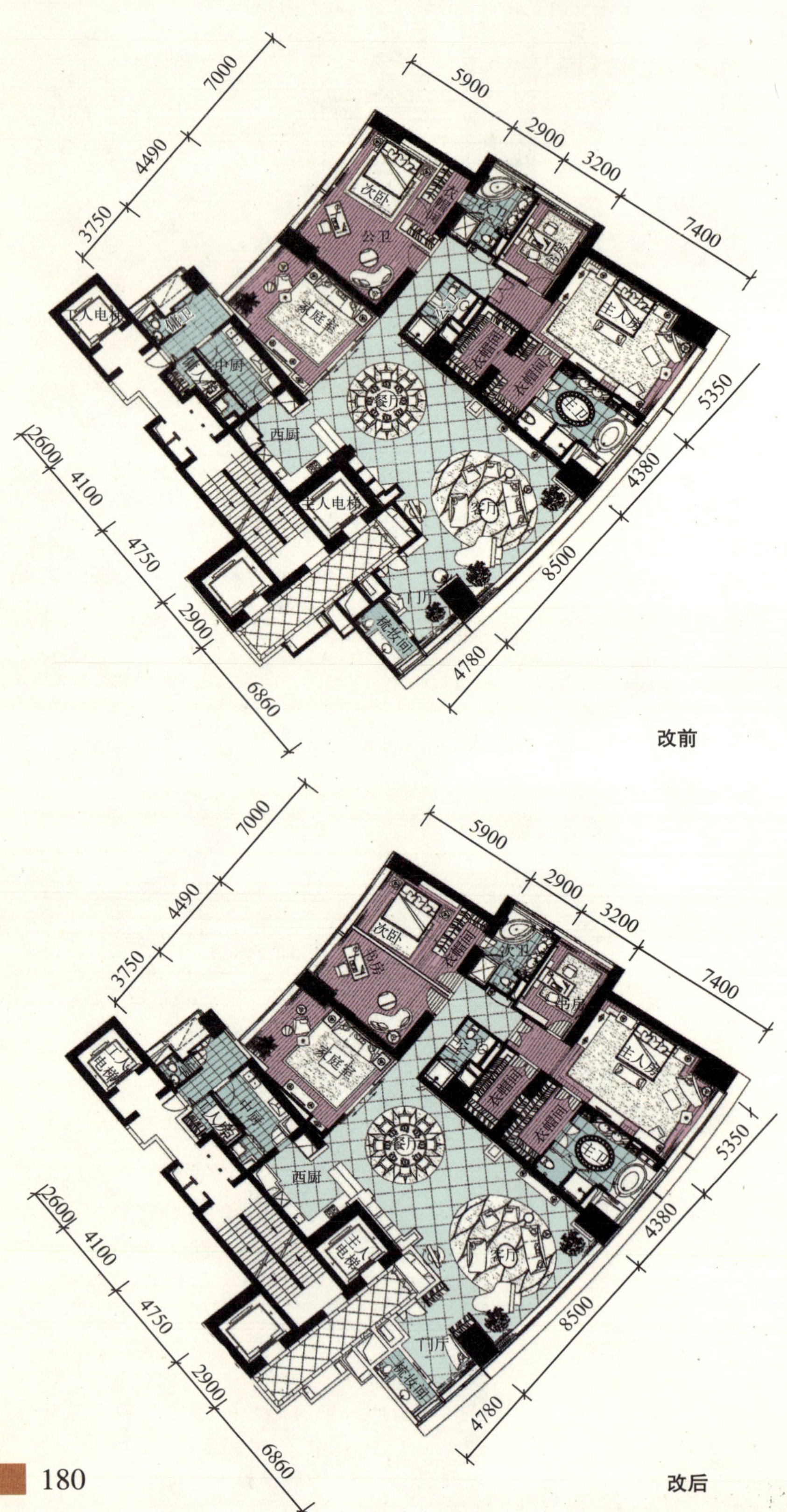

改前

改后

环境氛围：位于北京市朝阳区建国路 86 号，地处大望桥东南的 CBD 区域，与华贸中心、SOHO 现代城隔街相望。项目总建筑面积 25 万平方米，由两栋低碳公寓组成，包括南楼高档公寓 10 万平方米，北楼商务公寓（27 ～ 39 层）2 万平方米。户型面积标准层 270 ～ 480 平方米，楼王层 640 ～ 1800 平方米，共计 273 套。

户型分析：该户型处在弧形板楼的东南侧，三面采光，四室二厅四卫一工人房，建筑面积 480 平方米。由于项目定位于高端大户型，户型同时采用了主佣双电梯、中西双厨房、双起居厅，极具奢华。

功能布局：主人空间的近 10 米面宽，使阳光主卫和卧室的分隔极为舒适，尤其是侧向采光的书房，与卧室若即若离，保证了合中有分。门厅内置公共卫生间，是户型的独到设计，避免了来宾如厕要深入静区的尴尬，但缺乏与之配套的更衣间也是一个明显的硬伤。

缺憾是：客厅的开间达到了 8 米左右，但由于门厅的分割，缺乏连续的双平行线，不够稳定；次卧的开间达到了 7 米，超过了主卧，不够均好；工人房过于狭小，不够人性。可以考虑将次卧一分为二，平衡空间配比。

改造重点：门厅增设衣柜；分隔主卧衣帽间；分割次卧。

先是将门厅入口处增加两组衣柜，拆掉原来的小衣柜，扩大门厅的面积，并在窗前放置沙发，保证其功能实用。

然后将主卧衣帽套间分离，不仅增加衣柜，还能利于通风。

最后将次卧一分为二，避免超过主卧开间，同时也增加了一间实用的书房。

大户型也要注意面积的配比，尤其是功能空间的舒适和实用。

北京长安8号

A户型

空中别墅

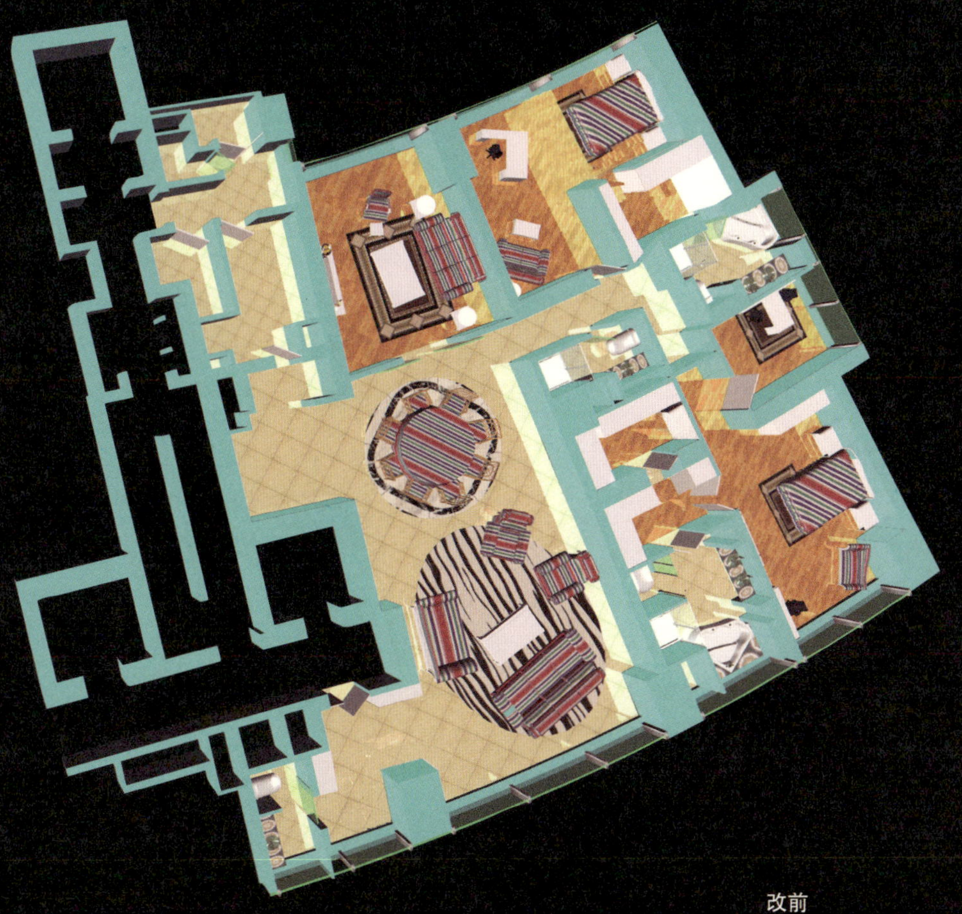

改前

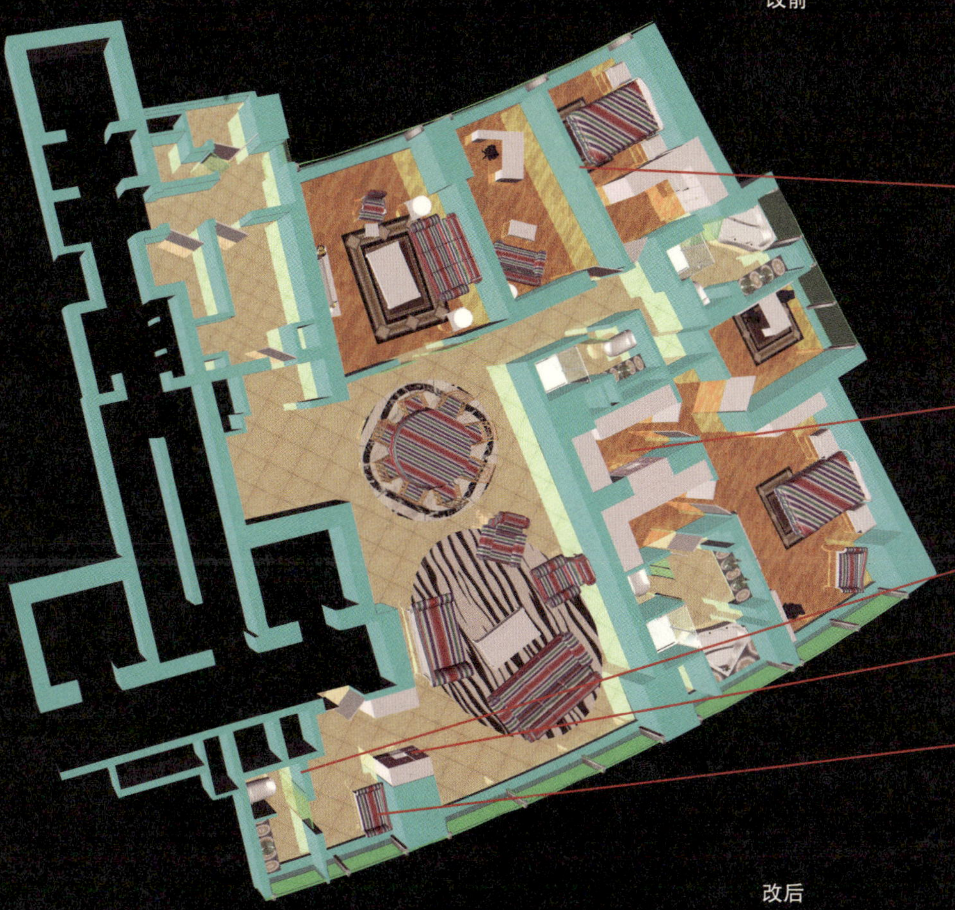

改后

北京万科 · 大都会

E 户型

空中别墅

环境氛围：位于北京市朝阳区国贸桥东南。项目为 36 米见方的独栋框架楼，在 16～23 层设置了 69 套超大户型的私人会所，以适应 CBD 商务区内高端社交的需要。

户型分析：该楼为 5 梯 3 户，E 户型三室三厅四卫，建筑面积 609 平方米，三面采光。户型占据了整个南面，横向展开，为保证全玻璃幕墙的通透性，厨房、藏酒柜、藏书阁等采用“盒子”设计，使其嵌在户型中间。

功能布局：户型右侧为静区，包括主卧和次主卧，单独设置大门出入。中部为大门和餐饮、休闲空间，左部为会客区。存在问题是：交通动线过长；各空间交叉干扰偏大；空间配比不合理。如：主卧床朝向窗户，电视放在侧面；次主卧床尾对着柱子；厨房设在中间，非常灰暗；几个卫生间洁具放置混乱，使用不便；门厅过窄，与大户型不匹配。更主要的是，没能巧妙地包住柱子，空间非常细碎。

改造重点：调整主卧，设置独立衣帽间和书房；调整次主卧，增设书写区；调整厨房为明空间；集中餐厅和藏酒柜；扩大客厅；扩大大门门厅，增设休息区。

一是将主卧衣帽间明窗设置，入门处形成门厅。

二是将床偏转 90°，电视放在床尾。

三是主卫调整到东南角，两面采光并包住柱子。

四是增加书房。

五是次主卫下移。

六是扩大次主卧，设置书写区。

七是次主卧衣柜正好埋进凹槽，入门处形成门厅。

八是厨房直接采光。

九是藏酒柜设在右侧。

十是餐厅采用对开门，里侧设置小咖啡区。

十一是扩大客厅，采用对开门。

十二是扩大大门门厅和客卫，设置休息区。

调整后，柱子都被巧妙地包住，主卧方正，主卫明亮，书房适用，次主卧开间加大，厨房通风加强，餐厅功能细化，客厅尺度加大，门厅扩展，使户型的档次大幅提高。

改前

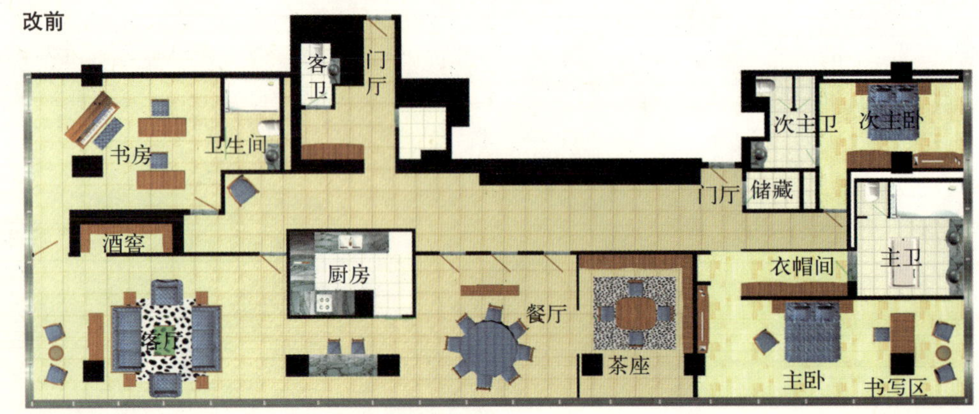

改后

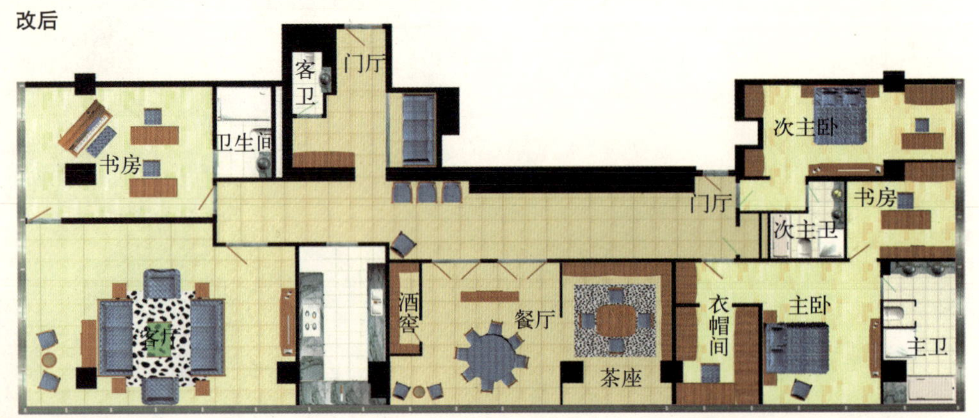

北京万科 · 大都会

E 户型

空中别墅

改前

- 次主卧衣柜正好埋进凹槽。
- 入门处形成门厅。
- 次主卫下移。
- 扩大次主卧，设置书写区。

改后

- 餐厅采用对开门。
- 扩大大门门厅和客卫，设置休息区。
- 酒窖设在厨房右侧。
- 里侧设置小咖啡区。
- 厨房直接采光。
- 扩大客厅，采用对开门。

- 主卫调整到东南角，两面采光并包住柱子。
- 增加书房。
- 床偏转 90°，电视放置在床尾。
- 入门处形成门厅。
- 主卧衣帽间明窗设置。

上海汤臣一品

A 栋户型

空中别墅

环境氛围：位于上海市浦东区浦东花园石桥路 28 弄的陆家嘴核心区，与东方明珠、金茂大厦、环球金融中心等地标性建筑并肩而立，全览陆家嘴一线景观和外滩与黄浦江的恢宏气魄。项目占地 2 万平方米，总建筑面积 14 万平方米，绿化率 40%，容积率 7.0，共 220 户超高档住宅。

户型分析：该层为 3 梯 1 户，六室三厅四卫二工人房，建筑面积 597 平方米。由于该户占据整层，形成四面采光，加上每平方米单价达到 16 万，成为了国内罕见的豪宅。户型中间和左上角为交通管井，形成“L”形，交通动线过长，同时左上的采光面没能为户型内部居室所用，有些可惜。

功能布局：户型右半部为静区，集中了 4 个卧室和 1 个家庭起居室，用一条狭长走廊联系；左半部为动区，客厅、双餐厅、厨房和工人房占据了小半空间。存在问题是：步行梯与电梯过远，消防疏散不利；工人房均为黑空间，舒适度极低；右上角的次主卧为“刀把”形，空间比例不当。

改造重点：调整交通管井；扩大客厅开间；门厅改成“十字形”；调整主人空间；改造次主卧布局；工人房移至左上角，变成全明居室。

一是将步行梯调整到电梯左侧，形成方正的交通管井。

二是将客厅左墙左移，加大开间。

三是门厅设置成“十字形”，左边通向餐厅，右边通向卧室，避免干扰客厅。

四是主卧和主卫上移隔墙，增加进深。

五是书房门改在衣帽间内，保持主卧电视墙面的连贯。

六是下移次主卫下墙，扩大面积。

七是调整次主卧家具方向，下移窗户。

八是工人房移至左上角，变成全明居室。

调整后，集中了交通管井，动线便捷，同时客厅、门厅功能纯粹，减少相互交叉干扰，并且工人房也很人性。

改前

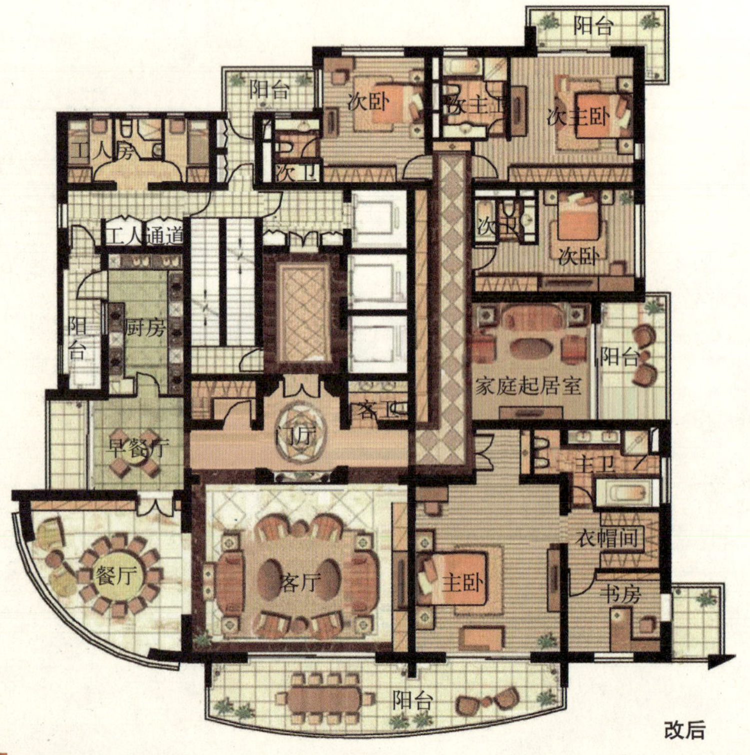

改后

上海汤臣一品
A 栋户型

空中别墅

改前

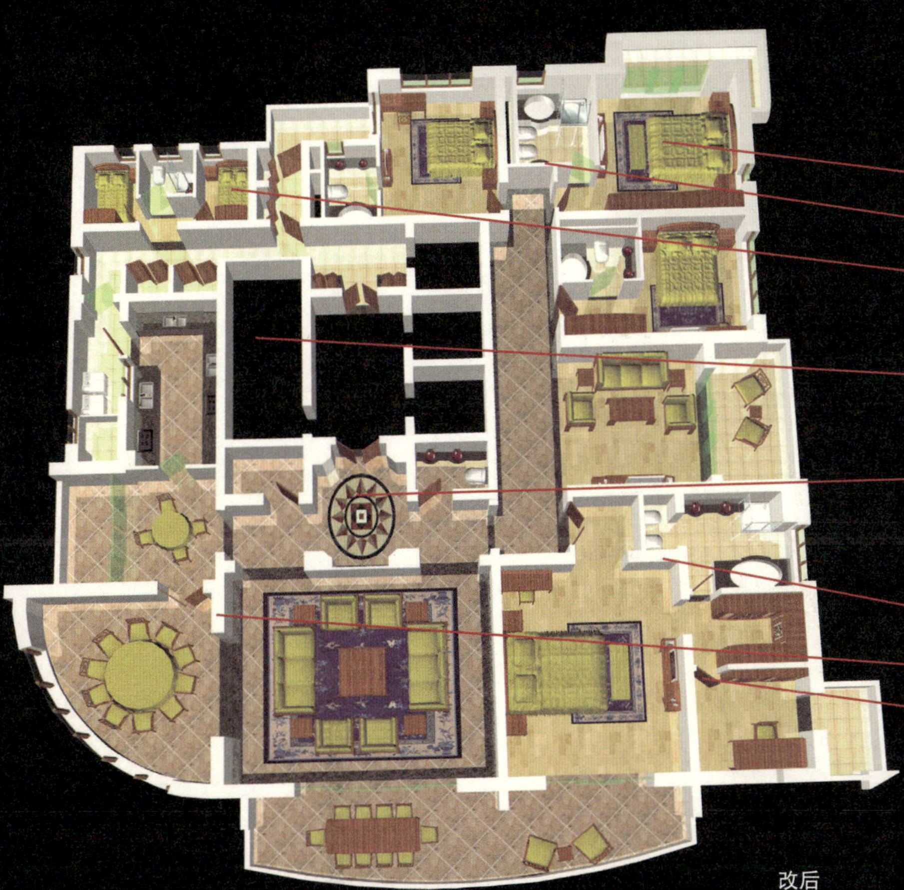
改后

- 调整次主卧家具方向。
- 下移次主卫下墙，扩大面积。
- 工人房移至左上角，变成全明居室。
- 步行梯调整到电梯左侧，形成方正的交通管井。
- 门厅设置成“十字形”，左边通向餐厅，右边通向卧室，避免干扰客厅。
- 主卧上移隔墙，增加进深。
- 客厅左墙左移，加大开间。
- 书房门改在衣帽间内，保持主卧电视墙面的连贯。

北京钓鱼台七号

B 户型

空中别墅

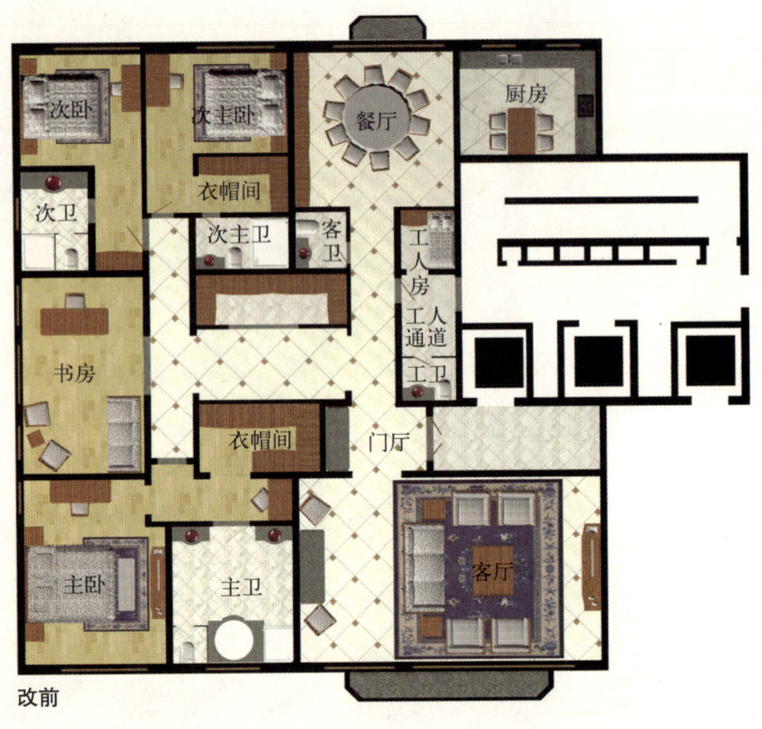

改前

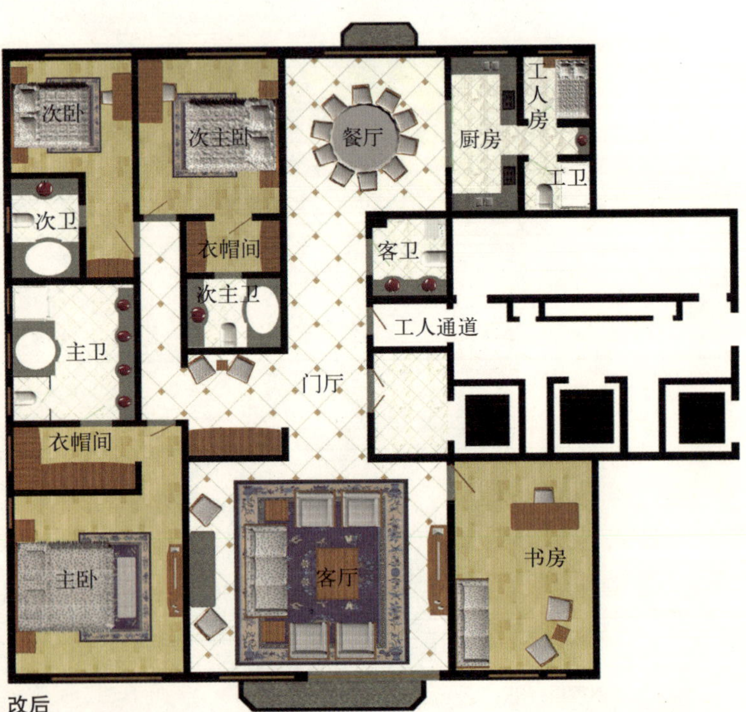

改后

环境氛围：位于北京市海淀区玉渊潭公园北岸，东侧紧邻钓鱼台国宾馆。项目占地 1.7 万平方米，总建筑面积 4.3 万平方米，绿化率 30%，容积率 2.58，共 106 户。

户型分析：该板楼为 3 梯 2 户，B 户型四室二厅四卫一工人房，建筑面积 411.33 平方米，三面采光。户型虽然为纯板楼，但卧室部分南北缺乏对流，而起居部分的餐厅和客厅虽然有部分对流，但通道过于狭窄。另外，由于门厅设置在客厅上端，挤压了进深客厅，使其开间过多大于进深，比例不当。

功能布局：户型左半部为 3 个卧室和书房的静区，集中而隐蔽；右半部为客厅、餐厅和厨房的动区，区域划分比较明确。存在问题是：中部的交通过于拖拉，一个很大衣柜填补了空间；客厅开间过大、进深稍短，并且与餐厅、门厅都缺乏呼应，通透性不足；工人房为黑空间，与工卫之间的部分也显得松散。

改造重点：下移交通管井；改变门厅；调整书房和主卫；扩大主卧和次主卧；改造厨房和工人房。

一是将交通管井下移，增加厨房进深，缩短门厅和客厅进深。

二是将主人电梯向左偏转 90°，门厅改在左侧。

三是书房移到客厅右侧，充分利用原门厅空间。

四是客厅设置在中部，增加进深，缩小开间。

五是主卫移至主卧上端，与衣帽间一气呵成。

六是扩大主卧开间。

七是下移次主卫和衣帽间，扩大次主卫面积。

八是工人房调整到厨房里侧，形成明居室。

九是走廊保留小衣柜，与门厅紧密联系。

调整后，扩大了客厅和主卧开间，扩大了次主卧进深，缩短了交通动线，使餐厅、门厅和客厅互相借用空间，工人房也变得明亮、舒适了。

北京钓鱼台七号

B 户型

空中别墅

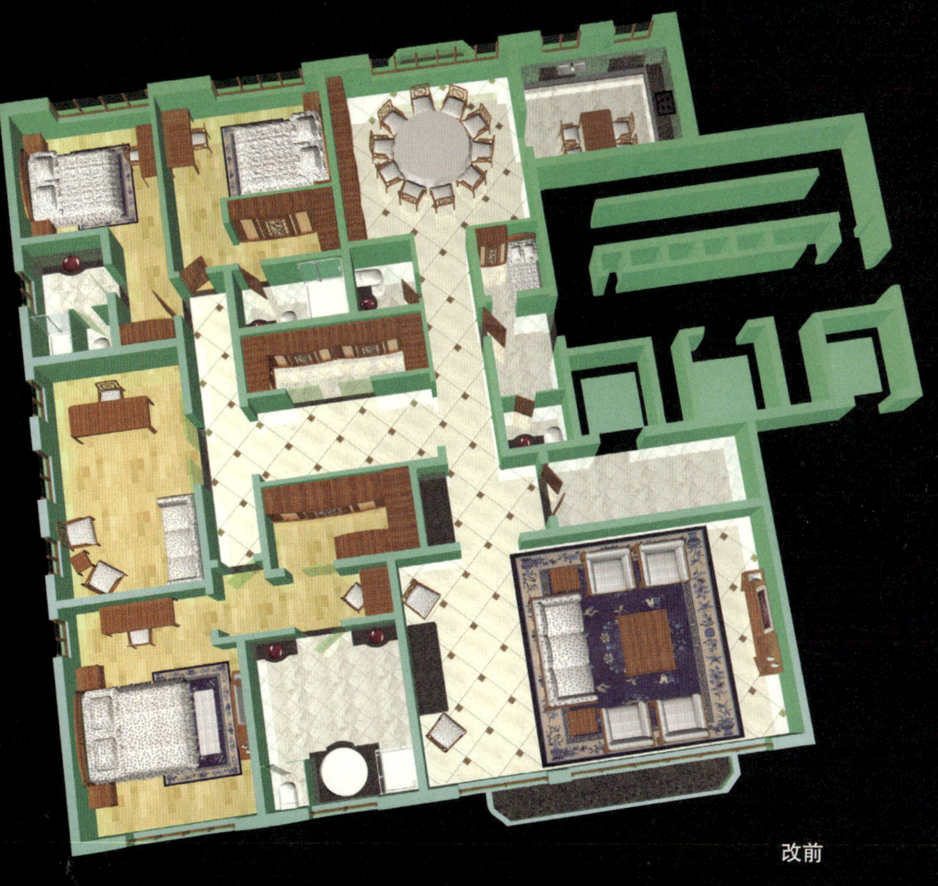

改前

改后

- 工人房调整到厨房里侧，形成明居室。
- 交通管井下移，增加厨房进深。
- 下移次主卫和衣帽间，扩大次主卫面积。
- 主卫移至主卧上端，与衣帽间一气呵成。
- 主人电梯向左偏转 90°，门厅改在左侧。
- 走廊保留小衣柜，与门厅紧密联系。
- 书房移到客厅右侧，充分利用原门厅空间。
- 客厅设置在中部，增加进深，缩小开间。
- 扩大主卧开间。

北京阳光上东
A 座豪宅户型

空中别墅

环境氛围： 位于北京市朝阳区霄云桥东南角的东四环北路6号。项目占地47公顷，总建筑面积72万平方米，绿化率37%，容积率1.53，由7栋板楼组成，2483户。

户型分析： 西班牙组团的A座2梯1户，豪宅户型为五室三厅四卫一工人房，建筑面积473.41平方米，占据整层，四面采光。户型采用双入户门，空间划分明确，这样设计的好处是各区域相互干扰很少，可以有效地缩短交通动线。

功能布局： 户型右半部为静区，由4个卧室和3个卫生间组成，存在问题是进入主卫和衣帽间的门设在里侧，过于绕行，同时次主卫没有设置浴缸。左半部为动区，由客厅、餐厅、厨房和工人房组成，缺憾是，门厅过于开放，缺少曲径通幽的感觉，同时，工人房也没有直接采光。

改造重点： 调整主卧衣帽间通道，扩大主卫；规矩次主卫和次卫；设置门厅影壁墙；调整工人房和工卫；左移中西厨。

一是将衣帽间下移成明室，门设在上端。

二是将主卫内隔墙拆除，扩大空间，调整洁具。

三是规矩次主卫，增设浴缸。

四是规矩次卫，调整洁具。

五是增加影壁墙，扩大左门厅。

六是调整工人房和工卫，增加工人通道。

七是缩小中厨开间。

八是左移西厨左墙并缩小开间。

调整后，主人空间入户形成门厅，既缩短了到达主卫和衣帽间的交通，又保证了主卧的相对独立。同时，厨房虽然缩小了开间，但保证了进深的充分利用，面积反而增大，更主要的是工人房的舒适度大大提高，并且设置了专用工人入户通道。

改前

改后

北京阳光上东
A 座豪宅户型

空中别墅

改前

改后

- 调整工人房和工卫，增加工人通道。
- 缩小中厨开间。
- 增加影壁墙，扩大左门厅。
- 左移西厨左墙并缩小餐厅开间。

- 规矩次主卫，增设浴缸。
- 规矩次卫，调整洁具。
- 衣帽间下移成明室，门设在上端。
- 主卫内隔墙拆除，扩大空间，调整洁具。

后　记

我在给一些设计院所讲课时，许多设计师感到两类住宅最难设计：精巧的小户型和超豪的大户型。前者是居住空间和交通空间如何拿捏得恰到好处，后者是宽大尺度和多重功能如何配比得奢侈有度，都是需要绞尽脑汁的。

分析过许多著名设计院的设计图纸，改造过许多大牌地产商的经典项目，感到大户型设计普遍存在着两极弊端：

大而无当与尺度局促。

大户型主要表现在居室面积的加大，但许多只是在普通户型的基础上简单放大，有些甚至该大的没大起来，可以小的却任意挥霍空间，放大后的户型忽视了整体面积的均好性。像182页的北京万科、大都会E户型，三室三厅四卫，建筑面积609平方米，定位于大尺度的私人会所，但遗憾的是，重要的交际场所客厅不算大，餐厅倒不小，本该相对宽敞的次主卧，却因柱子的遮挡，开间显得过于局促。

大户型在尺度上首先要注重会客空间和主人空间的张扬，其次同样要保证次要居室和服务空间的完善。

空间阻塞与空洞无物。

大户型采光面大都比较丰富，多数是纯板楼，甚至三面、四面采光，但一些设计名为纯板楼，实际前后不通透，户内缺乏直接通风对流。像184页的上海汤臣一品A栋户型，虽然四面采光，但内部缺乏通透的交通，非常憋气。而58页的北京四季世家5户型，262平方米只设计了两居室，由于动线组织得混乱，不仅通透性明显不足，而且门厅到客厅之间的空间缺乏实际应用内容。

大户型在空间组织上首先要注重通透、敞亮，其次要照顾到空间的实用性。

动线曲折与一览无余。

大户型的空间相互独立，尤其要注意动静分离，减少交叉干扰，但有些设计因空间距离加大，变得交叉混乱。像186页的北京钓鱼台七号B户型，入户从电梯厅开始，绕来绕去才能达到卧室，虽然讲究曲径通幽，但过于曲折的交通走起来非常劳累。而贡院六号，却开门见厅，过于简洁的布局，缺少了大宅的隐秘情趣。

大户型的动线首先要注重层层递进，其次也要删繁就简，两者尺度控制得要恰到好处。

功能不足与空间繁复。

大户型的舒适还有一点是功能的强化，主要表现在空间的独立和增加，如客厅增加阳光室、棋牌室，餐厅增加早餐厅，厨房增加工人房，卧室增加衣帽间，卫生间增加双浴、双盆等，但许多户型的餐厅与客厅没有分开，过于混杂，佣人房只是一个缺少窗户的黑房间，不够人性，这些都是有功能而不足。像36页的北京万科蓝山C户型，虽然设计了工人专用通道，却没有工人房，功能缺失，同时却设计了3个独立衣帽间，空间重复。

大户型的功能首先要服务于主要居室，其次要考虑控制范围，因为功能增加的同时交通转换面积也相应地增加，因而会降低面积的实用率。

总而言之，大户型的设计比起普通户型来，容易独出心裁、别具匠心，但也容易大而无当、空间臃杂。

作者

2011年9月于北京西山

全案策划：horserealty 北京豪尔斯房地产咨询服务有限公司

技术支持：horseexpo 北京豪尔斯国际展览有限公司

图稿制作：horsephoto 北京黑马艺术摄影公司

文字统筹：李小宁房地产经济研究发展中心

作者主页：lixiaoning.focus.cn

作者博客：http：// LL2828.blog.sohu.com

http：//blog.soufun.com/blog_5771374.htm

http：//blog.sina.com.cn/lixiaoningblog

http：//www.funlon.com/ 李小宁

http：//www.quanjinglian.com/uchome/space-93.html

http：//hexun.com/lixiaoningblog

http：//lixiaoning.blog.ce.cn

http：//lixiaoning.114news.com

http：//blog.ifeng.com/1384806.html

http：//lixiaoning.china-designer.com

http：//lixiaoning.buildcc.com

http：//www.aaart.com.cn

http：//2de.cn/blog

http：//blogs.bnet.com.cn/1578

http：//lixn2828.blog.163.com /blog

搜狐网—房产—业内论坛—地产精英（www.sohu.com）

搜狐焦点博客（www.sohu.com）

搜房网—地产博客（www.soufun.com）

新浪网—博客—房产（www.focus.cn）

房龙网—博客（www.funlon.com）

全经联家园—个人主页（www.quanjinglian.com）

和讯网—博客（www.hexun.com）

中国经济网—经济博客（www.ce.cn）

建设新闻网—业内人士（www.114news.cn）

凤凰网—凤凰博报（www.ifeng.com）

设计师家园网—设计师（www.china-designer.com）

建筑时空网—专家顾问（www.buildcc.com）

中国建筑艺术网—建筑博客中心（www.aaart.com.cn）

中国装饰设计网—设计师博客（www.2de.cn/blog）

商业英才网—博客（www.bnet.com.cn）

网易—房产—博客（www.163.com）

编写人员：王飞燕、刘兰凤、李木楠、李宏垠、潘瑞云、刘志诚、李燕燕、李海力、罗健、刘晶、陈婧、刘冬宝、刘亮、刘润华、谢立军、刘晓雷、刘思辰、刘冬梅、隋金双、赵静、王丽君、刘兰英、郭振亚、王共民、张茂蓉、杨美莉、李刚、伊西伟、潘如磊、刘丽、吴燕、陈荟夙

作者联络：LL2828@163.com horseexpo@163.com

官方网站：www.horseexpo.net